MARIUS SEPET

EN CONGÉ

PROMENADES ET SÉJOURS

PARIS
ANCIENNE MAISON CH. DOUNIOL
P. TÉQUI, LIBRAIRE-ÉDITEUR
29, RUE DE TOURNON, 29
1890

EN CONGÉ

OUVRAGES DU MÊME AUTEUR

Jeanne d'Arc, nouvelle édition, revue. Tours, Alfred Mame et fils, 1896, in-4°.

Le Drapeau de la France, Paris, Palmé, 1873, in-12.

Les Prophètes du Christ, étude sur les origines du théâtre au moyen âge. Paris, Didier, 1878, in-8°. Épuisé.

Le Drame chrétien au moyen âge. Paris, Didier, 1878, in-12.

Les Préliminaires de la Révolution. Paris, Retaux-Bray, 1890, in-18 jésus.

La Chute de l'ancienne France. Les débuts de la la Révolution. Paris, Victor Retaux, 1893, in-18 jésus.

Napoléon, son caractère, son génie, son rôle historique. Paris, Perrin, 1894, in-12.

La Chute de l'ancienne France. La Fédération. Paris, Victor Retaux, 1896, in-18 jésus.

EN PRÉPARATION

Les Maîtres de la poésie française.

La Chute de l'ancienne France. La fuite du roi. — La Constitution.

Les Origines du théâtre moderne. Essais et esquisses.

MARIUS SEPET

EN CONGÉ

PROMENADES ET SÉJOURS

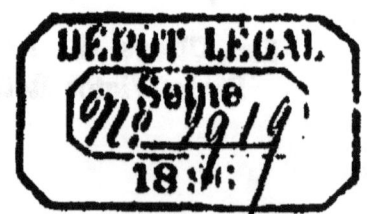

PARIS
ANCIENNE MAISON CH. DOUNIOL
P. TÉQUI, LIBRAIRE-ÉDITEUR,
29, RUE DE TOURNON, 29

1896

A MA PETITE MARIE

PRÉFACE

L'homme de lettres, surtout, comme c'est ici le cas, s'il est assez fortement teinté d'histoire et d'archéologie, se retient difficilement de chercher, jusque dans les circonstances de son repos et de son divertissement, occasion et matière d'exercice intellectuel et même de composition littéraire. Telle est l'origine de ce volume, fruit de nos vacances depuis une dizaine d'années; recueil des impressions réelles ou idéales de nos promenades, de nos séjours de congé, ici et là.

Le spectacle des lieux, celui des hommes et des choses humaines, considéré d'un regard un peu attentif et animé, est toujours intéressant. La réalité bien vue, sainement, mais vivement sentie, produit, comme une sorte d'émanation naturelle, non seulement l'image et l'idée, mais la poésie qu'elle contient en soi, et à laquelle s'ajoute et se mêle celle qui, pour ainsi dire, s'évapore à son sujet ou à son propos de l'esprit et du cœur de celui qui la traverse et qui la regarde. A défaut des qualités requises pour ce résultat, en voici l'effort. Observation, fantaisie, l'une aidant ou colorant l'autre, tels sont les deux éléments des morceaux ici rassemblés. L'observation ne s'y applique pas seulement aux choses présentes, sous des faces diverses, mais encore aux souvenirs et aux monuments du passé.

Nous voudrions bien que la lecture de ces récits fût intéressante, amusante même. Nous nous berçons tout au moins de l'espérance qu'elle ne sera pas inutile. A ceux qui ne verront pas les choses que nous avons vues, peut-être en offrira-t-elle quelque simulacre; à ceux qui les ont vues, peut-être en réveillera-t-elle quelque souvenir; à ceux qui se proposeraient de les aller voir, peut-être fournira-t-elle quelques indications, même techniques, pour les mieux considérer, en mieux jouir, et, si ce n'est pas trop dire, en profiter mieux. En tout cas, ce dont nous osons nous flatter, c'est que l'impression résultant de cette lecture sera moralement saine et religieusement orthodoxe. Les épithètes d'*exactes* et d'*humoristiques* que nous aurions souhaitées à ces petits tableaux pourront leur être refusées, non pas celle de *catholiques*, dont sans vanité on peut être fier.

Chacun de ces tableaux se rapportant à une date déterminée, il importait de marquer cette date. Là où elle est double, l'une se réfère au récit lui-même, l'autre à sa première publication. Le premier morceau a été publié, en effet, il y a longtemps déjà, dans le journal *l'Union*. Les onze suivants ont paru dans le journal *le Monde*. Le treizième a été présenté aux lecteurs de la *Semaine des familles*, où le quatorzième allait aussi trouver place, quand cette estimable feuille, après avoir traversé plus de trente hivers, a soudain cessé de vivre au dernier printemps. Il voit donc ici le jour pour la première fois. Le quinzième et dernier a été spécialement écrit pour ce volume, que nous sommes heureux de placer ainsi, pour ainsi dire, sous la protection des grandes idées, des grandes espérances religieuses et patriotiques, éveillées dans tous les nobles cœurs par le Jubilé national auquel Sa Sainteté Léon XIII convie la France, à l'occasion du quatorzième centenaire de son baptême dans la personne de Clovis.

Clamart, 8 juin 1896.

EN CONGÉ

I

ÉLANCOURT.

Élancourt, près de Trappes, est un joli village, bâti tout en longueur sur le bord d'un chemin. Quand on l'a dépassé et qu'on a pris sur la droite un sentier qui mène à une côte dont le sommet est couvert d'un majestueux alignement d'arbres, après quelques instants, on aperçoit soudain à gauche, à mi-côte, un grand et noble édifice. Une chapelle dans le goût du treizième siècle, avec deux flèches élancées, en forme le centre. Deux corps de bâtiment, appuyés de contreforts, déploient sur deux étages deux longs rangs de doubles fenêtres cintrées. Il en est de même à gauche, en retour. A droite, l'œil est frappé d'une curieuse disparate. L'aile en retour est une maison d'aspect tout moderne. Un peu plus loin et un peu plus haut est une vieille masure, une vraie chaumière. On est en présence de l'Orphelinat d'Élancourt qui, pour ainsi dire, vous raconte lui-même son histoire.

Un jour, un pauvre prêtre était arrivé dans le village qui, depuis 1793, n'avait pas eu de curé. L'église paroissiale était à demi ruinée, pleine de crevasses qu'il fallut boucher avec de la paille. Le curé commença par réparer son église. Il quêta pour cela et vint à bout de son entreprise. Quand ce fut fait, il entreprit une autre œuvre. Il n'avait pas un sou et pas même un presbytère. Il résolut de fonder un orphelinat. Ces prêtres ont toujours des idées étranges. Celui-ci achète d'abord une chaumière, la masure de là-haut, et y recueille quelques enfants abandonnés. Son vieux père, qui dort maintenant au cimetière, vient l'y rejoindre, et ils se mettent à élever ces enfants en bas âge. Ils leur font la cuisine, la toilette, et, quand le pauvre curé a quelques instants libres, il s'en va quêter pour ses orphelins. Il n'est pas toujours bien reçu, mais cela lui est égal. Il persévère. Je ne m'attarderai pas à qualifier une pareille conduite. L'effronterie des cléricaux est suffisamment connue par les articles de M. Sarcey.

A force de quêter, une maison fut construite à côté de la chaumière. Une centaine d'orphelins entrèrent dans cette maison, où quelques filles de Saint-Vincent-de-Paul vinrent faire leur œuvre ordinaire. Elles avaient à leur tête une supérieure pour l'âme de qui maintenant bien des voix innocentes montent chaque jour vers le ciel. Mais en vérité, on se demande s'il est encore besoin de prier pour elle. Enfin, n'importe, la sœur Gabrielle est contente et sourit là-haut à la prière de ses enfants. Elle a vu et fait grandir l'œuvre du pauvre curé qui quêtait toujours. Elle y a donné son intelligence, son cœur, sa vie. Épuisée, elle est morte dans le grand et bel édifice qui était venu pièce à pièce s'adjoindre à la maison qui avait succédé à la chaumière. Trois cents orphelins sont élevés dans cet édifice.

On les y reçoit de deux à sept ans, et on les y garde jusqu'à douze. On les y élève, on les y guérit, on les y nourrit, on les y instruit. On leur donne le pain du corps, celui de l'intelligence et celui de l'âme : tout cela simplement, fortement, rustiquement, comme il convient à de futurs agriculteurs. Les dortoirs, les réfectoires sont très curieux à visiter, la paneterie aussi et la buanderie avec sa *laveuse* perfectionnée. Mais ce qui est plus curieux encore, c'est la cuisine. On se croirait aux Invalides, à voir la dimension des ustensiles ; mais il n'y a pas de fourneau. Ce récipient démodé est remplacé avec avantage par une machine très compliquée et pourtant très simple, mue par la vapeur. C'est une façon de locomotive qui ne change pas de place et qui fabrique des dîners au lieu de conduire des voyageurs. C'est tout ce que je puis dire, en ajoutant toutefois que ce qu'elle fabrique est excellent. Je puis l'attester. Cette étonnante mécanique a été inventée par un frère des écoles chrétiennes. Ces frères, eux aussi, se mêlent de tout. Je les dénonce à M. Sarcey.

On voit que le progrès est fort bien reçu à Élancourt. J'aime cela près de cette chapelle gothique et dans ces murs du genre roman. M. Lebrun, l'habile architecte, appuie de ses solides contreforts une bien belle œuvre, au propre et au figuré. Le pauvre curé, lui, ne perd pas son temps à la contempler. Trois cents orphelins, cela coûte cher, et il y a des moments où la caisse n'est pas très pleine. Il quête toujours.

Voilà ce que fait cet odieux clergé. Maintenant l'aristocratie va entrer en scène. Un peu plus loin qu'Élancourt, vers Laverrière, est une terre appelée La Roche, avec une chapelle du treizième siècle, je dis construite en ce temps-là, et des bâtiments qui furent jadis une abbaye de bénédictins. Dans la chapelle, centre autrefois d'un pèlerinage qui recommence de nos jours, j'ai contemplé des débris de fresque, d'anciennes statues, celle entre autres d'un chevalier avec son haubert, tenant en main son écu, et au milieu du chœur, sur une pierre tombale, j'ai déchiffré le nom de *Levis*. Cette terre, ces bâtiments, cette abbaye, confisqués par la Révolution, furent vendus par elle, et la chapelle devint un grenier à foin.

La Roche, heureusement, fut rachetée par la famille illustre dont le nom se liait aux souvenirs du monastère et se rattache aujourd'hui à l'œuvre du pauvre curé d'Élancourt. Elle a cédé pour un siècle la jouissance de cette terre à l'orphelinat, en se réservant seulement le droit de faire restaurer la chapelle. Ces nobles n'en font pas d'autres. Les habitants de La Roche travaillent et jouent à l'ombre de la bannière des Lévis, présente, quoique invisible, au-dessus de leurs jeunes têtes, et j'estime qu'une illustration nouvelle s'est ajoutée par là au vieux blason des Mirepoix.

Quand ils ont atteint l'âge de douze ans et ont fait leur première communion, les orphelins d'Élancourt viennent à La Roche, où ils sont exercés aux travaux d'agriculture et d'horticulture. C'est de là qu'ils sortent pour entrer dans le monde, c'est-à-dire pour fournir aux fermes, aux propriétés qui les demandent, de bons et solides ouvriers. Mais deviennent-ils alors étrangers à l'orphelinat? Nullement. L'orphelinat, c'est la maison paternelle; et les frères cadets qui l'habitent n'en excluent point les aînés, partis pour les durs labeurs au prix desquels Dieu a mis le pain de chaque jour.

Tous les dimanches, ils y reviennent, quand la distance le permet. Ils y reviennent aux grandes fêtes, et à Pâques la chapelle d'Élancourt les voit se presser au divin banquet. Ils y reviennent en tout temps, à tout âge, quand ils sont malades, ou sans place, ou sérieusement fatigués. Il y a toujours pour eux place au foyer de leur enfance. Ils le savent bien et l'expriment d'une façon charmante. « Vous voilà malade, » ou bien : « L'ouvrage manque, » dira par exemple un fermier, « je ne puis vous garder, qu'allez-vous faire? » — « Ce que nous ferons, nous irons *chez nous*. »

C'est ainsi qu'un pauvre curé de campagne, sans autre ressource que sa foi, que sa confiance en son divin Maître, a donné et donnera à des centaines, à des milliers d'orphelins un « chez nous ». C'est ainsi qu'il a entassé les pierres pour abriter les corps, cultiver les esprits et sauver les âmes d'enfants que les sages du paganisme n'auraient pas même admis à vivre. Monsieur Sarcey, de grâce, visitez donc Elancourt!

1876.

II

M. LE CURÉ D'ÉLANCOURT.

M. l'abbé Méquignon, curé d'Élancourt, fondateur et directeur de l'Orphelinat agricole de l'Assomption, vient de terminer sa carrière de dévouement et de charité. Frappé de paralysie dans la matinée de Noël, quelques heures après avoir chanté la messe de minuit pour ses orphelins, il n'a survécu que peu de jours à cette attaque. Ses obsèques ont eu lieu hier, 2 janvier, dans la chapelle de l'orphelinat. Mgr l'évêque de Versailles s'y était fait représenter par un vieil ami du défunt, M. l'abbé Dutillet, vicaire général, qui, après le service, a prononcé quelques paroles émues venant du cœur. Nous recueillerons ici brièvement, pour notre humble part, les souvenirs et les impressions d'une amitié remontant à notre enfance.

M. l'abbé Augustin-Eugène Méquignon était, si nous ne nous trompons, originaire du Pas-de-

Calais(1). Mais il fut amené tout enfant à Versailles par ses honorables parents, appartenant à la classe ouvrière, et son éducation se fit au petit, puis au grand séminaire de ce diocèse. Peu de temps après avoir reçu les ordres sacrés, il fut nommé curé de la paroisse d'Élancourt, près de Trappes, qu'il n'a plus quittée.

Ce village n'avait pas eu de curé depuis la Révolution. Il n'y avait plus de presbytère, et l'église était dans un triste état de délabrement. Le jeune prêtre répara d'abord son église. Puis il se demanda ce qu'il allait faire. Ce n'est pas faire tort aux habitants d'Élancourt que de dire qu'ils laissaient beaucoup de temps libre à leur curé. M. l'abbé Méquignon recueillit quelques enfants abandonnés dans une chaumière, où il établit avec eux son séjour et où son vieux père vint le rejoindre. A eux deux, ils se mirent à élever ces orphelins, dont le curé d'Élancourt se fit le père et la mère.

Abondance de biens ne nuit pas. Le nombre des enfants alla se multipliant, et il fallut songer à bâtir pour les abriter et à quêter pour les nourrir. Une maison s'éleva et reçut quatre-vingts orphelins, dont l'éducation fut confiée désormais aux Sœurs de Saint-Vincent-de-Paul. M. le curé n'avait

---

(1) Il était né à Calais, le 16 décembre 1825. — Pour plus de détails sur ce saint prêtre nous renvoyons à l'excellent petit volume de M. J. de la Neuville : *L'Abbé Méquignon, curé d'Élancourt, fondateur de l'Orphelinat de l'Assomption. Sa vie et son œuvre.* Versailles, Henry Lebon, in-12.

plus trop de temps pour pourvoir aux besoins de l'œuvre. Il trouva une incomparable auxiliaire dans la première supérieure, qui est restée en vénération dans l'orphelinat, sous le nom de Sœur Gabrielle. Les quêtes continuèrent parmi bien des rebuffades, et l'œuvre alla grandissant. La maison primitive se développa en un vaste édifice, avec une chapelle semblable à une église. Il y eut place pour l'éducation matérielle, morale et intellectuelle de trois cents enfants. Mais il y eut aussi des jours bien durs. Sœur Gabrielle mourut à la peine. Ses restes reposent depuis longtemps dans la chapelle où ceux de M. l'abbé Méquignon viennent de les rejoindre.

Ce pauvre curé quêtait toujours. L'Académie française, sur le rapport du comte de Montalembert, lui décerna un des prix Montyon. Il en fut heureux pour ses enfants. Quant à lui, il se refusa toujours absolument à toute distinction, soit civile, soit même ecclésiastique. Cependant les générations se succédaient et grandissaient dans l'orphelinat. Une succursale fut établie à la terre de la Roche, près de Laverrière, dont M. de Lévis-Mirepoix céda gratuitement la jouissance par bail emphytéotique. Les orphelins d'Élancourt y sont envoyés à l'âge de douze ans, pour apprendre l'horticulture, en attendant qu'on les place. Une fois placés, ils ne deviennent point étrangers à l'Œuvre, qui leur continue son patronage. La pensée de M. l'abbé Méquignon était, autant que possible, de remplacer pour eux la famille qui leur manquait. A la façon dont il recevait ses *anciens*, quand ils lui venaient rendre visite, on voyait bien en effet qu'il était leur père.

Une pareille œuvre loue suffisamment celui qui l'a faite. Mais, indépendamment de son œuvre, M. le curé d'Élancourt était un caractère attrayant et original. Sa vie privée était ascétique et d'une austérité plutôt excessive. Mais l'hospitalité de son presbytère était charmante. Personne n'était moins guindé que lui dans sa parole et dans son allure. Il se plaisait à rappeler lui-même qu'à sa sortie du grand séminaire, on avait hésité à l'admettre aux saints ordres, parce qu'on ne lui trouvait pas « la tournure suffisamment sacerdotale ». Il faut se souvenir qu'il y a une cinquantaine d'années, les habitudes jansénistes étaient encore très puissantes. Refuser la prêtrise à M. l'abbé Méquignon, c'eût été ce qui s'appelle un beau coup, et bien digne de l'esprit de Saint-Cyran.

Il avait d'ailleurs une grande distinction naturelle et l'esprit très cultivé, car il lisait beaucoup, non pas le jour, mais la nuit. Jusque dans les milieux les plus élevés, où l'ont conduit parfois les besoins de son œuvre, on l'a toujours trouvé partout à sa place. Dans les entretiens qu'il liait volontiers, notamment en chemin de fer, et qui étaient le seul délassement de sa vie errante et pénible de quêteur perpétuel, il laissait un libre cours à sa verve franche, relevée d'une pointe de raillerie toute française et toute parisienne. Absolument étranger à toute action politique, il exprimait pourtant avec entrain son avis sur les hommes et sur les choses. Mais, par exemple, il était incapable d'aucune haine. Le fond de son âme était une bonté et une indulgence sans bornes. Quant à sa foi de chrétien et de prêtre, elle était de nature à transporter des montagnes, et elle en a transporté.

Dans le cœur de ses amis, l'image de M. l'abbé Méquignon demeurera vivante, ineffaçable. Mais cette survie serait peu de chose et de peu de durée. Ce qu'il y a de vraiment enviable dans la destinée qu'il a su se faire, c'est la confiance avec laquelle il a pu se présenter devant Celui qui a dit : « Je ne vous laisserai pas orphelins. *Non vos relinquam orphanos.* » C'est la devise de l'Orphelinat de l'Assomption, à Élancourt.

1891.

III

NOTRE-DAME D'ERQUY. — SOUVENIRS DE BRETAGNE.

L'usage et la mode des bains de mer n'ont encore rien perdu de leur vigueur. L'usage en est devenu une partie importante de la thérapeutique et même de l'hygiène. La mode en est une des habitudes consacrées de ce qu'on appelle le *high life*. L'usage et la mode s'unissent dans des proportions diverses comme raisons déterminantes et comme règles de vie d'un grand nombre de baigneurs. La mode seule en gouverne beaucoup, dont quelques-uns peut-être ne trempent pas même le pied dans l'onde amère et n'aspirent la brise marine que parce qu'il est impossible, même aux poumons des plus déterminés fumeurs, de faire complètement abstraction de l'atmosphère respirable dont leurs corps sont environnés. Le *frou-frou* des toilettes féminines, les tourbillons de la valse, les accords brillants de l'orchestre, le flux et le reflux inconstant de la fortune aux cartes ou aux *petits chevaux*, absorbent trop agréablement et trop utilement leur attention, pour qu'ils en puissent détourner une bien notable partie sur les spectacles et les bruits beaucoup trop monotones de la mer retentissante. Par contre, il est aussi des baigneurs — il en est — qui ne vont demander aux rivages que la mer même, c'est-à-dire, outre l'usage de l'eau et de l'air imprégnés du sel fortifiant qui renouvelle ou entretient la santé, le repos et les jouissances de corps et d'esprit dont il a plu à Dieu de faire jaillir pour l'homme tant de sources fécondes du sein de la nature créée, vivante, quoique imparfaite image de sa grandeur et de sa bonté. Quoique la Bretagne ne soit pas exempte de plages à la mode, c'est volontiers vers ses côtes que se dirige cette dernière catégorie de baigneurs, pour qui l'été n'est pas un prolongement de l'hiver, auquel il se raccorde à travers le printemps, ni la campagne, quelle que soit la beauté de ses bois, de ses montagnes ou de l'océan qui la borde, un prolongement dissimulé des agréments de Paris.

Allons donc en Bretagne, nous qui ne sommes pas Parisien à ce point que nous ne puissions nous passer des plaisirs de la capitale. Dans le train même qui nous emporte, Paris s'occupe d'abord de bien graver en nous son souvenir sous la forme d'un des chants consacrés à certaine renommée militaire (1), hurlée à tue-tête par des ouvriers en goguette qui, en attendant qu'ils sauvent la patrie en danger, commencent par

(1) Cette allusion se rapporte au général Boulanger, qui gravissait alors la pente ascendante de sa fortune éphémère.

abasourdir de leurs voix avinées les paisibles voyageurs. C'est toujours cela de gagné sur le bourgeois et sur le rural. De bons ruraux de Bretagne qui s'en vont accomplir sans bruit du côté du Mans leurs obligations de *réservistes* se laissent bonnement ahurir; mais quand le bruit cesse enfin par le débarquement des tapageurs à une station de banlieue, ils témoignent leur satisfaction par ces simples mots : « Bon débarras! » — Paris, qu'après tout nous aimons, et pour le bien qui s'y fait et pour ses qualités natives, ne se doute peut-être pas assez, malgré l'écho que rencontrent çà et là, en France, ses fantaisies révolutionnaires et ses refrains en l'honneur de ses favoris, des colères qui s'amassent contre lui au fond des cœurs en province, même peut-être chez ceux qui partagent jusqu'à un certain point ses vues politiques. Il pourrait bien y avoir quelque jour contre lui une réaction formidable. Qu'il ne se fie pas trop à l'habitude qu'il a de se voir obéi! 1789, 1793, 1830 et 1847 sont des dates sans doute; mais 1871 en est une aussi. Que Paris prenne garde au « bon débarras! »

Lamballe, entre Rennes et Saint-Brieuc, est déjà bien loin de Paris de toute manière. L'ancienne capitale du duché de Penthièvre n'est pourtant pas une de ces ville silencieuses, tristes et presque mortes, comme, par suite de notre excessive centralisation, on en rencontre trop sur notre territoire. Elle est suffisamment animée, et sa population, quoique peu nombreuse, ne laisse pas d'égayer en circulant l'aspect de ses rues, où se coudoient maisons modernes, d'aspect confortablement bourgeois, et vieilles masures égratignées, aux fenêtres vermoulues, aux sous-sols béants. La situation en est riante, parmi la verdure assez touffue des bouquets de bois semés dans les campagnes qui l'environnent et que l'œil découvre du haut de la promenade publique, dépendance autrefois du château détruit des Penthièvre. Mais la compagne du noble édifice, Notre-Dame, a subsisté, et cette église, jadis collégiale, est le joyau historique de Lamballe, où elle maintient le souvenir des jours et des gloires d'autrefois.

De Lamballe, pour gagner Erquy, le chemin se fait en voiture. La route nous semble un peu longue, moins peut-être à cause de la distance que par les détours et les stations que notre voiturier est obligé de faire pour desservir un certain nombre de localités. L'intérieur est comble, et nous sommes plusieurs voyageurs juchés sur une double impériale, que surplombe encore un amas surprenant de colis et de paquets, accumulés l'un sur l'autre dans un équilibre effrayant, mais pourtant stable. Hommes et choses sont emportés vers leurs destinations diverses par deux petits, vigoureux et rapides chevaux bretons, que dirige d'une main sûre un automédon à face rubiconde qui répond au nom homérique de Vigilant. Ni lui, ni aucun de ses confrères ou concurrents ne néglige, de distance en distance, d'aller s'humecter le gosier d'une « bolée » de cidre. Mais il faut leur rendre à tous cette justice qu'ils ne ménagent pas leur attelage. On roule bien.

Parmi les stations desservies par notre voiturier, nous remarquons un joli petit port, nommé, je crois, Dahouet, puis Pléneuf, bourg orné d'une justice de paix et d'une gendarmerie nationale. A côté de Pléneuf est un hameau annexe, le Val-André, que nous visitâmes une autre fois, en une excursion mémorable, faite sous la conduite d'un âne du caractère le plus aimable et d'une patience à toute épreuve. Le Val-André a une belle plage de sable et se donne des airs de *station balnéaire*. Les religieuses bretonnes de la congrégation des Saints-Cœurs de Jésus et de Marie y ont récemment établi une succursale de leur maison de Saint-Quay, près Saint-Brieuc. C'est une grande et belle construction, dont le Val-André peut être justement fier et où habitent déjà un certain nombre de baigneurs. Mais l'esprit dont s'inspire cette institution religieuse, ne règne pas sans partage au Val-André. Une affiche nous révéla l'existence d'un *casino* et l'organisation de concerts et de bals d'enfants.

Nous ne voudrions en aucune manière paraître avoir une inclination quelconque pour la morale outrée que professait le jansénisme, et nous ne partageons certes pas son extravagante horreur de tout divertissement. Quoique personnellement très mal doué à cet égard, nous respectons la musique et même nous l'aimons... pour les autres. Nous ne voudrions même pas — *servatis servan-*

dis — jeter absolument l'anathème à la danse, et il ne nous déplairait point de voir les enfants, garçons et fillettes, sauter gaiement sur les plages en pleine lumière du jour et former, en chantant, quelqu'une de ces rondes traditionnelles dont l'art pourrait au besoin, ce nous semble, honnêtement imiter et perfectionner les paroles, la musique et les pas. Mais sur ce qu'on appelle aujourd'hui les bals d'enfants, nous aurions beaucoup à dire. Pauvres petits, surmenés intellectuellement dès leur plus bas âge, faut-il, en plein épanouissement de l'été, au bord de la mer et au sein même de la nature, les surmener encore d'une plus dangereuse manière, leur inspirer si longtemps d'avance toutes les habitudes, tous les airs, toutes les petites façons et minauderies du « beau monde »; les préparer de si loin à la vie nocturne des salons, où se déploie pour les jeunes gens et les jeunes filles, pour ceux et celles aussi qui ne sont plus jeunes, le haut enseignement moral de la valse et du cotillon !

Mais voici Vigilant qui, ayant débarqué sur la place publique de Pléneuf voyageurs et colis afférents à ce chef-lieu de canton, et, s'étant pourvu de sa « bolée », saisit les rênes et pousse en avant ses coursiers. Nous roulons, nous roulons, et nous approchons enfin du but. Sur les pentes rapides comme sur les endroits plans de la route qui se déroule en bas, en haut, comme un ruban le long de la mer qu'elle domine, l'audacieux automédon, sans craindre les fossés et le poids des bagages, soutient et même excite le trot de ses hôtes au pied léger. En vain, l'un des voyageurs critique selon les règles de l'art et en termes techniques cette façon de conduire, multiplie ses remarques épouvantées, et finalement profite d'un arrêt pour passer de l'impériale à l'intérieur, où, en cas d'accident, le danger ne serait pas moindre. Vigilant, sûr de lui et négligeant cette frayeur vaine, poursuit du même train ses brillants tours de roues, et achevant enfin de manger l'espace qui le sépare du terme de sa carrière, opère triomphalement son entrée dans Erquy.

Nous sommes descendus devant le presbytère, où M. l'abbé Hamon, recteur d'Erquy (1), sur la recommandation de notre ami Louis d'Estampes, lié avec lui d'ancienne date, avait bien voulu nous donner rendez-vous, pour nous conduire de là au domicile qu'il avait eu la bonté de s'occuper de nous trouver pour le temps de notre séjour dans sa paroisse. Aimable presbytère, cher aux *étrangers* comme aux paroissiens eux-mêmes! L'hospitalité franche et riante, qui est le génie de la maison, et la sympathie particulière dont nous y fûmes honoré, en notre qualité de rédacteur du *Monde*, ne nous permirent point d'en oublier le chemin et en ont gravé dans notre cœur l'image, ainsi que celles de tous ses habitants. Nous gardons surtout vivant en nous le souvenir du bon rec-

(1) M. l'abbé Hamon n'occupe plus aujourd'hui ce poste. Nous avons appris qu'il consacrait ses belles facultés à l'instruction de la jeunesse.

teur, vrai Français et vrai Breton, d'une foi et d'une charité à toute épreuve, plein de zèle et d'esprit, ajoutons de largeur d'esprit, l'âme et l'intelligence toutes grandes ouvertes soit pour accueillir, soit pour s'épancher, la parole facile, émue, ardente, éloquente; humaniste très distingué, versé dans les mathématiques, docteur en droit canon, ayant beaucoup étudié, beaucoup voyagé, beaucoup lu, beaucoup vu, beaucoup retenu; Romain dans l'âme, comme il est Français et comme il est Breton, ancien élève de la Minerve, souhaitant ardemment le développement et le progrès chez nous des hautes études ecclésiastiques, selon les principes qu'il a reçus dans le centre de la catholicité, tout pénétré du souvenir des séjours qu'il a faits dans la Ville Éternelle : l'un des prêtres les plus remarquables du diocèse de Saint-Brieuc. Quelles bonnes conversations nous avons eues ensemble! Les vicaires sont dignes du recteur, avec lequel ils vivent dans une communauté cordiale et fraternelle, où prend part aussi sa famille, dont il est la providence, et qui fournira bientôt à l'Église un serviteur de plus, élevé au presbytère, c'est-à-dire instruit à bonne école, pourvu, grâce à son oncle, qui fut son maître, de plusieurs grades universitaires, et donnant la plus heureuse idée de son avenir sacerdotal par sa gravité modeste et sa politesse aimable. Comment peut-il y avoir en France des gens qui détestent et persécutent notre admirable clergé? C'est qu'ils ne le connaissent pas.

Outre les hôtels proprement dits, un certain nombre des habitants d'Erquy disposent une partie de leur domicile pour la louer aux étrangers durant la saison des bains. Nous sommes logés dans l'établissement du principal commerçant du pays, qui nous y a cédé deux chambres, et qui d'ailleurs va, pendant notre séjour même, transporter son magasin et son domicile dans une belle maison toute neuve qu'il vient de faire construire, et qui n'a pas moins de trois étages. On n'en parle pas dans Erquy sans un certain orgueil. C'est la maison Vétier, qui sera tout à la fois pour le bourg et pour tous ses environs ce que sont pour nous autres, Parisiens ou habitants de la banlieue, le Louvre ou le Bon Marché et la maison Félix Potin. On y achète également des chapeaux de paille et du pétrole, du beurre et des sabots, du café, du vin, du goudron, du blé noir, de la lingerie, du fromage de gruyère, des bas de laine, du savon, et bien d'autres choses encore. Le chef de la maison, qui en est aussi le fondateur, — un bon type de Breton intelligent et entreprenant, né aux environs de Rennes, qui a fait ses études y compris la rhétorique, a séjourné à Terre-Neuve et à Paris, et contribué au soulagement de l'humanité souffrante par un perfectionnement de l'huile de foie de morue, — s'agite en bras de chemise, avec sa barbe touffue et son chapeau immense, d'un air rêveur et inspiré, parmi ce chaos de marchandises, dont sa jeune et souriante femme l'aide à faire à des clients qui se renouvellent sans cesse, le multiple et continuel débit. Que Dieu les bénisse! eux et leurs affaires, et leur petit Joseph, enfant d'un premier lit, élève des bons Frères de Lamballe, dont le monumental chapeau reproduisait si bien la coiffure paternelle et qui, le corps couvert d'un vaste tablier, déployait gravement une activité commerciale qui nous faisait bien augurer de ses aptitudes. Cher petit Joseph! c'est un de nos meilleurs souvenirs d'Erquy, et lui-même, nous le croyons volontiers, voit quelquefois réapparaître dans son imagination, soit au dortoir, soit même à la salle d'études, chez les bons Frères, le monsieur et la dame de Paris, surtout la dame, dont il faisait si diligemment les commissions et qui a surveillé la confection de ses devoirs de vacances.

En dehors même des baigneurs, Erquy peut fournir ample matière à bénéfices pour un établissement aussi bien approvisionné que celui qu'a fondé notre excellent propriétaire. Le territoire de la paroisse et de la commune n'a pas, en effet, moins de quatorze kilomètres d'étendue, peuplé d'environ trois mille âmes, chiffre qui monte à quatre mille durant la saison des bains. L'agglomération principale, celle que nous habitons, et qui est proprement Erquy, s'appelle le *bourg*. Gracieusement assis au bord de la mer, il offre aux baigneurs la commodité de plusieurs plages, ce qui atténue singulièrement pour eux les variations des marées. La plage principale, celle qui s'étend devant le bourg, en un grand arc de cercle allongé à droite, est munie d'un certain nombre de cabines, propriétés particulières ou offertes en location, mais dont on ne paraît pas faire beaucoup d'usage. Le coin de mer qui s'ouvre devant cette plage est encadré entre deux lignes de rochers en promontoires, dont l'une, celle de droite, est sensiblement plus longue que l'autre, et sert d'appui à une petite jetée qui s'avance transversalement sur son flanc, et où abordent les bateaux des pêcheurs. Ces deux lignes de rochers, brisant l'élan de la mer, lui imposent dans leur enceinte un calme plus grand que sur les autres plages, sur celles du moins qui s'ouvrent à gauche et où les flots conservent mieux leur vigueur roulante. L'une de ces plages est le *goulet*, bel entonnoir où, par un petit sentier, on débouche tout à coup sur un amas de galets entouré d'une fortification de rochers, et devant lequel se développe, à marée basse, une grève de sable qui rejoint alors, à gauche, une autre plage qu'on appelle *l'aroual*, vaste étendue de sable fin, hérissée à droite, près du rivage, qui s'élève en pente raide coupée çà et là de sentiers plus ou moins frayés, d'un système compliqué de roches, grandes et petites, tapissées de moules et de coquillages. Dans ces entassements cyclopéens s'ouvrent des grottes où, à la marée haute, se précipite en écumant l'onde amère, et qui, à la marée basse, offrent aux baigneurs des cabines naturelles et pittoresques. On s'y persuade aisément, en revêtant ou en dépouillant son costume marin, que l'on va voir apparaître soudain dans quelque anfractuosité

Protée, vieillard de la mer, ou le divin Ulysse échappé aux vagues écumantes et grimpant de roche en roche pour atteindre l'île hospitalière de Calypso.

A ces souvenirs classiques viennent se joindre des émotions romantiques. Un jour que, solitaire, nous lisions, assis sur un pliant tout proche des flots, au bord du goulet, un des ouvrages dont nous rendons compte à nos chers lecteurs du *Monde*, un chien désespéré, flairant, cherchant quelqu'un, vint s'asseoir à nos côtés et, levant la tête, poussa de longs et lamentables hurlements vers le ciel. Aussitôt s'ébaucha dans notre tête un roman du genre de ceux d'Anne Radcliffe, de sombre mémoire. Après avoir ainsi satisfait sa douleur, le lugubre animal nous quitta pour enfiler bientôt fort paisiblement le petit sentier qui remonte du côté d'Erquy. Quelques jours après, nous le revîmes au même endroit, mais cette fois en compagnie de son maître, dont il avait sans doute, à son grand chagrin, momentanément perdu la trace.

A droite du bourg, au delà de la pointe d'Erquy (on nomme ainsi le promontoire de rochers, la ligne de falaises à laquelle s'appuie la jetée), se trouvent encore d'autres plages, mais nous ne les avons point visitées. Sur le promontoire même s'élève un sémaphore, qui sert en même temps de bureau télégraphique, bâtiment d'un blanc éclatant qui de très loin tire l'œil. Du sémaphore, en s'aidant d'une longue-vue, le regard peut planer jusqu'à dix lieues sur la mer et, nous dit-on, reconnaître sur leur plage les baigneurs du Val André. Sur les pentes qui conduisent à cet observatoire est bâti un des villages qui se rattachent à la paroisse et à la commune d'Erquy. Quelques-unes des maisons sont occupées par des douaniers et leurs familles. Ces douaniers, en hiver, courant la nuit le long des côtes, font un rude métier sous l'âpre souffle du vent. Sur les mêmes pentes s'ouvrent des carrières, qui occupent un assez grand nombre d'ouvriers, et fournissent un riche revenu au grand industriel qui les exploite. La pierre — et une belle pierre — abonde dans ce coin de la Bretagne ; aussi jardins et prés sont-ils presque tous entourés de murs souvent hauts et toujours épais, qui donnent aux clos d'Erquy un aspect particulier.

Le vaste territoire de la commune et de la paroisse comprend, dans toutes les directions, un certain nombre de villages ou de hameaux ressortissant au bourg, dont parfois une longue distance les sépare. L'un d'entre eux, nommé *les Hôpitaux*, apparaît au bout d'une route de plusieurs kilomètres, fort agréablement ombragée sur une partie de son parcours. Comme, pour prendre cette route, on tourne le dos à la mer, on croirait aisément qu'on s'enfonce dans l'intérieur du pays et qu'on s'éloigne des côtes. Pas du tout, quand on arrive aux Hôpitaux, on respire de nouveau le souffle salé de la brise, et bientôt on voit réapparaître l'immense nappe bleue qui rejoint le ciel à l'horizon. C'est encore une nouvelle plage, bordée de dunes et semée de rochers bizarres, qui se développe devant vous.

En traversant cette plage à marée basse, on arrive à un endroit où le sable est convert de pierres et de galets, de dimensions et de formes très variées, sur lesquels on chemine avec difficulté. Ce pavage naturel, mais beaucoup trop mobile, aboutit à un escarpement de rochers disposés en escaliers, aux degrés abrupts et inégaux, qui conduisent à une plate-forme où est bâtie une petite chapelle surmontée de la statue de l'archange saint Michel, à qui elle est dédiée. A marée haute, ce petit Mont-Saint-Michel est entouré par la mer, qui le sépare de la plage et recouvre ses premiers degrés. La chapelle, construite naguère par un marin qui, réfugié sur des rochers à la suite d'un naufrage, en avait fait vœu au céleste protecteur des malheureux en péril de mer, était tombée en ruines. Elle a été reconstruite, ces années dernières, par M. le recteur d'Erquy. On y dit la messe une fois par an, le jour de la fête de l'Archange. Après y avoir un instant prié, nous fîmes extérieurement le tour de la chapelle, enveloppée d'un vent très vif. Alors nous vint tout à coup une idée des plus sublimes : nous nous mîmes à nous retracer l'image de ce que serait un séjour nocturne dans le pieux édifice, quand les flots l'isolent sur ses rochers ; nous nous représentâmes le spectacle qu'offriraient, vers minuit, du haut de la plate-forme, la mer et les étoiles, et ensuite le lever d'une belle aurore. Un poète de l'école de Victor Hugo ou quelque touriste anglais aurait peut-être, sombre et serein, drapé dans un manteau sinistre et chaud, réalisé cette fantaisie romantique et shakspearienne. Mais pour nous, fidèle aux enseignements de l'école du bons sens, nous redescendîmes prosaïquement vers la plage pour remonter aux Hôpitaux faire à notre estomac le don d'une tasse de lait.

Au point de vue effectif de la pratique religieuse, le principal édifice consacré à Dieu sur le territoire d'Erquy est naturellement l'église paroissiale, suffisamment spacieuse et commode, mais n'ayant pas un caractère artistique bien prononcé. La place devant l'église, plantée de vieux arbres sous lesquels se tient, une fois par semaine, un petit marché, est d'un agréable aspect. Au point de vue pittoresque et poétique, le principal édifice religieux est Notre-Dame d'Erquy, jolie chapelle gothique de construction récente, qui domine le bourg du haut d'un monticule où, par les soleils d'été, elle seule offre aux promeneurs l'ombre de ses murs. C'est un but de pèlerinage, un lieu d'*assemblées* et de *pardons*. A six ou sept kilomètres, dans une autre direction, une petite chapelle, connue sous le nom de Saint-Pabu, un bienheureux tout à fait breton, permet, le dimanche, à la population du village voisin, dépendant d'Erquy, d'assister à la messe sans faire le long trajet qui la sépare du bourg. Cette chapelle est petite et pauvre, et sans aucun caractère; mais M. le recteur construit en ce moment à côté un bel édifice roman destiné à la remplacer avec grand avantage. Elle est desservie par un vénérable prêtre appartenant à une excellente famille du pays, qui s'est établi dans une maison voisine pour y terminer sa carrière sacerdotale, comme il l'avait jusqu'alors passée dans les diverses paroisses dont il a été recteur, c'est-à-dire en faisant le bien. Ses confrères l'appellent en plaisantant « l'ermite de Saint-Pabu », et sa belle barbe blanche évoqua dans notre esprit l'image des anciens druides. De son côté, par une autre association d'idées assez naturelle et dont nos confrères de l'*Univers* ne se plaindront pas trop, du moins nous l'espérons, notre qualité de rédacteur du *Monde* lui rappela qu'il y a une trentaine d'années, MM. Louis et Eugène Veuillot étaient venus au bourg d'Erquy et avaient séjourné quelque temps sous le toit de sa famille. Aux édifices religieux, se rattachent les *croix* et *calvaires*, qui naturellement ici ne font point défaut.

Parmi les édifices civils, nous ne mentionnerons pas la mairie, qui n'a rien de remarquable. Il n'en est pas de même de certaines habitations privées. Le regretté M. Adolphe Le Mordan, si estimé dans le pays, avait construit et habitait, l'été, sur la pente du promontoire qu'on appelle la pointe d'Erquy, le château de Noirmont, élégante demeure entourée d'un beau parc, à la droite duquel le propriétaire avait planté un magnifique bois de sapins, dont la noire verdure, qui se développe au-dessus de la mer, a sans doute donné son nom à la propriété. Un autre château, celui-là d'un caractère historique, est celui de Bienassis, non loin de Saint-Pabu. L'édifice, avec ses grands combles percés de lucarnes et ses tourelles, au fond de sa cour d'honneur, derrière ses murs à créneaux et ses fossés pleins d'eau qui lui donnent un faux air de forteresse, a un aspect vraiment seigneurial. L'esprit se reporte, en le voyant, aux souvenirs tout à la fois de la Renaissance et du Moyen âge. On y saisit bien la trace, encore très sensible, de la transformation qui changea en demeures de plaisance, à partir du quinzième siècle, les demeures fortifiées et avant tout militaires des anciens barons féodaux. Le jardin français, qui expose devant le château son élégante symétrie, et le tapis vert dont la noble perspective s'étend au delà sous deux hautes rangées d'arbres, rappellent une époque plus récente et sont une visible miniature du Versailles de Louis XIV. Les vieux barons étaient changés en seigneurs de cour. Le parc est d'une ample beauté. L'ensemble a tout à fait grand air. Bienassis est devenu depuis quelques années la résidence d'été de Mme l'amirale et de M. Louis de Kerjégu.

On peut considérer les *manoirs* comme intermédiaires entre les châteaux et les simples maisons de plaisance. Le territoire d'Erquy en offre probablement un certain nombre. Pour nous, nous en avons vu deux, qui nous ont semblé d'assez bons spécimens de ce genre d'habitations. L'un appartient au général de Pontbriant, qui l'a loué à un gentilhomme dont le nom nous échappe. L'autre est la propriété de l'honorable famille Paturel, justement estimée et aimée dans Erquy. Les étrangers, les baigneurs lui doivent de la reconnaissance pour la bonté qu'elle a de tenir constamment ouvert l'accès de son parc, dont les ombrages touffus, qui aboutissent à deux pas de la grève de Caroual, leur permettent de goûter un nouveau plaisir, assez rare sur cette côte généralement dénudée.

Aux châteaux et aux manoirs sont venus plus récemment s'ajouter les villas, construites par les familles riches ou aisées qui viennent chercher régulièrement à Erquy les avantages et les agréments de la mer. Un petit nombre s'alignent l'une à côté de l'autre en face de la plage principale. Il en est une dont la situation est admirable : elle est bâtie sur la falaise au bas de laquelle s'ouvre le goulet, où ses habitants peuvent, quand ils le veulent, descendre par un escalier établi au milieu des roches. Et quelle vue sur les flots! Une autre est en construction plus haut encore, de l'autre côté de la route qui coupe en deux la falaise. Elle porte sur sa façade cette inscription d'une saveur toute bretonne : KER CATHERINE. Une de celles de la plage porte l'inscription : KER ÉDOUARD. *Ker* est un mot celtique qui a évidemment ici un sens analogue à celui de notre mot *villa*.

Le bourg d'Erquy renferme un certain nombre de maisons bourgeoises, habitées en général par des rentiers du pays, et dont l'aspect tient un peu de celui des manoirs. Il y a aussi dans le bourg même un certain nombre de fermes, dont l'aspect annonce l'aisance et même quelquefois la richesse. Les habitations rustiques elles-mêmes, celles des petits cultivateurs et des petits artisans, paraissent en général bien et solidement bâties. Il ne faut pas négliger, parmi les bâtiments, de mentionner les moulins à vent, qui occupent une place importante dans le paysage. Il nous semble encore voir tourner, sous le souffle constant de la brise marine, les larges ailes entoilées de celui qui s'élève sur une côte voisine de la chapelle de Notre-Dame, non loin de la croix dressée sur le chemin qui conduit au manoir et au parc de la famille Paturel.

Le climat d'Erquy a un caractère particulier. Sa tiédeur tempérée ne connaît ni les chaleurs excessives, ni les grands froids. Malgré l'ardeur du soleil et la vivacité des brises, le fond de l'air, l'été, y est d'une moiteur douce et même un peu molle. La neige n'y tient pas l'hiver. L'influence du *gulf-stream* procure aux habitants de ce littoral, malgré le nom de Côtes-du-Nord, quelques-unes des sensations, quelques-uns des agréments du Midi. La terre, engraissée d'herbes marines, que l'on va recueillir, à marée basse, sur les rochers, y est très fertile. La moisson, cette année, était magnifique. Nous n'y avons pas remarqué de nombreux troupeaux, mais les vaches ne manquent point, ni les veaux, dont la chair est même, comme aliment, l'objet d'un débit un peu trop exclusif. A la boucherie d'Erquy, d'ailleurs fort bien tenue, viande et veau sont synonymes. Si l'on veut autre chose, il faut prévenir d'avance. Les moutons, qui paissent les prés voisins de la mer, fournissent d'ailleurs des gigots d'une saveur exquise. Un autre trait du pays est l'abondance de la volaille. Les oies et les canards parcourent en troupes, de toutes parts, les rues du bourg. Transportons-nous, pour un instant, et transportons avec nous — innocente fantaisie ! — Erquy dans la région et dans l'âge de l'épopée homérique. Le vieil et divin aède ne l'aurait-il pas ainsi caractérisé, selon son usage : « Erquy, au bord de la mer, la riante bourgade au doux climat, riche en figuiers, où les oies et les canards abondent » ?

Dans la population, il faut distinguer l'élément fixe et l'élément de passage. Ce dernier est représenté par les baigneurs. Toutefois, parmi ceux-ci, un certain nombre, qui vient régulièrement tous les ans des autres parties de la Bretagne, a comme acquis droit de cité par la conformité de son esprit avec celui des habitants et par le zèle de sa charité, qui s'intéresse à toutes les bonnes œuvres. Dans le reste même, plus exotique et plus flottant, ce sont les provinciaux qui semblent dominer. Il y a pourtant aussi quelques Parisiens. Mais ce sont, en général, des gens sérieux et tranquilles, qui viennent réellement là pour se baigner et se reposer. Alors même qu'ils ont des idées et des habitudes différentes de celles de la population bretonne, ils se gardent d'afficher cette opposition et s'abstiennent de manifester leur présence autrement que par cette présence même. La chronique locale rapporte pourtant qu'il y a quelques années, un citadin, pris d'un beau zèle et sans doute ennemi de la « superstition », conçut le projet de répandre sur Erquy les « lumières de l'esprit moderne ». Il résolut de consacrer à ce grand œuvre quelque peu de son temps et de son éloquence. Il institua donc des conférences. Mais, pour le succès d'une telle entreprise, ce n'est pas tout d'avoir un conférencier, il faut encore des auditeurs. Or, les bons Bretons d'Erquy ne jugèrent pas à propos de se déranger. Le combat finit donc faute de combattants. Erquy n'en est pas plus obscur.

La bourgeoisie du bourg, qui tient la tête de la population fixe, est, dit-on, peu favorablement disposée pour la population flottante, de l'accroissement de laquelle elle craint qu'il ne lui revienne, ainsi qu'au pays, plus d'inconvénients que d'avantages. En considérant ce qui s'est passé sur d'autres points du littoral, nous n'osons pas la blâmer, bien qu'il entre peut-être dans son sentiment un peu d'égoïsme. Le fond de la population fixe se compose de petits cultivateurs, auxquels s'ajoutent un certain nombre de pêcheurs et d'artisans, sans compter les ouvriers des carrières, tous venus d'ailleurs et qui ne sont pas le meilleur élément d'Erquy. La cordonnerie est fort en honneur dans le bourg, où nous avons remarqué les enseignes d'une demi-douzaine au moins de braves enfants de saint Crépin, parfois tout voisins les uns des autres. Nous n'avons vu qu'un horloger, et malgré cela, par une raison que nous dirons tout à l'heure, nous doutons que sa profession lui rapporte de gros revenus. Il est vrai qu'il est épicier en même temps et qu'il se rattrape sans doute sur son commerce du déficit que peut lui laisser son industrie.

Considérée dans son ensemble, la population d'Erquy fait sur les visiteurs la meilleure impression et leur laisse le plus agréable souvenir. Elle est franche, sympathique et souriante. Elle est confiante et même un peu négligente, et dans les rapports de commerce, elle laisse volontiers à l'acheteur le soin des inscriptions et des comptes. Le bon marché des denrées alimentaires n'est pas nécessairement pour elle un élément de prospérité, puisque à cet égard elle est vendeuse en même temps qu'acheteuse. Mais elle vit en bonne partie sur son propre fonds, et la vie en somme ne paraît pas lui être dure. Il y a peu de misérables à Erquy. Quelques bonnes femmes parcourent, le lundi, jour consacré pour cela, les rues du bourg, et récoltent de porte en porte des aumônes, généralement en nature, dont elles paient sur-le-champ le donneur par des prières, comme par exemple « un *De Profundis* pour vos fidèles défunts ». L'ivrognerie, qui est malheureusement en Bretagne un vice national, n'est pas sans doute absente d'Erquy, puisque nous avons entendu de la part d'un commissionnaire, qui nous offrait ses services et qui avait, ma foi! de fort bonnes façons (c'était peut-être un déclassé), cette confession naïve : « On me connaît dans le pays, et tout le monde sait que l'on peut se fier à moi. Je suis honnête, mais, par exemple, ivrogne. » Cependant nous n'avons, en fait, été témoin, durant notre séjour, de presque aucun cas d'ivrognerie formelle et publique. Le défaut que l'on pourrait reprocher aux habitants d'Erquy est une certaine insouciance qui, considérée du bon côté, a bien aussi quelque chose d'une qualité.

Ils coulent paisiblement leur existence sous l'œil de Dieu, avec ses alternatives quotidiennes de labeurs et de relâches, réglées par la coutume et par le cours du soleil, sans regarder de trop près à l'exactitude formelle de la succession nécessaire des instants. Erquy est peut-être l'un des bourgs de France où l'on sait le moins l'heure qu'il est. L'église elle-même n'a pas d'horloge, du moins à l'extérieur, et quant à celle de l'intérieur — que M. le recteur nous pardonne cette observation sans malice ! — ce n'est pas précisément un modèle de chronométrie. Le matin, à midi, le soir, le sonneur sonne d'ailleurs exactement l'*Angélus*, à un quart d'heure ou une demi-heure près, et dans le bourg, aussitôt tout le monde interrompt l'occupation du moment pour réciter cette belle prière. Erquy, en effet, est un pays essentiellement catholique, et quoi qu'aient maintes fois rabâché l'ignorance et la malveillance des écrivains protestants ou libres-penseurs au sujet des populations attachées de cœur à l'Église romaine, le peuple d'Erquy est un peuple heureux.

Sans empiéter en aucune manière sur les nécessités de la vie rurale, les pratiques religieuses, dirigées avec intelligence, tact et largeur d'esprit par le recteur et ses excellents vicaires, en qui la population a une entière et libre confiance, tiennent une large place dans la vie des habitants. Personne absolument ne manque à la messe du dimanche, et les habitants de certains villages éloignés du bourg franchissent allègrement, pour l'aller et le retour, la longue distance qui les sépare de l'église paroissiale. Les hommes comme les femmes accomplissent régulièrement le devoir pascal, et un assez bon nombre d'entre eux — je dis des hommes — approchent plus souvent de la sainte Table. Rien de plus édifiant, selon nous, que la façon naturelle et franche dont ces bons Bretons accomplissent ce grand acte de la vie chrétienne. On est, certes, très édifié dans les églises catholiques d'Allemagne, de l'immobilité recueillie, ayant presque l'apparence d'une sorte d'extase mystique, des fidèles constamment agenouillés et comme suspendus à la contemplation des divins mystères. Mais pour nous (c'est sans doute affaire de tempérament) nous préférons, avouons-le, l'allure plus libre et plus vivante de la piété française, à laquelle le caractère simple et fort de la race bretonne ajoute un charme particulier. Le culte des morts, cher à cette race, se manifeste par le grand nombre des services expiatoires chantés tous les jours dans l'église, où, du reste, même dans la semaine, presque toutes les messes sont chantées. La piété des femmes, plus vive encore que celle des hommes, a le même caractère de simplicité et de naturel. Les femmes d'Erquy ont d'ailleurs en tout bon air et bonne grâce dans leur gentil costume breton, auquel, même dans les conditions aisées, elles ont eu le bon goût de demeurer fidèles. Leur modestie souriante et qui n'a rien d'emprunté fait grand honneur à l'éducation qu'elles reçoivent et qu'elles continueront, quoi qu'il arrive, à recevoir des Sœurs de Saint-Vincent-de-Paul.

Durant notre séjour, la chapelle de Notre-Dame d'Erquy fut visitée en pèlerinage par les jeunes gens du cercle catholique de Lamballe, qui déployèrent en cette occasion les ressources de leur musique, fort justement appréciée dans le pays. Dans une allocution vraiment paternelle, le recteur, qui, né aux environs de Lamballe, est tout à fait leur compatriote, les mit en garde contre les dangers de toute sorte qui, à l'heure actuelle, guettent, même en Bretagne, la foi religieuse de la jeunesse, et contre les embûches des sociétés secrètes, qui cherchent à les enrôler dans leur odieuse insurrection contre les principes de l'ordre social, sans lesquels aucun gouvernement, quels que soient sa forme et son nom politique, ne pourrait longtemps durer. C'est également à Notre-Dame que furent chantées les vêpres du jour de l'Assomption et que se forma la procession qui se rendit de là, pour le sermon et le salut, à l'église paroissiale.

L'Assomption est une solennité particulièrement chère à toute la Bretagne. De plus, à Erquy, c'est un jour d'*assemblée*, et cette assemblée se tient sur le monticule où s'élève la chapelle gothique. Des tentes y sont disposées pour manger et pour boire, et il s'établit çà et là quelques boutiques en plein vent et quelques tréteaux analogues à ceux de nos fêtes foraines. Tout autour de la chapelle, où un petit nombre seulement de fidèles a pu pénétrer, groupés le long des murs et se pressant aux portes, hommes et femmes suivent l'office, le chapelet en main, et s'unissent de voix ou de cœur aux chants qui retentissent à travers les vitraux. Nous remarquons là des types qui nous rappellent tout à fait les personnages si vivants des peintures qui ornent les beaux manuscrits gothiques de la fin du quinzième siècle. Quelques marins se distinguent par la ferveur de leur foi, qui se reflète sur leurs mâles visages hâlés par la brise, et dans leurs regards, qui semblent contempler avec amour la céleste « Étoile de la mer ». La procession sort de la chapelle et se déroule dans les chemins, puis dans les rues du bourg. De nombreux étendards blancs et blancs à croix bleue flottent au-dessus de ses rangs. Les jeunes filles, qui s'avancent sous la conduite des Sœurs, ont le costume breton, mais idéalisé, pour ainsi dire, ce jour-là, par sa blancheur. Quel spectacle imposant et touchant offre l'église paroissiale, contemplée du haut de la tribune, d'où le regard s'étend sur la nef et sur le chœur, quand l'assistance, qui n'y laisse pas une place vide, est réunie tout entière pour le sermon et pour le salut! Les étendards aux couleurs de Marie continuent à briller au-dessus de la foule. La belle et forte voix du recteur entonne le cantique des « Bretons à Lourdes », dont les paroles se chantent sur l'air national et populaire de « Lez Breiz », mélodie vraiment pénétrante et qu'on ne peut entendre sans émotion s'échapper à plein vol de ces poitrines bretonnes, où battent des cœurs si chrétiens et si français :

> Reine de l'Arvor, nous te saluons,
> Vierge immaculée, en toi nous croyons.
>
> Partout et toujours, ô Vierge Marie,
> Tu fus des Bretons la Dame chérie...
>
> Comme nos aïeux, Mère du Sauveur,
> Chacun d'entre nous te donne son cœur.
>
> Mais daigne, en retour, arche d'espérance,
> Protéger l'Église et sauver la France.
>
> Du pays s'il faut défendre l'honneur,
> Chrétiens et Bretons ignorent la peur...
>
> Mère bénis-nous : bénis tous les âges,
> Bénis nos moissons, bénis nos rivages;
>
> Bénis nos foyers, bénis nos enfants;
> Bénis avec nous tous les chers absents!
>
> Bénis nos marins, et leur foi profonde
> Portera ton nom jusqu'au Nouveau-Monde.

Bénis nos soldats : donne à leur drapeau,
A sa vieille gloire un lustre nouveau.

Et de tes bienfaits, toute notre vie,
Nous nous souviendrons, ô Vierge Marie...

M. l'aumônier du lycée de Saint-Brieuc, en vacances à Erquy, célèbre à son tour, dans un français des plus littéraires, la gloire et la puissance de la Sainte Vierge. Ensuite, commence l'office du Saint-Sacrement, d'une si sublime poésie, et la bénédiction présente du Dieu fait homme s'étend sur ces mille têtes inclinées pour la recevoir. Une partie de l'assistance retourne ensuite à la chapelle de Notre-Dame pour la bénédiction des petits enfants, et le reste du jour, la population se livre gaiement aux divertissements de l'*assemblée*.

Erquy, comme on le voit, est un pays où fleurissent encore, avec la foi religieuse et le respect des vieilles traditions, l'originalité et le pittoresque. Considérées au seul point de vue de l'art, qui n'est pas d'ailleurs le principal, les processions et pèlerinages, et en général toutes les manifestations extérieures du culte catholique, entretiennent dans les contrées où il leur est permis de déployer librement leurs beautés touchantes, une atmosphère de poésie qui contribue à la culture de l'âme et développe le sens esthétique. Les *utilitaires* auront beau dire : l'homme ne vit pas seulement de pain. Sa nature même répugne à la civilisation purement matérielle telle que la rêve l'extravagante platitude de certains économistes humanitaires, si bien raillée par le poète :

> Le monde sera propre et net comme une écuelle.
> L'humanitairerie en fera sa gamelle,
> Et le globe rasé, sans barbe ni cheveux,
> Comme un grand potiron roulera dans les cieux

A défaut des fêtes de la religion chrétienne, le peuple en réclamerait d'autres où, comme dans le paganisme antique, la licence et la cruauté se donneraient la main et d'où le culte du beau idéal, qui du moins ennoblissait le naturalisme des Hellènes, serait peut-être aussi absent que celui du vrai et du bien. On reverrait bientôt sans doute les emphatiques et grotesques cérémonies que la Terreur mêla jadis chez nous à ses sanglantes hécatombes. Coûte que coûte, en effet, le peuple a soif d'émotion et de poésie. C'est pourquoi la populace de nos grandes cités, ne connaissant plus d'autre source esthétique, s'en va recherchant et répétant les refrains de la muse effrénée et braillarde des histrions d'alcazars. Dans nos campagnes, surtout dans nos campagnes bretonnes, on retrouve encore quelques débris de la vieille poésie populaire, qui certes n'était pas toujours irréprochable, mais où respire un parfum des bois et des prés, où résonne l'écho naïf des joies et des tristesses de la vie, où çà et là reparaissent quelques souvenirs de notre histoire nationale. C'était un plaisir pour nous d'entendre la voix du petit

Joseph moduler avec une naïveté franche la version bretonne de la chanson des *Sabots* :

> C'était Anne de Bretagne
> Avec des sabots,
> Revenant de ses domaines
> En sabots, mirlitontaine,
> Ah! Ah! Ah!
> Vivent les sabots de bois!...

ou encore une pastourelle d'une rusticité gracieuse dont nous n'avons pas retenu les paroles, mais dont le refrain est : *You! You!*

Puisse Erquy conserver toujours son caractère religieux et tout ce qu'il y a de bon dans ses mœurs bretonnes! Que Dieu bénisse ses plages et les préserve à jamais des casinos et des bals d'enfants! Puisse, au lieu des extravagantes fantaisies du *high life*, ou de la vulgarité monotone et niaise de certaine bourgeoisie indifférente ou libre-penseuse, s'y former et s'y maintenir une colonie de baigneurs chrétiens, sachant unir à un doux repos les charmes de la société choisie et le goût des jouissances vraiment intellectuelles! Pourquoi n'y aurait-il pas sur certaines plages des groupes de ce genre, comme sur d'autres plages, hélas! il y en a d'une autre espèce? Pourquoi ne se créerait-il pas ainsi en des lieux propices quelques petits paradis terrestres, où les chrétiens iraient chaque année se reposer et se rafraîchir le corps et l'âme en attendant mieux? Ce souhait n'est pas une vaine chimère, puisqu'il a déjà été réalisé çà et là sous diverses formes. Qu'on nous laisse rêver, cela ne fait de tort à personne, un de ces paradis s'établissant spontanément par le concours de baigneurs d'origines diverses, mais animés d'une même foi et d'un même esprit, venant accroître, sans la troubler, la population de la riante bourgade qui leur ouvrirait avec joie ses maisons, le troupeau du bon recteur qui leur ouvrirait avec plus de joie encore et son presbytère et son église, s'unissant entre eux et avec leurs hôtes par les doux liens de l'amitié et de la charité catholiques, sous l'invocation de Notre-Dame d'Erquy!

1887.

IV

AUX SABLES-D'OLONNE (1).

Les plages de l'Océan auxquelles aboutit le réseau des chemins de fer de l'État ne sont pas sans doute tout près de Paris, mais elles n'en sont pas pourtant aussi éloignées qu'on pourrait croire. On s'y rend en une douzaine d'heures, c'est-à-dire en un jour ou une nuit. Les billets dits de *trente-trois jours* ont, au point de vue du prix, beaucoup facilité le voyage. Allant aux Sables-d'Olonne, nous avons trouvé que l'excellente disposition des voitures de l'État assurait aux voyageurs, durant le trajet, un confortable qui, surtout la nuit, mérite fort d'être apprécié. Nous voici donc arrivé peu endolori. Après avoir pourvu à notre installation, nous faisons à la plage une première visite, qui naturellement sera bien des fois renouvelée pen-

---

(1) Nous avons été beaucoup aidé dans la rédaction de ces souvenirs par l'ouvrage de M. René Vallette : *Les Sables-d'Olonne et ses environs, guide de l'étranger*, édité par la librairie E. Mayeux, aux Sables.

dant le séjour. Essayons de fixer ici l'impression qui nous est restée de ce spectacle réitéré.

La plage des Sables-d'Olonne est assurément l'une des plus remarquables de France et peut-être d'Europe par son étendue et par sa beauté. C'est une immense arène en arc de cercle allongé, dont l'œil du spectateur placé à une extrémité, près des jetées par exemple, a peine à embrasser toute l'étendue. Elle est formée du sable le plus doux et le plus fin, qui s'étend comme un tapis jusqu'à la mer et se prolonge en pente insensible sous la mer même. Aussi le bain est-il possible à toute heure, et la qualité en est excellente, à cause de ce sable, et parce que les ondes de l'Océan, à ce point de nos côtes, unissent une tiédeur, sœur de celle de l'air, à une abondance agitée, plus riche en vagues que celles de la Manche. Sept établissements alignent successivement leurs séries de cabines, ouvertes aux baigneurs à un prix modéré, et chacun d'eux a dressé parmi elles une tente, destinée à offrir tout le jour à ses clients un abri contre les ardeurs du soleil. Tout de suite après, sur la plage, s'étendent des établissements d'une autre espèce, des parcs pleins de charmants et vigoureux roussins d'Arcadie, tout bâtés pour la plupart, offrant leurs dos et leurs jambes aux enfants et aux parents, les uns debout, les autres couchés, en paix avec leur conscience et en guerre avec les mouches.

Un autre véhicule se présente à tous sur cette même plage, grâce auquel nous aurions pu, à raison de 1 franc l'heure, nous assimiler aux antiques tritons ou autres dieux de la mer et chevaucher sur la plaine humide. Il s'agit de vélocipèdes marins venus là de Nantes par la voie de terre. Ils ont une queue qui s'agite en manière de gouvernail, et se soutiennent, croyons-nous, sur l'eau au moyen d'air comprimé. La femme chargée de la location nous assura que plusieurs personnes avaient fait sur ces coursiers mécaniques de longs et heureux trajets de la plage au port, en doublant la jetée, et *vice versa*. Peut-être étaient-ce de forts nageurs. Mais, pour nous, dont l'éducation maritime a été commencée trop tard et qui n'avons pu parvenir à nous approprier les premiers principes de l'art de la natation, car nous réussissons bien à mouvoir dans l'onde nos bras et nos jambes successivement, mais non simultanément, pour nous, disons-nous, en de telles conditions, nous considérâmes avec intérêt ces vélocipèdes, mais nous ne nous y fiâmes point.

La plage est dominée dans une grande partie de son étendue par un magnifique remblai, le long duquel s'élèvent hôtels et maisons ayant vue sur la mer, et où se dresse vers le milieu un beau et haut Calvaire, qui présente, pour ainsi dire, à l'immensité de l'horizon marin, fertile en dangers, l'image sacrée du Rédempteur. Sur le remblai sont établis, de distance en distance, au bas des maisons ou des murs de jardins qui le bordent, des bancs d'une longueur extraordinaire, où, surtout le soir, les baigneurs affluent pour goûter les délices de la fraîcheur et de l'air salin. L'un de ces bancs a reçu le nom de *banc de la critique*. Il le doit sans doute aux dames qui s'y sont assises et qui se sont fait part de leurs observations relativement à l'aspect et à la toilette des autres dames qui vont et viennent, accompagnées de leurs maris et de leurs enfants. Cette magnifique promenade rappelle tout à fait, quand la saison est dans son plein, les endroits les plus fréquentés de Paris. C'est un vrai boulevard au bord de la mer, avec une file nombreuse de becs de gaz, renforcés, les soirs de fête, d'une série de cordons de verres de couleur. Une voix y retentit tout à coup et se met à chanter une improvisation à peu près toujours la même, mais où parfois s'introduisent des variantes qui décèlent une certaine verve. Cette voix est celle d'un ingénieux marchand de bonbons et de sucres d'orge, qui paraît originaire de quelque faubourg de la capitale et qui fait son commerce en vers :

> Voilà Victor Deschamps
> Avec son petit établissement !
>
> C'est toujours avec avantage
> Que je vous retrouve sur les bords de la plage !
>
> En vous revoyant, chers consommateurs,
> Je viens vous offrir mes petites douceurs.
>
> Voici des bonbons et des sucres d'orge
> Qui guérissent le rhume et le mal de gorge.

Un soir, durant sa tournée commerciale et poétique, Victor Deschamps se trouva devant quelques soldats, car il y a une garnison, une toute petite garnison, aux Sables-d'Olonne. Il ne craignit pas de les interpeller, en ces termes :

> Et vous, jeunes défenseurs de la nation,
> Ne voulez-vous pas goûter à mes bonbons?

Une autre fois, dans la même circonstance, il qualifia ces heureux fantassins de « jeunes défenseurs de la Constitution », ce qui nous parut une incursion hardie sur le terrain de la politique. Cependant, dédaigneux de ces vains prestiges et de ce lyrisme romantique, un autre marchand paisiblement, impassiblement assis devant une petite table, se bornait à répéter de temps à autre, d'une voix calme et onctueuse, cette exhortation classique : « Demandez la bonne pâte de guimauve! »

D'après ce que nous venons de dire, on ne s'étonnera pas d'apprendre que le *sport* fleurit — modérément toutefois — aux Sables-d'Olonne. Il y eut à plusieurs reprises, durant notre séjour, des régates et, une fois, des courses. L'originalité de ces courses résulte de ce qu'elles ont lieu sur la plage même, qui forme hippodrome à la marée basse. Des tribunes sont élevées sur le remblai. Des affiches officielles de la municipalité renseignent le public sur l'organisation des paris. Bref ceux des Parisiens qui ne sauraient jamais s'abstraire complètement des émotions de Longchamps en peuvent retrouver quelque ombre aux Sables-d'Olonne. Est-il besoin d'ajouter qu'un Casino s'élève à l'extrémité de la plage? Nos lecteurs savent combien peu nous sommes enthousiaste de ces sortes d'établissements. Mais toute station de bains qui vise à quelque renommée se croirait déshonorée de ne point offrir un asile aux habitudes de la vie mondaine, trop dépaysée en face des seules magnificences de la nature; c'est un courant qui paraît bien difficile à remonter, même avec un vélocipède marin.

Le casino des Sables n'a rien à envier à aucun autre. M. Leguay, le sympathique directeur de l'Hôtel Continental de Paris, qui en a l'entreprise, y maintient une installation élégante et même luxueuse. Des affiches quotidiennes, placardées dans toute la ville, annoncent au tiers et au quart une véritable profusion de concerts, de spectacles, de soirées dansantes et aussi, hélas! de bals d'enfants. Pauvres enfants! Quand donc les parents mondains s'aviseront-ils d'avoir un peu de sens commun? Ce qui nous a paru dominer dans les représentations théâtrales, c'est, avec l'opéra et l'opéra-comique, le répertoire de Labiche. Acteurs et chanteurs et surtout actrices et cantatrices y déploient invariablement un talent des plus remarquables, à en juger du moins par les comptes rendus du journal *la Plage*. Cette feuille, qui renaît tous les ans avec la saison, publie la liste des *étrangers*, à mesure qu'ils arrivent, des indications techniques, des annonces pharmaceutiques, des fantaisies en vers et en prose, et des compliments assez ingénieusement variés pour flatter perpétuellement l'amour-propre toujours féroce des jeunes premières, des pères nobles, des ténors, des barytons, des contraltos et autres esclaves (tous les jours une pièce nouvelle!) enrôlés au dur service du théâtre du Casino.

Il ne faut pas croire pour cela que tous les étrangers qui se coudoient sur la plage ou sur le remblai, ni même la majorité d'entre eux, appartiennent à cette société frivole et soi-disant élégante qui ne se couche guère avant une heure du matin et qui préfère au fond l'hiver à l'été. Les familles parisiennes sont relativement peu nombreuses, et celles qui viennent à cette distance de Paris sont, en général, composées de gens paisibles. Le *high life* de la saison se compose plutôt de personnes riches des villes de la région environnante en l'étendant jusqu'à Nantes, Tours, et même Bordeaux. On s'en aperçoit à l'allure et aux toilettes. Mais, Dieu merci! la Vendée, le Poitou, l'Anjou, la Touraine n'envoient pas aux Sables que ces spécimens, parfois étrangement bariolés, de la mondanité provinciale. La belle et bonne noblesse, la belle et bonne bourgeoisie, la belle et bonne classe agricole de ces pays, et aussi leur excellent clergé y ont de nombreux représentants. Il y a beaucoup de baigneurs qui viennent réellement pour se reposer et se baigner.

A ce propos, il nous a paru qu'il y avait aux Sables-d'Olonne une lacune que nous hésitons d'autant moins à signaler qu'elle pourrait être plus facilement remplie. Les personnes qui viennent seules à cette belle plage, pour un motif sérieux de santé ou de repos, par exemple, les ecclésiastiques, y chercheraient en vain à l'heure actuelle un établissement où elles puissent, à des conditions modérées, soit passer la saison, soit faire une cure plus prolongée, en joignant aux charmes d'une paisible et religieuse existence les agréments de la conversation et d'une société chrétienne. Une maison analogue à celles qu'ont établies sur divers points de nos côtes des communautés hospitalières, serait certainement aux Sables d'une très grande utilité. L'emplacement et en partie le local en sont tout trouvés. Les Petites Sœurs des pauvres ont récemment laissé vacante, pour se transporter dans un plus spacieux édifice, une fort belle maison munie d'une jolie chapelle. Les héritiers de Mlle Dupont, — une pieuse fille des Sables qui avait affecté, par son testament, cet immeuble à un asile de vieillards — en sont rentrés en possession par suite du départ, d'ailleurs tout spontané, des Petites Sœurs. Vivement désireux, à ce que nous avons ouï dire, de conserver à ces locaux le caractère religieux que Mlle Dupont avait toute sa vie caressé l'espoir de leur donner, les honorables propriétaires actuels seraient sans aucun doute disposés à en faciliter l'acquisition pour une œuvre du genre de celle dont nous signalons à nos lecteurs l'absence aux Sables-d'Olonne. Il serait triste, dans ces circonstances, de voir maison et chapelle passer un jour, peut-être à très bas prix, dans des mains qui les affecteraient à des usages tout profanes. Nous souhaitons, nous espérons qu'il en sera autrement dans le double intérêt des convenances religieuses et des baigneurs tels que ceux auxquels nous pensons en ce moment. Pour ceux qui viennent en famille, ils ne sont vraiment pas à plaindre. Ils trouvent amplement à se loger soit dans les hôtels, qui ont bonne renommée, soit par des locations particulières, pour lesquelles, du moins cette année, l'offre nous a paru surabondante et les prix moyens.

Installé avec notre famille au centre de la ville, près de l'une des extrémités du port, nous ne jugeâmes point, et il est, sans doute, peu de personnes intelligentes qui jugent que la plage seule soit digne d'attention. Le port lui-même, avec ses deux belles jetées, ses longs et larges bassins, est assurément très remarquable. Il ne semble pas qu'il fût très malaisé, si cela était jugé utile à l'intérêt national, d'en faire un port marchand de première importance, et peut-être même un port militaire. En attendant, ce qui n'arrivera peut-être jamais, que l'on contemple dans les bassins des Sables quelque puissant cuirassé, nous avons eu la bonne fortune d'y voir séjourner trois torpilleurs. La visite que nous fîmes de l'un d'entre eux et la conversation que nous eûmes avec le brave et intelligent marin qui nous servit de guide est l'un de nos meilleurs et plus vivants souvenirs. Ce marin avait fait avec Courbet la campagne de Chine, et quelle impression il avait gardée du grand amiral dont la patrie pleure encore la perte ! Que

Dieu protège la France et la marine française! Le patriotisme ardent de nos matelots a un charme particulier, à cause de sa fermeté simple et exempte de toute emphase. La Providence réserve peut-être à notre flotte un grand rôle dans les événements futurs...

Les bassins du port séparent la commune actuelle des Sables-d'Olonne en deux parties très distinctes : les Sables proprement dits et la Chaume, aujourd'hui faubourg, mais autrefois autonome et même d'origine plus ancienne. Les Sables sont bâtis tout en longueur, entre la plage et le port, et la largeur en est mince. Ce sont d'interminables rues coupées de ruelles étroites, où le vent s'engouffre avec énergie. Aussi la température est-elle sensiblement plus froide sur la place de l'église, par exemple, que sur la plage, qui s'ouvre au midi et que la ville elle-même protège contre le souffle du Nord. Un agréable endroit est la place du Palais-de-Justice, formant terrasse sur la plage, par conséquent avec une large vue sur la mer, et en même temps pourvue d'une agréable verdure et même de quelques grands arbres à l'ombre desquels (l'ombre n'abonde pas aux Sables hors des ruelles) il est doux d'aller s'asseoir. Un spectacle à voir, en dehors même des nécessités de la vie pratique, c'est le marché, qui est quotidien et fort animé. Il est bien installé dans une petite salle près de l'église. La poissonnerie aussi est fort curieuse. Quel ruissellement de sardines! L'œil en voit tant qu'il en voit trop.

La Chaume, habitée surtout par les pêcheurs, a son caractère particulier, maritime et un peu horticole, grâce aux vergers et potagers qu'on entrevoit à travers les portes ouvertes des maisons basses. Les buvettes, comme d'ailleurs aux Sables mêmes, y surabondent. Nous avons pourtant été rarement témoin de faits d'ivrognerie. Il est vrai que l'un des cas nous a été fourni par une femme que deux agents de police durent emmener sur une charrette requise pour la circonstance. C'est à la Chaume, près d'un des bassins du port, que s'élève la tour crénelée du phare construit sur l'emplacement du vieux château dit d'*Arundel,* du nom d'un comte d'Arundel qui commandait, durant la guerre de Cent ans, les troupes anglaises du Poitou. Cette tradition est fort contestée. Quoi qu'il en soit, la forteresse a son histoire, mais qui se rapporte à une époque plus récente. Neuf cents huguenots qui l'occupaient y furent assiégés par le duc de la Rochefoucauld, gouverneur du Poitou sous Louis XIII, et contraints de mettre bas les armes. Elle fut, sous l'un de ses derniers commandants, le théâtre d'un événement romanesque. Ce commandant enleva la fille du receveur des finances et vit toute la population accourir en armes au pied du château. Mais, dès le lendemain, il apaisa tout ce tumulte par un bel et bon mariage, suivi, hélas! une année après, de la mort de sa jeune femme et de son enfant nouveau-né. Après la prise de la Rochelle, le château fut démantelé par ordre du roi et, dès lors, s'en alla en ruines. Il n'en reste que les premières assises d'une tour à côté du phare. Mais le phare lui-même a été construit sur le modèle d'une tour ancienne. Avec un peu d'imagination, on peut tant bien que mal se faire une idée du vieux château à l'époque où veillaient sur les murs les arquebuses huguenotes et où la mer, qui a reculé depuis, venait à la marée haute baigner ses pieds.

Un peu plus loin, aux bords actuels de l'Océan, le fort Saint-Nicolas, au flanc duquel s'abrite un dépôt de dynamite, dirige sur l'horizon les gueules, depuis longtemps oisives, de ses quelques pièces de canon. Si l'on chemine plus au loin, à droite, sur les dunes, le long de la côte, grimpant et descendant les monticules de sable, où l'on rencontre, de temps en temps, un homme ou une femme qui remonte des bords de la mer avec son âne chargé d'herbes marines, excellent engrais; que l'on s'arrête, après un certain temps de marche, et avançant son regard, fortifié d'une lorgnette, sur les ondes blanchissantes, on apercevra, dressant sa silhouette, le phare des Barges, que les flots entourent, et qui, la nuit, projette à une distance de quinze milles ses feux propices aux matelots. En revenant, on pourra visiter le Sémaphore et, sous l'influence d'une pieuse pensée, entrer un instant dans le petit cimetière de la Chaume, aux fosses bordées de coquillages, et au milieu duquel un touchant mausolée a été élevé à la mémoire de dix marins, victimes de leur dévouement dans la tempête du 24 avril 1868.

La Chaume forme une paroisse distincte, dont l'église, placée sous le vocable de saint Nicolas, date de la Restauration et n'a rien de bien remarquable. Il n'en est pas de même de Notre-Dame-de-Bon-Port, l'église paroissiale des Sables. Ce n'est pas qu'elle soit bien ancienne, puisqu'on ne l'entreprit qu'en 1646, en utilisant, il est vrai, une construction antérieure, mais elle offre, surtout intérieurement, un beau spécimen des éléments de divers âges de l'architecture gothique, groupés ensemble et fortifiés des principes de l'art antique par une habile main moderne. Haute, spacieuse et admirablement claire, elle est vraiment imposante. Sa masse extérieure, émergeant des maisons, quand on la regarde d'un peu loin, fait aussi un fort bon effet. Outre ce remarquable édifice, la ville est riche en chapelles et en établissements religieux. Voici à l'extrémité du quai de Francqueville, un charmant bijou gothique : Notre-Dame-de-Bonne-Espérance, construite en 1832, but de nombreux pèlerinages, aux murs couverts d'*ex-voto*. C'est là que vont prier les marins sablais avant de s'embarquer. L'hôpital, les Sœurs gardes-malades, les Frères des écoles chrétiennes ont aussi de jolies chapelles, ouvertes au public. Au public s'ouvrent encore les chapelles du séminaire et du couvent des Ursulines. La maison dans laquelle est établi aux Sables l'un des deux petits séminaires du diocèse de Luçon est un ancien couvent de Bénédictines qui a conservé en partie le cachet du dix-septième siècle. Elle est entourée de vastes cours et de beaux jardins où la jeunesse destinée au recrutement du sacerdoce grandit parmi les arbres et les fleurs. Nous rappelant notre enfance tristement passée dans une des casernes universitaires ou quasi universitaires de la capitale, nous appréciâmes d'autant plus l'heureux sort de cette jeunesse, confiée aux soins des Pères de Chavagnes, qui nous firent le plus aimable accueil. Les ombrages touffus du couvent des Ursulines, dont la chapelle se cache au milieu de riants bosquets, annoncent pour les jeunes filles dont ces dames dirigent l'éducation, un bonheur semblable. Enfin une autre chapelle encore est en construction ou en projet dans le nouvel et vaste édifice, qui, de loin, dans la ville et dans la campagne, saisit et attire l'œil, et où les Petites Sœurs des pauvres ont récemment transporté l'asile où elles recueillent un aussi grand nombre qu'elles peuvent de vieillards, hommes et femmes, de tout le département. Elles en ont pour l'heure environ quatre-vingts, dont la doyenne d'âge, qui se porte bien, atteint le beau chiffre de quatre-vingt-onze ans. Nous ne savons si elle est native des Sables mêmes ou d'une autre partie de la Vendée.

Cette distinction ne laisse pas, paraît-il, d'avoir son importance en ethnographie. La population vendéenne et la population sablaise sont, à plusieurs égards, sensiblement différentes. Celle-ci, assure-t-on, a été comme plaquée sur les côtes vendéennes. Selon une tradition, elle devrait son origine à une colonie de Basques, adonnés à la pêche de la sardine, qui seraient venus s'établir sur les dunes d'Olonne. Quoi qu'il en soit, elle a un caractère fortement original, et la moindre qualité de ce caractère, surtout pour les étrangers, n'est assurément pas sa vive et franche gaieté et son amabilité avenante et prévenante. Comme apparence extérieure, les marins ont surtout cet air de braves gens que l'on retrouve sur presque toutes nos côtes. Aussi est-ce moins à eux qu'à leurs femmes qu'appartient l'originalité physique de la race, quelle qu'elle soit, à laquelle ils se rattachent. C'est en effet un type accentué dans sa beauté vraiment esthétique que celui de la Sablaise. Droite et cambrée, le poing sur la hanche, avec son jupon court, généralement de couleur rouge, et ses petits sabots sans talonnettes au vernis resplendissant, elle s'avance d'un pas ferme et rythmé comme une canéphore des temps antiques : *Vera incessu patuit dea.* Sur sa tête aux traits réguliers, à la physionomie riante, parée de sa noire chevelure, se pose un gracieux bonnet qui, dans les grands jours, fait place à une autre coiffe blanche aux nobles ailes. Les riches bourgeoises du pays arborent encore, elles aussi, avec une juste fierté au-dessus de leurs robes de soie à la mode parisienne le majestueux *papillon*. Les femmes des Sables sont de fort actives ménagères, si du moins on en juge par l'habitude qu'elles ont de tricoter sans cesse, même en marchant. Il doit sortir, bon an, mal an, de ces mains agiles une belle quantité de bas de laine.

Les langues ne sont pas douées d'une agilité moindre, et il en doit sortir, mal an, bon an, un chiffre imposant de caquets.

Les principales ressources de la population sont la sardine, le thon et les *étrangers*, c'est-à-dire les baigneurs. La pêche de la sardine ou du thon est l'occupation ordinaire des marins des Sables, et il s'est fondé dans la ville plusieurs grands établissements industriels pour la fabrication des conserves de ces deux poissons, conserves dont le débit est si universellement répandu. Les *étrangers*, eux, ne peuvent pas être conservés longtemps, on n'en saurait tirer profit que durant la saison des bains. Aussi leur a-t-on quelquefois, paraît-il, fait subir le sort des anguilles qui demandent, comme on dit, à être écorchées vives. Les Sablais eux-mêmes attribuent à un traitement de ce genre la diminution qui s'est produite dans le nombre des baigneurs, beaucoup plus considérable il y a quinze ou vingt ans. Cette diminution a sans doute inspiré à ceux qui regrettent l'affluence d'alors des réflexions salutaires, car à en juger par notre propre expérience, il nous a paru que l'on pouvait aujourd'hui fort bien vivre aux Sables, même au plus fort de la saison, à des conditions très raisonnables, et que si on s'apercevait parfois à certains traits de certains fournisseurs, qu'ils n'ignorent pas la loi de l'offre et de la demande, néanmoins on se trouvait à la fin de son séjour, même au point de vue économique, dans une situation beaucoup meilleure que celle des anguilles... écorchées. La vie matérielle, en somme, est donc assez facile sur cette belle plage, surtout pour des Parisiens habitués à tout payer chez eux à des taux exorbitants. L'aliment du prix le plus élevé, — à part le thon et la sardine — c'est le poisson. Les huîtres, en revanche, y sont à très bon marché, quoique excellentes, nouvelle et douce surprise pour les enfants de Lutèce. La halle abonde aussi en moules et en autres coquillages, sur lesquels nous engageons lesdits Parisiens à se modérer. Quelques excès sur ce point joints à la différence du climat, dont la chaude moiteur se fait sentir à ces fils du Nord, leur communiqueraient aisément une incommodité assez courante dans la ville durant les chaleurs, puisqu'on lui donne le nom de *Sablaise*, mais qui, soignée à propos, se laisse guérir sans trop de peine. Médecins et pharmaciens abondent d'ailleurs aux Sables, où l'on ne meurt pour cela pas davantage, au contraire. A cet égard, on n'a que l'embarras du choix.

Si les étrangers ne sont pas maltraités pour les besoins du corps, ils le sont encore moins pour ceux de l'âme. Ce que nous avons dit du nombre des établissements religieux prouve que la vie catholique est florissante à l'ombre de Notre-Dame-de-Bon-Port. Heureux même les baigneurs, s'ils apportaient tous à ce point de vue à la population sablaise autant de bons exemples qu'ils en reçoivent! La foi règne encore, Dieu merci! en maîtresse dans la grande majorité des âmes. Les exercices du culte sont largement fréquentés. Les Sables sont une ville à églises pleines. Ces bonnes dispositions sont entretenues par le zèle d'un excellent clergé, à la tête duquel est placé un prêtre des plus distingués, dans tous les meilleurs sens de ce terme, M. l'archiprêtre G. Robert du Botneau, universellement respecté, même de ceux des habitants qui ont cru devoir s'abandonner aux séductions, puis à l'esclavage de ce qu'on appelle la libre-pensée. Car, il ne faut pas le dissimuler, depuis un assez long temps, il se produit aux Sables et dans certaines autres parties de la Vendée de regrettables défections aux vieilles et solides traditions religieuses qui sont la gloire de cette province. Avec les excitations redoublées de certaines influences, sur lesquelles il n'est pas nécessaire que nous insistions en ce moment, et qui se font sentir dans la France entière, il est à craindre que ce mal n'empire. Il y a là un véritable péril pour l'Église et pour la patrie, et les hommes de cœur doivent s'efforcer partout de le conjurer par des efforts de préservation et de renouvellement énergiques et soutenus. Nous avons constaté avec joie aux Sables l'existence d'un cercle catholique d'ouvriers et d'un patronage pour la jeunesse. Peut-être y aurait-il place, à côté de ces institutions si salutaires, pour d'autres créations d'un caractère soit général, soit local. Mais ce n'est pas à nous qu'il appartient d'en juger.

Les défections religieuses sont malheureusement accrues ou entretenues par les passions politiques, qui sont dans ce pays d'une vivacité extrême, et amènent de douloureuses divisions jusque dans le sein des familles. L'étranger qui a pris domicile chez tel ou tel habitant fera bien d'y regarder à deux fois avant de s'engager avec son hôte sur ce terrain brûlant. Il pourrait s'exposer à de fâcheuses méprises. Le même nom est souvent porté aux Sables par un royaliste fougueux et par un républicain farouche. La vie intellectuelle, qui n'est pas très forte, est, croyons-nous, surtout concentrée dans la lecture des journaux. En dehors des abonnements, sur lesquels nous n'avons pas de notion suffisante, les deux feuilles de Paris que, pendant notre séjour, nous avons entendu le plus crier sur la plage et dans les rues sont le *Petit Journal* et la *Lanterne*. La presse locale est représentée par l'*Étoile de la Vendée* fondée et dirigée aux Sables par un homme de zèle et de dévouement, notre excellent confrère et ancien collaborateur, M. Adrien Dubé, qui a donné naguère ici-même (dans le *Monde*) et dans l'*Univers* des articles remarqués sur les questions ouvrières. Sa polémique est ardente et sa plume d'une vivacité redoutée. L'*Étoile* a en face d'elle la *Vendée républicaine*, qui paraît également aux Sables. Les autres journaux du département sont, du côté conservateur, le *Publicateur, journal de la Vendée*, organe ancien et estimé, qui paraît à la Roche-sur-Yon sous la direction de M. Maxime Ribaud, et la *Vendée*, qui paraît à Fontenay-le-Comte; de l'autre côté, le *Libéral de la Vendée*, organe de la préfecture, feuille rédigée avec talent, mais dont la couleur politique se teinte d'une forte nuance d'irréligion.

A qui voudrait lire aux Sables autre chose que son journal, les moyens ne manqueraient pas, et les étrangers avides de lecture y trouvent aisément à se satisfaire. La librairie y est représentée par deux maisons : celle de M. Édouard Mayeux, un homme fort aimable et un commerçant fort actif et fort habile, chez qui l'on peut se procurer les nouveautés de tout genre, et la maison plus spécialement religieuse et catholique de Mme veuve de Saint-Thibault, une dame très méritante, très intelligente, et très justement estimée aux Sables. La bibliothèque et les archives municipales ne sont pas, croyons-nous, fort riches. Nous avons été heureux de constater l'existence d'une bibliothèque paroissiale. Mais nous ne pensons pas que si, ce qu'à Dieu ne plaise! le goût des travaux intellectuels venait à se perdre dans le reste de la France, il trouvât précisément un refuge sur les dunes d'Olonne, même chez le petit nombre des habitants qui ont des loisirs. Il y a pourtant quelques érudits locaux, entre lesquels brille la renommée toute sablaise d'un vénérable vieillard, M. le docteur Petiteau, qui a le culte de son pays natal, où son nom aussi est prononcé par toutes les bouches avec un affectueux respect. « On l'appelle ici le père des pauvres, » nous dit, en parlant de lui, la Petite Sœur qui nous guidait dans notre visite à l'Asile des vieillards, établissement dont M. le docteur Petiteau est le médecin gratuit. Cette renommée-là vaut mieux que les plus hautes gloires de la science. Mais nous étions heureux de la voir possédée par un ami des études historiques, et nous souhaitons vivement que la *Revue du Bas-Poitou*, récemment créée à Fontenay-le-Comte par l'intelligente initiative de M. René Vallette, accroisse aux Sables, comme dans toute la Vendée, la culture ou du moins le goût de ces études chez les hommes éclairés de toutes les opinions. L'histoire honnête et impartiale est un fortifiant et un calmant tout ensemble.

N'oublions pas de mentionner un établissement scientifique, qui, à la vérité, n'est pas de premier ordre : l'*aquarium*, où, moyennant un droit d'entrée de cinquante centimes, on peut contempler vivants un certain nombre de citoyens de la mer, parmi lesquels homards et langoustes occupent une place importante et donnent au spectateur envie de les faire cuire. Un habitant des Sables, ancien marin, qui tient une buvette sur le port, a constitué chez lui une autre exposition, annoncée à grand renfort d'affiches, et qui consiste en un seul objet. Il s'agit d'un caïman, pompeusement qualifié de *monstre des Amériques*, que son propriétaire actuel, qui l'a rapporté de ses voyages et qui, sans doute, avant d'exécuter ce brigand des plages, ou après l'avoir exécuté, n'aura pas négligé, conformément aux traditions d'une bonne police, de lui demander ses papiers, assure avoir atteint, quand il le tua, l'âge de deux cent huit ans.

Nous signalons cette curiosité, mais, quant à nous, nous ne crûmes pas devoir braver l'impression que ne peut manquer de produire sur les imaginations vives et les âmes sensibles la vue de ce terrible vieux, d'ailleurs empaillé. Il arrive, hélas! qu'on ait aux Sables des émotions plus réelles. Peu de jours avant notre arrivée, le 27 juillet, une tempête avait fait des orphelins et donné lieu à la charité des étrangers de s'exercer. En outre, les enfants de la ville, qui ne savent pas tous nager, et qui jouent sur les quais du port avec l'imprudente insouciance de leur âge, causent parfois aux passants de terribles émois. Il en est un qui fut sauvé, durant notre séjour, par la soudaine et courageuse intervention de notre propriétaire, un honorable ferblantier, M. Edgard Bruneteau, qui, parmi les cris des uns et la stupeur des autres, se précipita dans la mer tout habillé. Fort heureusement, ce Sablais de vieille souche nage comme un poisson, et même, à certains égards, mieux qu'un poisson, car il n'avait pas même pris le temps de retirer sa chaussure, chose des plus gênantes au sein des flots et dont ne sont jamais empêtrés leurs habitants ordinaires.

L'enseignement primaire est dirigé aux Sables, pour les filles, par la congrégation si méritante et si dévouée des Sœurs de la Sagesse. L'école communale des garçons est laïque. Mais les Frères des écoles chrétiennes ont conservé un établissement libre qui a la confiance de la majorité de la population.

Cette population, bonne et aimable, est favorisée du ciel. Non seulement elle jouit des avantages de la mer, mais les terres qui entourent la ville sont d'une heureuse fécondité. Cette année même, la récolte y est très satisfaisante. Le système généralement adopté dans le pays est le métayage, et déjà les métayers charriaient à leurs propriétaires leur part d'une récolte abondante. Nous rencontrions constamment sur les routes, nous voyions chaque jour passer sous nos fenêtres, sur le port, de longues files de bœufs traînant lentement et sûrement de nombreux chariots pleins de sacs de blé, spectacle agreste et doux, digne des vers de Virgile. Des marais salants, autre source de revenus, mais, cette année, assez maigre, étendent aussi le long de la campagne voisine, parmi le sable des dunes, dans des cadres de verdure, leur surface d'argent légèrement plissée.

Pour les excursions à faire aux environs de la ville, on dispose de trois moyens des plus aisés à mettre en action : les voitures de louage, les ânes et ces instruments naturels de locomotion que chacun de nous a reçus gratuitement de la Providence et dont l'emploi est désigné, en latinité très basse, par l'expression proverbiale *pedibus cum jambis*. Nous usâmes, pour notre part, le plus fréquemment, de ce dernier moyen, sans négliger absolument le premier. Quant aux ânes, pourtant si gentils, des Sables, nous nous bornâmes à leur témoigner intérieurement nos sentiments de haute estime et de sincère sympathie.

La belle forêt de pins qui s'étend le long des côtes à quelque distance des Sables produit sur l'imagination du touriste une impression scandinave qu'il ne tient qu'à lui de prolonger à l'abri des ardents rayons du soleil. Cette forêt prend son nom d'Olonne, gros bourg duquel dépendirent longtemps, au point de vue religieux, les habitants des dunes où s'élève aujourd'hui Notre-Dame-de-Bon-Port. Le souvenir de cette dépendance fut attesté jusqu'en 1789 par le paiement annuel de dix livres tournois, auquel était obligée envers le curé d'Olonne la fabrique des Sables, et par une procession qui avait lieu le jour de la Nativité de la Sainte Vierge. La population des Sables, son curé en tête, venait ce jour-là solennellement chanter les litanies dans l'église d'Olonne. Cette église, qu'on restaure en ce moment, mérite d'être visitée. Le presbytère, qui, selon l'usage, en est voisin, n'est qu'une maison assez ordinaire. Mais elle est demeurée dans notre souvenir à cause de l'agréable entretien que nous y eûmes d'abord avec un aimable vicaire, puis avec le bon curé, vénérable vieillard, tout plein d'ardeur vendéenne pour la cause de Dieu, et entre les mains de qui nous eûmes le plaisir de voir les excellentes publications populaires faites, il y a quelques années, sous les auspices de la Société bibliographique.

Il ne faut pas confondre Olonne avec le Château-d'Olonne. Ce dernier nom, dû à un château qu'aujourd'hui on chercherait en vain, appartient à un joli village à l'entrée duquel a été érigée, au milieu d'un riant petit nid de verdure et de fleur, une ravissante statue de la Sainte Vierge tenant dans ses bras l'Enfant Jésus. Les calvaires, très nombreux dans le pays, sont, à ce qu'il nous a paru, volontiers accompagnés d'images de la Servante du Seigneur, qui est aussi la Mère immaculée de Dieu et la douce tutrice du genre humain. Comme à la Bretagne, le culte si consolant, si efficace et si raisonnable de Marie est particulièrement cher à la Vendée. Près du Château-d'Olonne est un agréable manoir, le Fenestrau, dans la métairie duquel nous trouvâmes refuge durant une averse passagère. La propreté des chambres et de la métayère allait jusqu'à l'élégance. Notre retour aux Sables fut abrégé ce jour-là par la conversation d'un compagnon de route, rencontré par hasard dans la métairie, M. le docteur Rey, de Tours, respectable vieillard, curieux des choses de l'esprit, et dont la longue carrière n'a fait qu'aviver, pour ainsi dire, loin de l'éteindre, la bienveillance naturelle, plutôt excessive, et la chaleur d'âme. Ces rencontres fortuites laissent parfois de doux souvenirs.

Une belle promenade à faire, c'est de s'éloigner le long de la côte, à gauche des Sables, au delà du quai de Francqueville, de la batterie de l'estacade et du château d'eau. Le tapis de sable qui continue de s'étendre au bord de la mer se charge alors d'amas pittoresques de rochers qui, à un certain point, atteignent de grandes proportions et forment le gouffre appelé du nom sinistre de *puits d'enfer*. Non loin de là s'élèvent, blanchis à la chaux, sans doute pour servir de point de repère aux rédacteurs de cartes marines, les murs de l'antique abbaye de Saint-Jean-d'Orbestier, ruinée en 1577 par le vandalisme huguenot. Il n'en reste que la chapelle haute, nue et vide, semée çà et là de débris, et dont les voûtes sombres, sous lesquelles le corps éprouve une impression de fraîcheur, appellent la méditation dans l'âme du visiteur, qui s'arrête, recueilli, dans la poussière, à la place où priait autrefois l'officiant, devant l'autel dont l'œil se plaît à chercher les traces parmi les dégradations du sanctuaire dévasté. A une faible distance s'étend le *bois Saint-Jean* avec ses bouquets de chênes verts tapissés de bruyère en fleur.

Mais on ne peut pas pourtant exercer toujours uniquement ses jambes, et il faut bien aussi quelquefois faire usage des voitures. Nous voici donc un beau matin roulant en calèche, comme un grand seigneur ou un gros bourgeois, sur la route de Talmont, peu ombragée. Talmont, petit bourg situé à environ trois lieues des Sables, a un nom historique se rattachant au nom glorieux de la Trémoille. Il possède une vraie merveille, principal objet de notre excursion et que nous allâmes visiter après nous être, au préalable, muni d'un excellent déjeuner à l'hôtel du Cheval-Blanc. Ce sont les ruines imposantes d'une antique forteresse dont on aperçoit, à gauche, sur la route, un peu avant d'entrer dans le bourg, l'immense et sombre squelette. Le château de Talmont, même dans son état actuel, est un très beau spécimen de l'architecture militaire du moyen âge et des demeures fortifiées des grands barons de ce temps-là. La mer en remplissait autrefois les fossés.

Une gaie et agile petite vieille, logée avec son mari par le propriétaire actuel, un honorable médecin de la Roche-sur-Yon qui a des goûts et des connaissances d'archéologue, dans un pavillon construit à l'entrée de la cour extérieure, sert de guide aux visiteurs. Aimable pour tout le monde, elle accorde une attention et une bienveillance particulières, en pieuse Vendéenne qu'elle est, à ceux qu'elle reconnaît pour être des « chrétiens ». Nous croyons la voir encore, voltigeant et babillant, comme un oiseau familier, parmi ces gigantesques ruines, nous montrant la place du pont-levis et de la herse, puis, dans la cour intérieure, celle de la salle des gardes avec les traces de son énorme cheminée; guidant nos pas de marche en marche le long des escaliers vermoulus du donjon et appelant, chemin faisant, notre regard sur la prison, où l'œil plonge d'en haut comme dans un précipice, puis nous introduisant dans la chapelle. puis dans tel ou tel *retrait* où parfois il faut entrer le corps plié, et nous conduisant enfin sur la plate-forme d'où la vue s'étend au loin sur l'horizon, où elle retrouve la mer, qui a reculé dans le cours des siècles, mais qui, paraît-il, fait encore quelquefois sentir son voisinage aux campagnes créées à ses dépens.

Le château des Granges-Cathus est trop rapproché de Talmont, surtout quand on s'est donné le luxe d'une voiture à la journée, pour ne pas aller jeter un coup d'œil sur ce gracieux édifice de la Renaissance, qui, comparé au sombre donjon, dont il est voisin, semble un des élégants seigneurs de la cour de Catherine de Médicis, lecteur de l'*Heptaméron*, à côté d'un de ces rudes barons vêtus de fer qui échangent de si terribles coups dans les chroniques et dans les chansons de geste du temps de Godefroy de Bouillon, de saint Louis ou de Du Guesclin. Ce joli château, qui ne déparerait pas les bords de la Loire, a été restauré et complété avec goût par son propriétaire actuel, M. le comte de Las-Cases.

En revenant des Granges-Cathus et de Talmont, nous nous écartâmes de la route qui ramène aux Sables pour aller voir l'ancien monastère du Veillon, dont il ne reste plus guère que deux tours carrées, comprises dans un manoir moderne, habitation privée. Comme nous arrivions en face des portes soigneusement closes, nous demandâmes à notre cocher si nous pourrions visiter les tours. Il nous montra du doigt une grande servante de bonne mine, qui était venue se planter, droite et raide comme un piquet, à environ dix pas des portes, en face de notre voiture. Nous descendîmes et demandâmes à cette servante s'il était permis d'entrer. Elle nous répondit avec une satisfaction visible que non, que presque toute l'année on pouvait visiter les tours, mais que, depuis quelques jours, les propriétaires habitant leur château, le public n'y pouvait avoir accès. Cette interdiction était assurément fort légitime, car il n'est pas fort agréable d'être constamment dérangé chez soi par des étrangers. Un refus semblable venait sans doute d'être opposé à d'autres visiteurs, en ce moment couchés sur l'herbe. Mais l'homme est toujours porté à se faire valoir. Nous eûmes le tort d'insister et, faisant passer notre carte, de demander pour nous une admission privilégiée en qualité de journaliste et d'archéologue. Quand la servante revint et que nous nous avançâmes pour recevoir la réponse, elle nous adressa, toujours avec un sentiment de plaisir intime, ces paroles catégoriques : « Madame ne veut pas qu'on visite les tours. » On nous permettait d'ailleurs, comme à tout le monde, de parcourir le beau parc planté de chênes verts qui s'étend jusqu'à la mer et au centre duquel se trouve, paraît-il, une assez curieuse grotte ornée de coquilles et de figures en relief.

Mais, dans notre dépit, nous nous contentâmes de faire le tour de la muraille qui enclôt le manoir et de diriger de loin notre lorgnette sur les tours défendues. Durant cette circonvallation légèrement rageuse, nous rencontrâmes encore une fois la grande servante, qui nous fit un salut poli, mais où apparaissait clairement de nouveau la joie de notre déconvenue. Nous lui répondîmes par un salut hautain d'archéologue vexé.

Le lendemain, les vacances expirant, nous

dîmes adieu, ou au revoir, aux Sables-d'Olonne. Nous ne te quitterons pas, terre de Vendée, ravagée il y a trois siècles par les huguenots, et qui n'en est demeurée que plus catholique, de nouveau dévastée, il y aura bientôt un siècle, durant la terrible crise dont les suites durent encore et menacent, par convulsions et par anémie, l'existence même de la France, nous ne te quitterons pas sans saluer du fond du cœur ta fidélité sublime au Christ qui aime les Francs, sans souhaiter que tu y persévères et t'y enracines de jour en jour davantage, tout en t'appropriant tous les bons et sains progrès, matériels et intellectuels, que l'Église, loin de les condamner, bénit, et qui, non seulement sont conciliables avec les glorieuses traditions de la patrie, mais ne trouveront même leur garantie que par elles.

1888.

V

DE PARIS-MONTPARNASSE A PONS, AVEC ARRÊTS.
PROMENADE ARCHÉOLOGIQUE.

Le temps dont on dispose pour un voyage de vacances est souvent fort court. C'est une raison de plus pour le bien employer. En sachant s'y prendre, il y a moyen de rendre charmantes les petites excursions, que les chemins de fer permettent d'ailleurs de conduire à d'assez longues distances. Le tout est de se renseigner exactement d'avance et de se tracer d'une main ferme un intelligent itinéraire. Les *Guides* sont précieux à cet égard, et il est à peine besoin de rappeler les services rendus aux touristes par la collection Joanne, tant pour préparer la route à suivre que pour aider à la parcourir et ensuite fixer les souvenirs et les impressions du voyage. Mais plus précieuse encore est la direction d'un ami bien informé, surtout si cet ami est un véritable archéologue. Ayant la bonne fortune d'en posséder un de ce genre, nous avons pu, grâce à lui, mettre à profit une huitaine de jours de loisir d'une façon, à notre goût, si pleine et si intéressante que nous n'hésitons pas, n'étant pour rien dans son tracé, à considérer l'excursion dont il nous avait dessiné le plan comme un bon modèle à suivre, dans des conditions analogues.

Dans le train de nuit qui de Paris (Montparnasse) nous conduisit à Saumur, nous eûmes pour compagnons de route quelques gentilshommes dont la conversation roulait uniquement sur la chasse. L'habitude des exercices corporels en général et de la chasse en particulier est excellente, et il est excellent que la noblesse française, d'origine essentiellement militaire et rurale, entretienne, avec la vigueur physique, qui ne messied pas aux races anciennes, tout ce qui peut fortifier ou renouveler en elle ce double caractère. Mais il serait fâcheux aussi qu'elle y absorbât trop exclusivement ses facultés, et il ne semble pas qu'il lui soit défendu de joindre à la chasse aux fauves quelque peu de chasse aux idées et aux faits d'un autre ordre, et à l'activité physique une bonne et solide activité intellectuelle. En cela aussi, elle a des traditions et des exemples à suivre. Nous nous permettions autrefois de prêcher ainsi dans l'*Union*, de temps en temps, et les lecteurs de ce journal ne nous en voulaient pas ; à plus forte raison ceux du *Monde*. Quoi qu'il en soit, nous débarquâmes à Saumur vers six heures du matin, par un fort brouillard. En traversant, après avoir quitté la gare, le double pont sur la Loire, nous apercevions à peine le fleuve sous le voile épais de brume qui le couvrait et nous pénétrait d'une sensation désagréable d'humidité froide. Mais on se dégourdit vite en marchant.

Nous vîmes d'abord l'église Saint-Pierre, du douzième siècle, puis nous gravîmes les pentes qui conduisent au château, « commencé, dit Joanne, au onzième siècle, achevé seulement au treizième, puis remanié au seizième (1) ». Il servait, il y a quelques années, d'arsenal et de poudrière. Aujourd'hui, l'administration n'en sait plus que faire. Mais les renseignements suivants du Joanne de 1875 (*de la Loire à la Garonne*), édition un peu ancienne que nous avons sous les yeux, sont encore exacts : « Il peut être facilement visité (pourboire au concierge). Du haut de ses remparts, on jouit d'une admirable vue sur les vallées de la Loire et du Thouet. » A cause du brouillard susindiqué, nous ne jouîmes de rien du tout. Mais ce n'était assurément pas la faute du, ou plutôt de la concierge, qui nous montra très obligeamment tout ce que l'on pouvait voir, entre autres choses des cellules et cachots (le château de Saumur a aussi été prison) où la lumière ne pénétrait guère, que le ciel fût brumeux ou qu'il fût serein.

Comme dernier bon office, elle nous indiqua le chemin le plus court pour nous rendre du château à Notre-Dame-des-Ardilliers; excellente intention, mais d'un effet fâcheux. Ce chemin le plus court,

---

(1) La partie archéologique des guides Joanne est due en grande partie à un archéologue des plus distingués M. Anthyme Saint-Paul.

du côté des moulins, était, ce jour-là, tellement encombré de boue et se terminait, de la façon du moins que nous le comprîmes, par un escalier, ou soi-disant tel, si boueux lui-même et si étroit, que nous faillîmes plusieurs fois, comme on dit, mesurer la terre, et que nous regrettâmes vivement de n'avoir pas pris le plus long.

Il serait exagéré de dire que la vue du monument consacré à Notre-Dame-des-Ardilliers nous dédommagea de toutes nos peines. On reçoit pourtant sous le beau dôme de cette église, achevée en 1695 par Mme de Montespan, alors sincèrement pénitente, quoique pleine encore du souvenir de Louis XIV, une vive impression du grand siècle et du grand roi. Nous retournâmes ensuite, le long de la Loire, vers l'Hôtel-de-Ville, charmante construction du dernier âge du gothique, où l'on nous fit remarquer la trace d'un boulet reçu dans la guerre de Vendée, quand Saumur fut occupé, vers 1793, par MM. de Lescure et de la Rochejacquelein. Près de l'Hôtel-de-Ville est la chapelle Saint-Jean, appartenant aux Sœurs de Sainte-Anne, autre bijou gothique, mais plus ancien, où nous nous reposâmes quelques instants. Puis nous visitâmes Saint-Nicolas, de la fin du douzième siècle, et de là nous nous dirigeâmes vers la gare, avec le ferme propos de déjeuner quelque part avant de reprendre le chemin de fer. Nous avions renoncé à voir Notre-Dame-de-Nantilly, située à l'extrémité sud de la ville, et qui pourtant attire à bon droit les archéologues.

Nous négligeâmes aussi (quelle coupable négligence!) le principal établissement de Saumur, le plus justement cher aux habitants, ou du moins aux commerçants de cette ville, la célèbre école de cavalerie, qui est l'une des pépinières de notre corps d'officiers. Et cependant, comme dit Joanne, « pour visiter l'école, il suffit de s'adresser à l'adjudant de service, qui fait accompagner les étrangers ». Et Joanne ajoute : « Pas de pourboire! » Mais nous étions fatigué, nous avions faim, et notre temps était mesuré. Nous entrâmes successivement dans trois restaurants ou hôtels des environs de la gare, en tirant imprudemment vers la campagne. Dans l'un, l'hôte nous annonça que depuis l'ouverture du chemin de fer (qui naturellement a beaucoup diminué la fréquentation des routes) il n'avait plus de provisions. Dans l'autre, l'hôtesse refusa de convenir avec nous d'un prix fixe, en nous déclarant d'une manière assez rageuse qu'elle n'admettait un tel prix que pour les personnes qu'elle connaissait. Justement méfiant d'une telle méfiance, nous nous retirâmes avec majesté. Dans le troisième enfin, nous déjeunâmes de la façon et au prix ordinaire des tables d'hôte, ce qui pourtant n'est point absolument dans tous les cas, pour les touristes avisés, la meilleure solution de ce grave problème.

Le chemin de fer nous conduisit promptement à Thouars, dont la visite nous était indiquée pour l'après-midi. Thouars est une ville fort pittoresque, où les meilleures chances nous attendaient.

Après avoir vu les deux belles églises de Saint-Laon et de Saint-Médard, nous nous rendîmes au château, bâti sous Louis XIII, et jusqu'à la Révolution l'une des résidences seigneuriales de l'illustre maison de la Trémoille. C'est dans une salle de ce château qu'était autrefois conservé le magnifique dépôt d'archives connu sous le nom de chartrier de Thouars, et dont M. le duc de la Trémoille, digne héritier de ce trésor, a déjà fait de diverses façons un si noble et si scientifique usage. Ce bel édifice, qui se compose, dit exactement Joanne, « d'un corps de logis de 127 mètres de longueur sur 27 mètres de largeur, flanqué de quatre pavillons et assis sur un amphithéâtre de terrasses que relient entre elles des escaliers gigantesques », a vraiment l'aspect d'une résidence princière. C'est aujourd'hui une maison centrale, dont le directeur, homme très distingué, nous fit un accueil dont l'amabilité bienveillante, perçant sous l'abord ferme et sévère nécessaire à une telle fonction, est demeurée l'un des bons souvenirs de notre petit voyage. Il voulut bien nous guider lui-même dans notre visite, qui, grâce à son obligeance et à sa conversation, dans les limites respectées des règlements administratifs, eut un caractère d'information double et triple, archéologique, sociale et morale. Le château, aujourd'hui prison, de Thouars a une chapelle merveilleuse, connue sous le nom de Sainte-Chapelle, spécimen ravissant du dernier âge du gothique confinant à la Renaissance. Au-dessous est une chapelle souterraine, creusée dans le rocher, et au-dessous encore, le caveau sépulcral des La Trémoille. M. le duc de la Trémoille a obtenu, non sans peine, il y a quelques années, l'autorisation de racheter à l'État la nue propriété de la Sainte-Chapelle de Thouars, c'està-dire le droit d'entretenir et de restaurer l'œuvre et les tombeaux de ses ancêtres. Ce monument historique fut achevé, en 1514, par une princesse de sang royal, Gabrielle de Bourbon, femme de Louis II de la Trémoille.

Nous venions de quitter M. le directeur de la maison centrale, quand une nouvelle chance nous échut dans la personne de M. le maire de Thouars. Nous nous bornions à solliciter son autorisation, nécessaire pour pénétrer dans la curieuse *tour* dite *du prince de Galles*, l'un des plus importants vestiges des anciennes fortifications de la ville. Mais M. Charles Seignant, que nous félicitons sincèrement la municipalité de Thouars d'avoir placé à sa tête, voulut bien, sur la simple vue de notre carte, dont la qualification indique, au moins en théorie, quelques affinités archéologiques, nous accompagner dans cette visite, que sa conversation rendit bien plus fructueuse en même temps que plus agréable. Puisse le goût éclairé de M. Seignant pour les monuments de notre histoire, et en particulier pour les antiquités de son pays natal, être partagé de jour en jour davantage par tous ses compatriotes, les élus comme les électeurs, sans distinction de couleur ou de nuance politique! Puisse-t-il être imité (nous n'en sommes pas, hélas! encore là) par toutes les municipalités de France! La tour du prince de Galles, que l'on fait remonter au treizième siècle, offre au rez-de-chaussée un cachot fort obscur, dans le mur duquel sont encore scellées des chaînes de fer analogues à celles dont fut liée la pauvre Jeanne d'Arc au vieux château de Rouen, et à son étage supérieur, sous le toit, dans une salle beaucoup plus claire, deux cages de bois, parfaitement conservées, analogues aux célèbres *fillettes* de Louis XI, auxquelles ce prince soupçonneux et rancunier mariait volontiers ceux de ses conseillers dont il avait eu à se plaindre. Nous entrâmes dans l'une de ces cages. C'est un domicile dont nous ne ferions pas volontiers le nôtre. Toutefois, nous nous demandions, eu égard à l'air et à la lumière qui y pénétraient assez largement, si le séjour n'en était pas préférable à celui du cachot d'en bas, et surtout à celui de certaine cellule souterraine du château de Saumur. M. le maire de Thouars eut la bonté de nous montrer ensuite la *porte du prévôt*, autre précieux vestige de l'enceinte fortifiée, porte à laquelle on n'accédait autrefois que par un escalier que défendaient deux herses, et enfin de nous conduire à la *maison Tindeau*, ancien hôtel orné d'une tour plus ancienne encore, dont M. Seignant a eu l'heureuse idée, au moyen d'une addition appropriée, de faire la maison des écoles communales, reliant ainsi, à sa manière, l'ancienne France et la nouvelle.

Une après-midi si bien remplie nous ayant ouvert

l'appétit, et l'appétit satisfait livrant facilement, le soir, les voyageurs au sommeil, nous nous endormîmes dans l'une des chambres de l'un des hôtels de Thouars. Comme les renseignements techniques peuvent toujours êtres utiles, nous dirons une fois pour toutes que le prix ordinaire d'une chambre avec un bon lit, dans la région que nous avons parcourue, est de 1 fr. 50; le prix ordinaire du dîner à table d'hôte, 3 francs; du déjeuner, 2 fr. 50. Il est des endroits pourtant et des hôtels, comme nous l'éprouvâmes en Saintonge, où ces prix se haussent, surtout, à ce qu'il nous a semblé, quand, arrivant vers minuit, on n'est guère en situation de les discuter. La compagnie que l'on rencontre dans ces hôtels appartient surtout à la corporation des voyageurs de commerce, utile et estimable corporation dans les limites de sa spécialité, qu'elle a parfois, dit-on, le tort de franchir pour se lancer sur des terrains divers auxquels on peut avec raison la croire mal préparée. Nous n'eûmes d'ailleurs, quant à nous, aucunement à nous en plaindre. Un autre renseignement plus archéologique que nous consignerons ici, c'est l'utilité, dont nous avons trop peu profité, pour les touristes dans cette région, avant et après leur voyage, de la belle publication de M. Jules Robuchon et de ses savants collaborateurs : *Paysages et monuments du Poitou* (1). Les livraisons relatives à Thouars sont l'œuvre d'un archéologue émi-

---

(1) Paris, imprimerie Motteroz.

nent, M. Léon Palustre, avec la collaboration de M. J. Berthelé.

La journée suivante devait être consacrée par nous à une excursion que nous ne fîmes qu'en partie, à cause d'une valise embarrassante et de la non-existence d'une station de bagages à la halte d'Airvault-ville. Nous conseillons aux touristes qui voudraient accomplir entièrement le programme qui nous avait été si bien tracé de s'entendre d'avance par dépêche, au sujet de leurs bagages, avec Mme Plasse, propriétaire de l'*hôtel des Voyageurs*, à Airvault. Parti le matin de Thouars pour Pas-de-Jeu, nous descendîmes de wagon à cette station et montâmes dans le char-à-banc, de genre primitif, qui fait le service de la poste entre Pas-de-Jeu et Oiron. Arrivé dans ce petit bourg, notre première démarche, comme c'est assez notre usage, en notre qualité de rédacteur du *Monde*, fut de sonner au presbytère et de faire un bout de causerie avec M. le curé, qui voulut bien ensuite nous accompagner dans notre visite à son église. L'église d'Oiron, ancienne collégiale attachée au château, auquel elle servait de chapelle, est un admirable échantillon de ce qu'aurait pu produire la Renaissance dans l'architecture religieuse, si elle se fût efforcée non de détruire le genre gothique, mais de le réformer et de le perfectionner. Les fondateurs de cette église, qui furent aussi les principaux constructeurs du château, furent Artus Gouffier, comte d'Estampes et de Caravas, seigneur de Boisi, d'Oiron et de Maulevrier, grand maître de France, sa femme, Hélène de Hangest, et leur fils, Claude Gouffier, qui fut créé en 1566 duc de Roannez. Elle contient quatre mausolées en marbre sculpté, merveilles de l'art, malheureusement mutilés en 1568 par les huguenots. Ils sont consacrés à la mémoire d'Artus et de Claude Gouffier, de Philippe de Montmorency, mère d'Artus, et de Guillaume Gouffier, seigneur de Bonnivet, amiral de France, tué à la bataille de Pavie, le 24 février 1525.

Le château d'Oiron, un des plus beaux exemples des grandes résidences seigneuriales du seizième et du dix-septième siècle, où l'on circule successivement et simultanément au milieu des souvenirs de magnificence et d'art de la cour des Valois et de celle de Louis XIV, et comme dans l'atmosphère de Chambord et de Versailles, est tout plein encore de la mémoire des Gouffier et de leur devise : *Hic terminus hæret.* La seigneurie d'Oiron, confisquée par Charles VII sur Jean Xaincoins, receveur général des finances en Poitou et mêlé à l'affaire de Jacques Cœur, fut donnée par lui à son chambellan et favori Guillaume Gouffier, celui-là même auquel il confia un jour le fameux *secret du roi*, dont il est tant question dans le procès de Jeanne d'Arc, c'est-à-dire auquel correspondirent ces paroles de la Pucelle lors de sa première conversation avec Charles à Chinon : « Je te dis, de la part de Messire, que tu es vrai héritier de France et fils du roi (1). »

(1) Cf. notre livre sur *Jeanne d'Arc* (librairie Mame, à Tours), livre I, chapitre III; livre III, chapitre I et livre IV, chapitre I.

Ce Guillaume Gouffier fut le père d'Artus, qui fut gouverneur de François Ier durant son enfance, et qui commença la construction de l'église et du château. Sa femme, Hélène de Hangest, fut elle-même gouvernante du duc d'Orléans, plus tard Henri II. Cette dame non seulement aimait, mais elle pratiquait les arts. C'est elle en effet qui fut, de concert avec un potier d'Oiron, nommé Cherpentier, et avec Bernart, gardien de la librairie du château, la créatrice des belles faïences auxquelles les recherches de M. Benjamin Fillon ont fait définitivement attribuer le nom « de faïences d'Oiron ». — De la maison de Gouffier, la seigneurie et le château passèrent au dix-septième siècle dans la maison d'Aubusson de la Feuillade. Ils furent achetés en 1700 par Mme de Montespan, qui y passa les dernières années de sa vie. Le duc d'Antin, son fils, vendit Oiron au maréchal de Villeroy, qui plus tard le céda lui-même à Pierre-Jacques Fournier, chevalier de Boisairault. La propriétaire actuelle est Mme la marquise d'Oiron, fille du duc de Stacpoole en Angleterre, veuve d'Auguste Fournier de Boisairault, marquis d'Oiron, dont le fils Gustave, quelque temps possesseur de ce château historique, a été enlevé en 1883, victime de sa hardiesse, par une mort prématurée, résultat d'une chute de cheval. Ce terrible accident, dont la mémoire est encore vive à Oiron, a jeté comme un voile de deuil sur la magnifique résidence, dont le jeune gentilhomme semblait digne de recueillir et d'honorer les beautés et les souvenirs. Mme la marquise d'Oiron qui (cela se conçoit, hélas!) l'habite peu, en ouvre largement l'accès aux visiteurs (1).

Mme de Montespan, dont le repentir fut aussi sincère que sa vie et sa faveur à la cour avaient été scandaleuses, passa les dernières années de sa vie dans les sentiments et les pratiques de la plus sévère pénitence, auxquels elle ajouta, comme moyen d'expiation, d'abondantes aumônes et des fondations pieuses ou charitables. Oiron lui dut notamment la création d'un hospice de vieillards, qui existe encore et a même conservé, chose curieuse! une partie des revenus dont elle l'avait doté. Confié à l'origine aux Sœurs de Saint-Vincent-de-Paul, il est aujourd'hui desservi par les Sœurs de la Sagesse. La vénérable supérieure nous fit le plus aimable accueil et nous honora de quelques instants de conversation. Dans le salon de réception, se trouve un portrait de la fondatrice, attribué à Mignard et qui paraît digne de son pinceau. La chapelle de l'hospice contient une belle copie de la *Vierge* de Murillo et une ancienne et curieuse *Adoration des Mages* en tableau à demi-relief.

D'Oiron, notre programme, si nous l'avions suivi, devait nous conduire, par Arçay, à Moncontour, qui conserve un donjon carré du douzième siècle, restauré au quinzième, de 24 mètres de hauteur, et de Moncontour à Saint-Jouin-les-Marnes, dont l'église est un des monuments les plus intéressants

---

(1) Cf. la notice sur Oiron due à M. Davina, architecte du château, dans les *Paysages et monuments du Poitou*.

de la région. En effet, on le considère comme le type le plus complet, le plus riche et le plus ample de l'architecture romane poitevine. La façade est une des plus belles pages de la sculpture du douzième siècle. Le chevet, décoré d'arcatures sculptées des plus riches, a été fortifié au quinzième siècle, ainsi qu'une partie du transept. Malgré une mutilation regrettable de cette fortification, l'église de Saint-Jouin offre encore un précieux spécimen des monuments de ce genre, rappelant les terribles luttes de la guerre de Cent ans et la vie agitée de ce temps-là (1).

Mais, en réalité, nous ne vîmes point Saint-Jouin-les-Marnes, ni Moncontour. Nous retournâmes un peu sottement du côté de notre valise, laissée à Thouars. En attendant le train qui devait nous ramener dans cette ville, nous déjeunâmes dans une auberge de Pas-de-Jeu, dont la maîtresse, une jeune paysanne poitevine fort intelligente, mariée et mère d'un grand garçon, nous dit qu'elle avait été l'élève des Sœurs de la Sagesse d'Oiron, qui tiennent une école outre l'hospice des vieillards; elle parut quelque peu blessée quand nous lui demandâmes si l'on parlait encore dans le village le patois poitevin. « On parle français, » nous dit-elle fièrement. Nous eûmes quelque peine à lui faire comprendre qu'à nos yeux d'archéologue c'était un mérite et non un défaut de parler patois.

(1) Cf. la notice sur l'*Église de Saint-Jouin-les-Marnes* (*Deux-Sèvres*), par M. J. Berthelé. Librairie Champion. (Extrait de la sixième série, tome I du *Bulletin monumental*.)

Mais elle finit par nous avouer qu'elle savait encore faire usage du dialecte de ses aïeux. Son mari nous parut un fort brave homme, des plus pacifiques, mais le cerveau imbu d'idées étranges sur les revenus énormes dont le casuel et en particulier les services funèbres devaient être, selon lui, la source pour le clergé. De retour à Thouars, nous attendîmes environ trois heures dans la gare, par une pluie battante, le train qui devait descendre sur Airvault.

Pour tromper notre attente, nous fîmes l'acquisition du *Journal d'un volontaire d'un an*, de M. René Vallery-Radot (1). Ce livre, qui a une certaine réputation, renferme un assez bon nombre d'indications utiles et quelques jolies pages, et il nous aida très suffisamment à tuer, comme on dit, le temps. Néanmoins, en l'achetant, nous en espérions mieux, et, si l'on nous passe le jeu de mots, notre attente fut à ce point de vue aussi, mais dans un autre sens, un peu trompée.

Enfin nous partîmes pour Airvault, où nous dînâmes et dormîmes fort bien dans l'hôtel de Mᵐᵉ Plasse, femme excellente, dont nous ferons ici une mention spéciale, parce que sa physionomie, son allure et son embonpoint rappellent le type classique des hôtelières d'autrefois, et ont, pour ainsi parler, quelque chose d'archéologique. La maîtresse de *l'hôtel des Voyageurs* a pour les archéologues une sorte de bienveillance et d'in-

---

(1) Edition populaire, librairie Marpon et Flammarion.

dulgence maternelle, sans diminution de ses prix, qui sont d'ailleurs raisonnables. Nous avons conservé un très bon souvenir et d'elle-même et de sa cuisine. Le lendemain matin, nous nous dirigeâmes d'un bon pied du côté de Saint-Généroux, à 6 kilomètres d'Airvault. Nous liâmes en route, près de l'église d'Availles, un bout de conversation avec un habitant du pays, ancien zouave pontifical, en train de consacrer quelques heures à nettoyer le cimetière, qui en avait grand besoin. Il nous apprit qu'il avait découvert non loin de là — par des fouilles — quelques antiquités, pour la plupart maintenant transportées ailleurs. Nous causâmes encore en cheminant, avec un autre habitant, marchand d'huile après avoir été vigneron, victime résignée du phylloxera, qui nous fit part des préoccupations économiques et politiques du pays, qui est riche, mais où les paysans estiment qu'ils ne vendent pas leurs bestiaux à un prix rémunérateur. Nous lui répondîmes que les bouchers ne livrent pourtant pas à la consommation, surtout ceux de Paris, la viande à si bon marché. Si notre honoré collaborateur, M. Louis Hervé, avait été en tiers dans cette conversation, il nous aurait, sans aucun doute, donné le mot de cette énigme au premier abord contradictoire.

L'église de Saint-Généroux est purement et simplement un trésor, d'ailleurs célèbre parmi tous les connaisseurs en fait d'architecture religieuse. Elle est en effet un des rarissimes spécimens conservés du genre latin antérieur à l'époque romane, et remonte pour le moins au commencement du onzième siècle et peut-être jusqu'au dixième. Telles étaient les églises du temps des premiers Capétiens ou même des derniers Carolingiens; telles aussi, au moins dans leur ensemble, celles qui eurent tant à souffrir des invasions normandes et des terribles guerres privées des premiers temps féodaux. On peut même, à l'extérieur, devant leurs solides murailles aux ornements géométriques, ou, à l'intérieur, dans leurs nefs lumineuses, mais non voûtées, remonter plus haut dans le cours des âges et des destinées du christianisme en France et en Gaule, et poétiquement évoquer le souvenir de Charlemagne, de Clovis et de saint Martin.

Près de ce monument vénérable de notre histoire, un vieux paysan à l'air éveillé, qui n'est pas nécessairement l'air de tous les paysans poitevins, nous parla de la guerre de Crimée à laquelle il avait pris part, et des élections prochaines, auxquelles il paraissait prendre un intérêt assez vif. Nous constatâmes que son esprit demi-cultivé était prévenu de la crainte de voir reparaître en telle éventualité qui d'ailleurs ne lui déplaisait pas outre mesure, « l'influence de la noblesse ». Son cerveau avait visiblement conservé les traces, d'une part, de lectures romanesques ou mensongères, faites au régiment et depuis, et, d'autre part, de souvenirs et de légendes locales, traces qui, en se mêlant, lui représentaient le glorieux passé de la France sous la forme exclusive et par conséquent odieuse et fausse, de paysans plongés dans ces cachots et attachés à ces chaînes que l'on voit ou que l'on imagine dans les vieux châteaux du pays.

De retour à Airvault, nous consacrâmes l'après-midi de ce jour à la visite des deux monuments historiques de cette ville, l'église Saint-Pierre et les ruines du château. L'église est une des plus belles du Poitou. Elle appartient à divers temps, mais, dans son ensemble, elle se rapporte aux dernières années du onzième siècle.

La façade date de cette époque, mais elle a été remaniée durant la période gothique. On y remarque dans l'arcade du premier étage, un *cavalier*, c'est-à-dire une de ces statues équestres, ordinairement mutilées, qui ont tant fait discuter les archéologues depuis un demi-siècle et dans lesquelles il faut probablement reconnaître des dérivés décoratifs d'un type originaire représentant réellement l'empereur Constantin. Les voûtes aux nervures multiples, aux croisées d'ogives chevauchant les unes sur les autres, aux trois rangs de clefs parallèles, qui ont été construites, au treizième siècle, sur la nef principale et sur le chœur, sont de remarquables « échantillons du style Plantagenet, né, dit M. Berthelé, de la fusion de la coupole byzantine du Périgord et de l'Angoumois, apportée en Anjou par l'abbaye de Fontevrault, et de la croisée d'ogives de l'Ile-de-France... Les piliers qui séparent la nef centrale des collatéraux se composent de quatre colonnes groupées en forme de quatre feuilles... Le transept, qui a été en grande partie refait au treizième siècle, était primitivement conçu selon les traditions presque universelles : sur chacun des bras s'ouvrait une absidiole, précédée d'une petite travée. Le remaniement de l'époque gothique a transformé la partie antérieure des absidioles et la première travée du chœur en une sorte de bas-côté transversal... La sacristie, accolée au flanc de l'église, sous le bras nord du transept, ne remonte qu'au quinzième siècle. C'est à cette date qu'appartiennent aussi les arcatures, seuls restes du cloître, qui sont encore visibles dans le jardin du presbytère, au midi. La salle capitulaire, qui sert aujourd'hui de cave au presbytère, a été construite dans la seconde moitié du douzième siècle. Le clocher et les piles qui le supportent sont du treizième siècle, comme les voûtes de la nef et du chœur. La tour, de forme carrée, percée sur chaque face de quatre baies en arc brisé assez élégantes, est surmontée d'une flèche en pierre à huit pans, qu'accompagnent quatre clochetons d'angles (1). »

Le garde champêtre d'Airvault, qui tient en location un domicile compris dans les ruines du château, dont il utilise en potager les espaces

---

(1) *L'église d'Airvault*, dans le volume alors en préparation de M. J. Berthelé, intitulé : *Recherches pour servir à l'histoire des arts en Poitou*. Cf. la notice sur Airvault due au même auteur dans les *Paysages et monuments du Poitou*.

arables, nous fit voir ces ruines. Elles consistent en trois tours plus ou moins reliées par les murailles plus ou moins dégradées des courtines. La plus haute, que l'on appelle le donjon, offre quelques intéressants détails aux archéologues. Nous quittâmes le bourg, non sans avoir échangé avec Mme Plasse et sa famille une poignée de main archéologique, et, avant de prendre le chemin de fer pour Parthenay, nous allâmes voir, à une petite distance de la station d'Airvaut-ville, le curieux pont roman de Vernay, construit par les moines au douzième siècle, peut-être au onzième, l'un des plus anciens et des plus intéressants monuments de ce genre qui nous aient été conservés. Pauvres moines défricheurs de terres, bâtisseurs d'églises et fondateurs de villages, souvent de villes, constructeurs de ponts, nourrisseurs d'hommes, remueurs de pierres et d'idées, que de services rendus par vous à cette civilisation moderne, dont les prétendus coryphées voudraient aujourd'hui vous proscrire!

Le lendemain matin, nous visitâmes les deux églises de Parthenay, Saint-Laurent et Sainte-Croix, les restes du portail de Notre-Dame de la Couldre et les débris des anciennes fortifications de la ville, puis nous nous dirigeâmes vers le hameau de Parthenay-le-Vieux, riche d'une belle église romane qui ne sert plus au culte, mais que l'on entretient et que l'on restaure à titre de monument historique. Nous comptions y pénétrer par une porte latérale, dont la clef, nous avait-on dit, était en la possession de la mère Bruneau. La mère Bruneau avait en effet cette clef, et cette clef était apte à ouvrir cette porte, mais derrière les battants avaient été récemment disposées par ordre de l'architecte des pièces de bois destinées à rendre cette ouverture inutile. La façade est fort belle, et nous y contemplâmes un *cavalier* demeuré intact, chose rare sur les façades qui possèdent des *cavaliers*. Mais nous nous entêtâmes à voir aussi l'intérieur, et pour cet effet (nous prions le lecteur d'admirer ici notre héroïsme), nous n'hésitâmes pas à retourner chercher dans Parthenay, c'est-à-dire à un kilomètre, une clef plus effective que celle de la mère Bruneau. Après avoir déjeuné dans un petit restaurant ou cabaret du faubourg, dont la maîtresse est en même temps perruquière et n'a pas l'air, la pauvre femme, de gagner beaucoup à ce double état, nous revînmes triomphalement à Parthenay-le-Vieux, muni d'une clef semi-officielle au moyen de laquelle nous pûmes jouir à notre aise du vieil édifice sous tous ses aspects. Notre présence, le matin et l'après-midi, fit sensation sur une troupe de marmots qui, frappés de notre air archéologique et des brochures que nous avions à la main, nous assaillirent de ce cri réitéré : « Monsieur, donne-moi un livre ! » Nous ne nous hâterons pas d'en conclure aux dispositions particulièrement scientifiques ou littéraires de la population de ce petit hameau.

De Parthenay, le chemin de fer nous transporta, ce jour même, à Niort, où nous eûmes la joie de rejoindre notre cher confrère et ami, M. Joseph Berthelé, notre guide intellectuel durant tout ce petit voyage, et qui devint alors un compagnon réel. Nous n'en pouvions souhaiter de toute manière un meilleur. Nous ne croyons pas que l'amitié déjà ancienne qui nous attache au savant directeur de la *Revue poitevine et saintongeaise* nous fasse illusion, quand nous le considérons comme l'un des érudits les mieux doués et les plus vraiment animés du feu sacré qu'ait produits l'École des chartes dans ces quinze dernières années; depuis que ses fonctions d'archiviste du département des Deux-Sèvres l'ont établi dans la région qu'il habite, il a développé de la façon la plus remarquable sa vocation et ses aptitudes scientifiques, qui le portent principalement du côté de l'archéologie. Personne aujourd'hui ne connaît mieux que lui les monuments historiques du Poitou et de la Saintonge, où sa réputation est fortement établie, réputation destinée, nous l'espérons, à grandir encore, surtout quand le volume qu'il prépare et où seront exposés les principaux résultats de ses infatigables *recherches pour servir à l'histoire des arts en Poitou* aura vu le jour. La Revue qu'il a fondée, grâce à l'intelligente initiative d'un homme d'esprit et de cœur, un de ces patriotes provinciaux, comme il nous en faudrait beaucoup, M. Ed. Lacuve, imprimeur à Melle, poète et prosateur très distingué en dialecte poitevin, la Revue fondée par M. Berthelé de concert avec M. Lacuve, jouit dans les deux provinces d'une autorité incontestée. L'un et l'autre peuvent se rendre ce témoignage d'avoir efficacement travaillé à l'œuvre de décentralisation intellectuelle qui, renfermée dans de sages limites et guidée par une saine méthode, est peut-être une des choses qui peuvent contribuer le plus à la prospérité et à l'avenir de la France. Qu'il nous soit permis de répéter à ce propos une formule que de bons esprits avaient bien voulu approuver naguère. Décentraliser, à prendre le mot non pas, il est vrai, dans son étymologie, mais dans sa signification bonne et utile, décentraliser, ce n'est pas détruire des centres existants, c'est en créer de nouveaux. Or, l'accord de M. Berthelé et de M. Lacuve a créé en province, au moyen de leur Revue, un nouveau centre, une nouvelle force intellectuelle, qui est venue se joindre utilement à celles qui existaient déjà dans notre pays.

En compagnie de M. Berthelé, nous visitâmes sur l'heure le beau donjon de Niort, où est installée une partie du dépôt des archives départementales. Notre savant ami ne manquera pas de donner quelque jour au public une notice historique et archéologique sur ce donjon dont l'origine, selon lui, peut être rapportée à la fameuse reine Aliénor, héritière du duché d'Aquitaine, et successivement femme du roi Louis VII de France et du roi Henri II d'Angleterre. Nous vîmes aussi le remarquable musée d'antiquités de la ville. Le lendemain fut consacré à la visite de l'église Notre-Dame et à une importante excursion, au moyen du chemin de fer et d'un déploiement hygiénique d'activité pédestre, aux pittoresques ruines du château du Couldray-Salbart, dont il reste encore six grosses tours, reliées entre elles par des murs fortifiés. Grâce à une échelle et à quelques conversions gymnastiques soigneusement contenues dans les limites de la prudence, nous vîmes tout ce qui mérite d'en être vu, à l'intérieur comme au dehors, y compris les débris manifestes de « privés », construits à des hauteurs diverses dans l'épaisseur des murailles, à l'usage des hommes d'armes, et débouchant dans le vide. Dans l'opinion de M. Berthelé, cette massive enceinte, avec les tours qui la renforcent, formaient, comme on dit, la colossale *chemise* de pierre d'un donjon central, aujourd'hui disparu, et qui, conservant jusqu'à la fin son caractère primitif, était uniquement construit en bois (1). Tandis que notre ami observait la forme des voûtes et tel ou tel détail important de construction, avec l'avidité curieuse et perspicace de l'archéologue, nous replacions, par la pensée, un châtelain dans ce donjon, des capitaines et des hommes d'armes sous ces voûtes épaisses, des guetteurs dans et sur ces tours, des archers et des arbalétriers derrière ces créneaux et ces meurtrières, et nous entendions siffler le trait invisible-

(1) Parmi les ouvrages où l'on peut se rendre compte d'une façon sensible de l'origine et des transformations successives des châteaux du moyen âge, nous rappellerons à nos lecteurs le beau livre de Léon Gautier sur la *Chevalerie.*

ment parti des murailles, qui venait frapper dans la plaine le cavalier ou le piéton ennemi, aventuré trop près du château. Nous vîmes en revenant le château de Saint-Gelais, gracieux édifice de la Renaissance, dont les lucarnes notamment ont pour les antiquaires un attrait particulier. Le propriétaire actuel, M. Raoul Gaignard, est tout à fait en état d'apprécier et d'aimer cette belle demeure. Sculpteur de grand mérite, il est même temps un dessinateur et un aqua-fortiste distingué. Nous eûmes le plaisir d'admirer dans son atelier une belle statue du P. de la Croix, l'éminent Jésuite que ses découvertes dans le sol poitevin ont rendu célèbre. Cette statue a été exposée et remarquée à Paris au Salon de 1883.

Cette journée fut suivie d'une autre plus intéressante encore. Nous nous rendîmes, par Villeneuve-la-Comtesse, à Dampierre-sur-Boutonne, dont le curé, M. l'abbé Noguès, ami et collaborateur de M. Berthelé, nous accueillit avec une cordialité simple et charmante, l'une des plus aimables et des plus habituelles qualités du prêtre français. Nous devînmes ses hôtes, et il devint notre compagnon de route et d'archéologie pour tout ce jour. Secrétaire de la commission des arts et monuments de la Charente-Inférieure, M. l'abbé Noguès est un antiquaire et un érudit qui a déjà fait ses preuves et qui joint à ses aptitudes scientifiques la verve du conteur et de l'écrivain. Le travail qu'il prépare sur les *Mœurs populaires d'autrefois en Saintonge et en Aunis*, et dont il a déjà publié quelques parties dans la *Revue poitevine et saintongeaise*, promet d'être à la fois piquant et instructif (1). M. l'abbé Noguès est des plus remarquablement doué pour l'art musical, et il a déjà fait largement profiter sa paroisse de ce beau talent, qui l'y a rendu très populaire. Nous visitâmes d'abord avec lui son église, qui, sans avoir une valeur archéologique de premier ordre, mérite pourtant l'attention. Puis, après le déjeuner, égayé par une conversation très agréable, nous partîmes avec un honorable propriétaire du pays, qui avait bien voulu mettre sa voiture à notre disposition, pour Aulnay-de-Saintonge, dont l'église romane est une des plus remarquables de cette province. Elle est couverte, dans presque toutes ses parties extérieures, d'une brillante et originale décoration sculpturale, et offre à cet égard le plus curieux spectacle et le plus riche sujet d'étude. Aussi a-t-elle été l'objet d'importants travaux. M. Robert de Lasteyrie, professeur à l'École des chartes, lui a consacré en 1886, dans la *Revue archéologique*, un savant mémoire qui a été tiré à part (2). M. de Lasteyrie n'a pu faire usage dans ce mémoire d'une étude antérieure et très détaillée sur le même sujet, malheureusement inédite. Cette étude fait partie d'un manuscrit plus étendu intitulé : *Essai sur l'architecture religieuse en Saintonge pendant le*

(1) L'ouvrage de M. l'abbé Noguès a été publié depuis en un volume in-8°, Saintes, 1891.
(2) Paris, A. Lévy, 1887, in-4° de 16 pages avec 4 figures dans le texte et 3 héliogravures.

cours des *XIe et XIIe siècles* et dû à un archéologue de grande valeur, M. Georges Musset, bibliothécaire de la ville de la Rochelle. Les résultats acquis par ce rapport, qui remonte à 1871, sont destinés, nous l'espérons, à voir le jour dans la publication que M. Musset poursuit de concert avec M. l'abbé Julien-Laferrière, sous ce titre : *L'Art en Saintonge et en Aunis.*

De retour à Dampierre-sur-Boutonne, nous visitâmes le château, dont le propriétaire actuel, M. Rabaut, qui continue sans respect humain de porter dans cette demeure digne d'un prince la blouse du paysan saintongeais, nous fit les honneurs avec beaucoup d'obligeance. Ce bel édifice a été l'objet d'une notice historique et archéologique publiée à Saintes, en 1883, par M. l'abbé Noguès. M. Louis Audiat l'a étudié en 1884 dans son *Épigraphie santone* et dans un article du *Bulletin de la Société des archives historiques de la Saintonge et de l'Aunis*. Enfin M. Robuchon lui a tout récemment consacré une livraison de ses *Paysages et monuments du Poitou*. Le texte en est dû à M. Georges Musset, qui a mis à profit, en les citant et en les discutant, les travaux de ses devanciers.

« Dampierre, dit le savant bibliothécaire de la Rochelle, a possédé, dans la suite des siècles, trois églises et deux châteaux. Les trois églises portaient les vocables de Saint-Hilaire, Saint-Vincent et Saint-Pierre. Elles existaient toutes dès la fin du onzième siècle, époque à laquelle Hugues Rabiole confirmait à l'abbaye de Saint-Cyprien la possession de ces édifices, donnés au milieu du même siècle par son aïeule Rangarde, son père Ramnulfe Rabiole et Maingot, son frère. De ces trois monuments du culte, deux ont disparu. Saint-Pierre, au contraire, rebâti par les moines de Saint-Cyprien, à la fin du onzième siècle ou au commencement du douzième, a été le centre d'un groupement de maisons, qui, jusque-là, paraissaient avoir été dispersées. L'ombre du château les protégeait. Appelé château de Dampierre dans tous les documents de l'époque, il aurait reçu spécialement, d'après M. Noguès, la dénomination de Château-Gaillard... Ce château n'existe plus que par le relief du sol où il s'élevait et où l'on distingue les ondulations des mottes, des fossés, des tours de l'enceinte, qui ont laissé à quelques parties la qualification persistante de *turgeaux*...

« La vieille demeure féodale avait-elle été ruinée ou avait-elle simplement, par sa rusticité, déplu aux raffinés du quinzième siècle? Nous l'ignorons; toujours est-il que, dès le quinzième siècle, François de Clermont, l'un des seigneurs de Dampierre, commença la construction du château que nous admirons aujourd'hui. De cette époque subsistent encore la tour méridionale et la façade qui regarde le soleil levant. La façade qui s'élevait au couchant a été profondément modifiée, par suite d'une reconstruction de la Renaissance, et, aux dispositions à moitié défensives du quinzième siècle, a été substituée une charmante galerie qui fait du château de Dampierre une des perles de la région... On a réalisé dans la décoration de cette galerie le rêve de ne laisser aucune partie vierge de sculptures. Ornée de pendentifs admirablement variés, elle se divise en quatre-vingt-treize caissons, presque tous avec une image sculptée en relief sur la pierre, ordinairement accompagnée d'une légende. Trois caissons seulement occupent la largeur de la voûte. Ils sont rangés en sept différentes sections. Entre chaque section, apparaissent tantôt le triple croissant entrelacé, flanqué de deux représentations identiques du chiffre royal officiel de Henri II, tantôt le même chiffre entre deux reproductions semblables du triple croissant. M. Noguès se demande si ces sculptures, ces légendes sont de simples jeux intellectuels, ou s'il y a une idée suivie dans l'ensemble des caissons; il a cherché lui-même à les relier les uns aux autres, à y découvrir la trame de la vie ou des sentiments de celui ou de celle qui les a inspirés, à voir s'il n'y a pas là une histoire douloureuse, un drame figuré. »

M. Musset se rallie, mais seulement en partie, à l'opinion de M. l'abbé Noguès. Il est disposé, sans dissimuler les difficultés que rencontre cette solution, à rapporter, dans une certaine mesure, les allégories sculptées du château de Dampierre aux souvenirs, aux regrets, aux espérances de deux nobles dames, vivant alors retirées dans cette résidence : Jeanne de Vivonne, veuve à vingt cinq ans de Claude de Clermont, baron de Dampierre, gentilhomme de la chambre du roi, tué en

1543, près de Boulogne-sur-Mer, dans la guerre contre les Anglais, et sa fille, Claude-Catherine de Clermont, qui devait en 1558 épouser Jean d'Annebault, fils de l'amiral de ce nom, et en secondes noces, en 1565, Albert de Gondi, qui reçut en 1567 le bâton de maréchal, et fut créé duc de Retz en 1579. Claude-Catherine fut l'une des dames les plus célèbres et les plus estimées de la cour de France au seizième siècle. Non seulement elle comprenait, mais elle parlait, dit-on, couramment la langue de Cicéron et même celle de Démosthène. On rapporte que quand les ambassadeurs polonais, qui s'exprimaient en latin, vinrent en France après l'élection du duc d'Anjou au trône de Pologne, ce fut elle qui, un jour, pour conférer avec eux, servit d'interprète à la cour. Quoi qu'il en soit de l'attribution faite à ces dames des allégories sculptées dans la merveilleuse galerie de Dampierre, M. Rabaut ne nous laissa pas quitter le château sans nous mettre aimablement à même d'apprécier une autre rareté qui, hélas! eu égard aux ravages du phylloxera, commence à mériter, elle aussi, l'attention des archéologues. Le temps n'est peut-être, hélas! pas éloigné où l'on ne pourra plus goûter ailleurs que chez quelques vieux propriétaires, comme M. Rabaut, l'eau-de-vie authentique et d'un parfum exquis que l'on extrayait autrefois des belles vignes, maintenant disparues, de la Saintonge.

Nous nous séparâmes ce soir-là avec un double regret de M. l'abbé Noguès et de M. Berthelé, et nous allâmes coucher à Saintes. Un seul jour nous restait; nous l'employâmes de la façon suivante. Nous visitâmes dans la matinée la cathédrale, dédiée à saint Pierre, et l'église Saint-Eutrope, dont la nef actuelle (autrefois le chœur) et les bas côtés offrent un exemple imposant de l'aspect un peu sombre des églises du onzième siècle, voûtées en berceau et demi-berceau, avec leurs gros piliers quadrangulaires cantonnés de colonnes cylindriques aux curieux chapiteaux romans. Sous l'église est une autre église, une des cryptes les plus remarquables et les plus vastes qui soient en France. La lumière, qui, chose à noter, pénètre largement dans cette église souterraine, permet au visiteur d'en admirer les détails aussi bien que l'ensemble, et notamment les riches sculptures des chapiteaux. Au-dessus de l'emplacement qu'occupait autrefois le maître-autel, on a découvert en 1843, dans une excavation de rocher, le tombeau de saint Eutrope. Ce tombeau, enveloppé aujourd'hui d'une construction en forme de mausolée, se compose d'une dalle posée sur deux marches. Sur l'un des rompants de la dalle, on lit aisément ce seul mot en belles capitales romaines : EUTROPIUS. Saint Eutrope, évêque et martyr, fut le fondateur de la chrétienté saintongeaise, dont bien des membres sans doute, durant les persécutions, furent livrés aux bêtes dans l'amphithéâtre, dont les ruines, situées au milieu du vallon qui sépare les faubourgs de Saint-Eutrope et de Saint-Marcel, donnent encore une idée assez frappante de ces sanglantes arènes chères à la civilisation païenne. Nous visitâmes, en revenant du côté de la gare, le précieux musée d'antiquités installé à l'Hôtel-de-Ville. Cette visite eût été pour nous bien plus intéressante et bien plus instructive si nous avions pu la faire en compagnie du savant conservateur, M. Louis Audiat, érudit bien connu et justement estimé en Saintonge et à Paris. Mais, eu égard au temps qui nous pressait et au jour où nous nous trouvions (c'était un dimanche et même le dimanche des Rameaux), nous ne crûmes pas devoir commettre l'indiscrétion de le déranger.

Le terme de notre voyage était fixé à Pons, que nous vîmes dans l'après-midi. Cette petite ville est située sur le versant d'une colline, au sommet de laquelle se trouve l'ancien château, converti en hôtel de ville, à côté duquel se dresse, plus ancien encore, un magnifique donjon, très bien conservé, du douzième siècle. Quoique, à ce moment, un peu blasé sur les donjons, nous nous fîmes un devoir d'en demander la clef, de monter, par les raides escaliers intérieurs, jusqu'au sommet et de nous promener quelques instants sur la plate-forme. La salle basse sert aujourd'hui de lieu de réunion à une société musicale du pays. Cette masse majestueuse projette son ombre historique sur les groupes babillards formés çà et là, le dimanche, dans son voisinage. Non loin d'elle s'étend une place plantée de marronniers, qui communique avec un beau jardin public, dont les allées et les parterres, les bancs, les arbres et les fleurs, les promeneurs et les promeneuses, les oiseaux et les enfants font un agréable contraste avec la vieille forteresse qui le domine. A l'un des angles de ce jardin, on peut admirer le portail roman de l'ancienne chapelle du château, transformée en magasin. Donjon, hôtel de ville et jardin sont supportés par de vieux remparts aux restes solides encore, construits eux-mêmes sur des rochers abrupts et pittoresques et conservant, d'en bas, un air de citadelle en état de défier l'escalade. Pour en faire l'épreuve, il fallait d'ailleurs commencer par forcer l'enceinte extérieure de la ville, dont il ne reste plus aujourd'hui qu'une tour et une curieuse porte gothique, attenant à un hospice de vieillards, et nommée autrefois porte d'Aquitaine. Ce dernier nom, comme nous l'éprouvâmes en demandant le chemin à suivre pour nous y rendre, n'est plus guère connu dans la ville, et l'on confond cette porte, sous le vocable d'*hôpital*, avec le bâtiment qui l'avoisine.

De Pons, nous revînmes directement à Paris, et, comme dernière chance, nous nous trouvâmes pour ce trajet en compagnie d'un jeune gentilhomme porteur de l'un des plus beaux noms historiques de France, simple et aimable comme il sied à ces vieilles races, et qui, quoique grand chasseur, ne dédaigna point de parler avec nous d'autre chose que de chasse. Si intéressante que fût sa conversation, nous eussions pourtant, avouons-le, souhaité le trouver plus épris d'histoire et d'archéologie. Ces études, à notre avis, sont pour les descendants des vieilles familles françaises une sorte d'obligation patrimoniale, dont l'accomplissement ne les empêcherait pas de se placer franchement, comme ils le font en bon nombre, dans les conditions de la société présente, et de tourner, comme c'est leur droit et leur devoir, avec une intelligente et patriotique ardeur, leurs regards vers l'avenir.

1889.

———————

VI

SUR LES CÔTES DE BRETAGNE. — SAINT-MALO. SAINT-SERVAN.

Commençons par l'éloge de la gare Montparnasse. Chacun se plaçant volontiers, pour apprécier les objets, au point de vue de ses intérêts personnels, nous devons avoir de cette gare l'idée la plus favorable. Habitant la banlieue à l'ouest de Paris, sur la rive gauche de la Seine, tout près de la ligne ferrée qui aboutit, à Versailles, à l'avenue de la Mairie, et qui forme en même temps le premier tronçon des lignes de Bretagne, ladite gare, pour nous rendre sur les côtes bretonnes, nous est d'un excellent usage. Elle nous évite à nous, à notre famille et à nos bagages, la traversée de Paris ou le long et peu commode transit du chemin de fer de Ceinture. Si nous nous rendions en Normandie, ou dans le Nord, ou dans l'Est, ou dans le Midi, ou dans les localités de l'Ouest pour lesquelles le point de départ est une autre gare, immédiatement la gare Montparnasse perdrait beaucoup à nos yeux de sa valeur. Qu'elle reçoive donc avec dignité, mais sans en concevoir une fierté excessive, l'expression de notre vive, mais fort égoïste estime.

Après ce beau préambule, examinons un peu, avec une sage impartialité, la question des voyages de jour, comparés aux voyages de nuit. Le voyage de jour a l'avantage de vous laisser jouir de la vue des régions que l'on traverse; mais, si l'on a déjà eu cette vue en grande partie, cet avantage disparaît. Le voyage de nuit a l'avantage de vous conduire à votre point d'arrivée à une heure matinale, qui vous donne plus de facilité pour votre installation, car les ténèbres risquent de vous placer, au moins temporairement, dans la dépendance d'un hôtel et d'un omnibus. Le voyage de jour a l'avantage de vous permettre de vous coucher en arrivant, mais il a l'inconvénient de troubler la nuit qui précède par la perspective d'un départ fort matinal. Le voyage de nuit a l'avantage (si vous dormez en chemin de fer) de vous enlever en partie le sentiment et par conséquent l'ennui d'une trépidation roulante et parfois cahotante de douze heures. Mais si vous ne dormez pas.. eh bien! vous faites semblant de dormir. A cette façon de présenter les choses, nos lecteurs s'aperçoivent bien que notre impartialité incline sensiblement (comme beaucoup d'impartialités) vers l'un des côtés de l'alternative et que nous allons donner la préférence au voyage de nuit. Nous roulons donc, nous roulons et nous *trépidons* (pardon de ce néologisme, mais Ronsard recommandait d'enrichir la langue, ce qui pourrait bien être une façon de l'appauvrir); nous roulons et nous *trépidons* dans les ténèbres. L'aurore aux doigts de rose, en ouvrant, selon sa poétique habitude, les portes de l'Orient, nous découvre encore roulant, trépidant, cahotant, et nous entrons en gare de Saint-Malo-Saint-Servan quand Phébus, quoique dérobé à nos regards par une assez forte brume, pousse déjà vigoureusement dans les régions célestes sa formidable locomotive. Qu'il nous soit permis de recommander sans vergogne cette image vraiment homérique à l'admiration de nos lecteurs.

Ici se place une question pour le moins aussi grave que celle des voyages de jour et des voyages de nuit : c'est la question des bagages, des hôtels et des omnibus. En ce qui concerne les bagages, le plus agréable évidemment serait de pouvoir s'en passer. Cela n'étant pas possible, heureux celui qui, comme ce sage de la Grèce, peut tout porter avec soi dans une valise commode, qui, tenue d'une main ferme, ne l'empêche pas de cheminer d'un pied léger et d'aller choisir lui-même son logis sans se soucier des facteurs et des conducteurs d'omnibus, qui l'assaillent toujours à la sortie des gares, l'étourdissent de leurs offres et veulent à toute force s'emparer de lui et de ses effets. Les omnibus, d'ailleurs, appartiennent pour la plupart à des hôtels, et s'enfourner dans un omnibus, généralement le premier venu, c'est se

7

constituer le client d'un hôtel qu'on ne connait point et qui, dès lors, comme le médecin de M. de Pourceaugnac, vous considère comme lié à lui par un contract synallagmatique et comme faisant désormais partie intégrante de ses valeurs mobilières. Mais il arrive, surtout quand on voyage en famille, qu'une valise ne saurait suffire. Alors, croyez-moi, touristes, et vous aussi, baigneurs de mer, laissez votre malle ou vos malles à la garde des employés chargés de la *consigne* au chemin de fer, et quand vous aurez choisi votre installation à votre aise et après un examen critique et judicieux, vous viendrez ou vous enverrez les rechercher.

Grâce aux recommandations dont nous étions muni auprès d'une honorable famille de Saint-Servan, nous n'avions point, cette fois, ces précautions à prendre. Mais l'avis que nous donnons à nos lecteurs n'en est pas moins le fruit de l'observation et de l'expérience. Nous les prions instamment de rendre ici hommage à notre esprit pratique. Nous tenons d'autant plus à ce que l'on nous reconnaisse cette qualité qu'au fond nous savons bien que nous ne la possédons pas du tout. L'homme est ainsi fait. Quoi qu'il en soit, nous n'avions pas non plus à nous préoccuper de choisir entre les hôtels, décidé que nous étions à nous installer dans un appartement loué en ville et sûr d'être très bien guidé, comme nous le fûmes en effet dans la recherche de notre domicile servannais.

Nous dirons néanmoins un mot des hôtels de Saint-Servan. Ils sont tous excellents, et il nous coûte peu de leur rendre ce témoignage, puisque nous n'en avons expérimenté aucun. Comme nous recueillions quelques renseignements pour des amis, la maîtresse d'un de ces hôtels nous dit une parole qui mérite d'être conservée à la postérité. Nous lui faisions remarquer la différence du prix qu'elle nous indiquait, d'ailleurs fort modéré, avec le prix plus modéré encore qui nous avait été proposé dans un autre hôtel : « C'est un confrère, nous répondit-elle, et je ne veux rien en dire ; mais tout le monde convient que la cuisine y est exécrable. » — Sur les hôtels de Saint-Malo (Saint-Malo et Saint-Servan sont deux frères jumeaux qui se détestent cordialement), nous n'avons eu d'autre renseignement que celui qui nous fut donné au cours d'une excursion par un touriste, qui nous parut d'ailleurs plus spirituel que prévoyant. Nous lui demandâmes si de sa chambre il avait une belle vue : « Oui, nous répondit-il, j'ai vue sur une boucherie. » Hâtons-nous d'ajouter que l'hôtel où l'avait entraîné le fatal omnibus étant comble (c'était un jour de train de plaisir), l'hôtelier, tout en le conservant parmi ses valeurs mobilières, l'avait remisé dans une chambre sous-louée en ville.

Pour nous, bien plus heureux, nous voici installé à l'anse des Bas-Sablons, dans un petit appartement, au second étage, composé de trois pièces et de trois escaliers. L'un de ces escaliers aboutit dans la rue, le second dans la cour, le troisième sur la grève. Les deux premiers, quoique en bois, rappellent par la hauteur et l'étroitesse des degrés ceux des vieilles forteresses. Le troisième a un cachet tout particulier. Placé à l'extérieur, construit en fer et à jour, il serpente en colimaçon du haut en bas de la maison, et quand on descend pour prendre son bain par cette voie aérienne, on a l'idée et la sensation d'une tour Eiffel qui serait construite au bord de la mer. Rien de plus pittoresque et (quand il ne fait pas trop de vent) rien de plus commode. Cet escalier part d'une terrasse, munie au besoin d'une tente, qui forme comme une quatrième pièce de notre logis et d'où la vue est admirable. En face, la mer semée de rochers, et à l'horizon, la mer encore avec quels couchers de soleil et quels clairs de lune! A droite, Saint-Malo dans sa presqu'île, avec le profil sombre de ses remparts et des hautes maisons qui bordent son quai et que domine la flèche dentelée de son église; Saint-Malo, qui semble encore la redoutable forteresse marine, le nid de corsaires qu'il était jadis. A gauche, c'est la pointe dite de la Cité, l'embouchure de la Rance, un petit coin de Dinard, les au-delà de Dinard et bien loin, la silhouette avancée du cap Fréhel, dont, la nuit, le phare se laisse voir par intervalles. Perspective de toutes parts ravissante, qui doit faire passer sur les inconvénients de la grève des Bas-Sablons, encombrée de varechs et que les propriétaires riverains, avec une ténacité bretonne, ont juré de n'embellir et de ne nettoyer jamais. Que dis-je nettoyer? Tout au contraire, les habitants ont la coutume d'y déposer ou déverser le superflu varié de leurs ménages. Mais n'insistons pas. La mer et la brise emportent et purifient tout.

Si admirable que soit une perspective, nous ne saurions, quant à nous, rester indéfiniment en contemplation devant elle. Descendons par l'escalier n° 1, celui de la rue, et allons visiter la ville. L'église est vaste et belle à l'intérieur, mais elle est moderne et n'a point à l'extérieur un caractère esthétique. La tour de Solidor, au contraire, dans le port de ce nom, où l'on retrouve la mer, ravit l'œil et le cœur de l'antiquaire. Bâtie en 1384, par le duc de Bretagne Jean IV, pour commander l'embouchure de la Rance, c'est un spécimen très bien conservé des forteresses du moyen âge. On replace aisément par la pensée des hommes d'armes dans les corps de garde superposés selon ses divers étages, des capitaines dans ses retraits, des archers à ses meurtrières et à ses machicoulis fortement saillants. Comme toutes les forteresses de ce genre, la tour de Solidor a aussi servi de prison. On y enferme encore aujourd'hui les pilotes délinquants. Frappé de ce dernier état des choses, l'enfant qui sert de guide aux visiteurs n'y voit et n'y montre partout que cachots et prisonniers. De la tour de Solidor, la rue d'Aleth nous conduit à la place Saint-Pierre et nous apprend en même temps le nom de la *cité* dont la cathédrale, aujourd'hui remplacée par une petite chapelle, s'élevait autrefois sur cette place.

La cité gallo-romaine d'Aleth, siège d'un évêché transféré au douzième siècle à Saint-Malo, s'avançait vers la mer sur un mamelon granitique dont l'extrémité est occupée maintenant par un fort assez moderne, mais déjà suranné, et qui, quoique armé encore de quelques canons, ne peut plus servir et ne sert plus à grand'chose. Quant à la population gallo-romaine, elle est remplacée par des moutons paissant l'herbe salée qui couvre d'un vert tapis les pentes pittoresques de la cité, d'où la vue sur la mer et sur la Rance est à souhait. Adossée à une corderie, au bas de l'une de ces pentes, est une petite maison isolée, d'où le regard doit s'étendre avec un vrai charme sur le port Solidor et, plus loin, sur le cours et les rives pittoresques de la Rance. Elle était occupée cet été par un membre de l'Académie des inscriptions et belles-lettres, fils distingué de Saint-Servan, le savant abbé Duchesne, qui doit aimer à se retremper de la sorte dans l'air natal.

L'air de Saint-Servan a en effet la double salubrité de la brise marine et des jardins boisés, chose bien rare au bord de la mer et dont pourtant la ville est toute pleine. Certaines rues même sont de grands berceaux de verdure. Le jardin du sémaphore est un séjour ombreux et frais. Dans la direction de la gare, près des bassins, aux quais bordés d'amoncellements de bois du Nord, une belle prairie plantée de grands arbres, achève de mériter à Saint-Servan le nom de ville champêtre dont les *Guides* l'ont décorée. Saint-Servan ne manque point pourtant de faire valoir, à côté et en face de Saint-Malo, ses prétentions urbaines. Rien qu'à considérer l'Hôtel-de-Ville et les vastes bâtiments, tout frais construits, du collège, dont les contribuables ont dû mesurer l'ampleur sur leurs *Avertissements*, l'étranger s'aperçoit d'abord et sans pouvoir s'y méprendre, qu'il n'est pas l'hôte d'une commune rurale, ni même d'un simple chef-lieu de canton, mais d'une vraie ville, qui, bien que dépourvue de sous-préfet, l'emporte cependant sur certaines sous-préfectures, qui connaît et maintient son rang et qui ne se mouche pas du pied.

Avouons pourtant, mais tout bas et en prenant bien garde qu'aucun Servannais ne nous entende, que, pour le touriste et l'archéologue, un des principaux agréments de Saint-Servan, c'est... Saint-Malo. Pour passer de l'une à l'autre ville, nous prenons le pont roulant, qui toute la journée va et vient sur ses deux rails immergés au fond de la mer. On y éprouve l'impression mixte d'un trajet en chemin de fer et en paquebot tout ensemble. Ce trajet dure environ deux minutes, et l'on s'y trouve souvent en nombreuse et bonne compagnie, pas toujours cependant également bonne. Nous le fîmes un jour à côté d'une mendiante de profession, grande femme un peu estropiée et parfaitement ivre, dont le délire alcoolique s'exhalait en abominables injures proférées à haute voix contre les *curés* et les *bonnes Sœurs* (il y avait avec nous sur le pont un ecclésiastique et une religieuse). Elle entrecoupait ces invectives, en guise d'explication, par cette profession de foi : « Je suis une Bretonne soûle. Je suis républicaine. Vive la République! » Pleinement respectueux de l'ordre légal, nous ne trouvâmes pas pourtant, avouons-le, cette manifestation *anticléricale* très flatteuse pour les institutions qui nous régissent, et nous souhaitons aux hommes d'État qui veillent sur leurs destinées de meilleures recrues.

Les remparts de Saint-Malo sont admirablement conservés, et en suivant la courtine, on fait le tour de la ville à une belle hauteur, avec des perspectives variées sur la mer, qui, à marée haute, arrive jusqu'au pied des murs. Une partie est du treizième siècle, une du seizième, une enfin a été construite sous Louis XIV sur les plans de Vauban. On a ainsi des échantillons de diverses époques de l'art et de l'architecture militaires. Les remparts sont percés de six portes, flanquées de grosses tours. Comme complément de ses fortifications, Saint-

Malo était pourvu d'un château, qui sert aujourd'hui de caserne : puissant carré de maçonnerie flanqué de quatre tours avec plates-formes. L'une de ces tours est la célèbre *Quiquengrogne*, construite par Anne de Bretagne vers 1498. Du haut des murailles qui étreignent un peu durement Saint-Malo, comme une superbe camisole de pierre, on a successivement le coup d'œil des deux grèves, entre lesquelles se partagent inégalement les baigneurs fixés dans cette ville : l'une fréquentée par le monde élégant et les habitués du Casino, avec un établissement de bains luxueux et des cabines roulantes traînées par des chevaux sur le sable; l'autre à l'usage des familles plus modestes et d'un aspect plus bourgeois. C'est par celle-ci qu'à marée basse on se rend à l'îlot escarpé du Grand-Bey, où, derrière un monticule et sur une petite pointe qui avance vers la mer, semble se cacher et se montrer à la fois le tombeau de Chateaubriand, consistant en une pierre sans inscription, entourée d'une grille en fer et surmontée d'une croix de granit. Les grands écrivains du dix-septième siècle se laissaient enterrer comme tout le monde; mais Chateaubriand était bien du dix-neuvième.

A côté du Grand-Bey, auquel il se relie par une étroite et longue chaussée inondée à marée haute, est le Petit-Bey, armé d'un fort du dix-septième siècle maintenant déclassé. Une des curiosités de ces parages, ce sont tous ces forts du temps de Louis XIV, semés çà et là sur leurs flots rocailleux, sentinelles avancées de la patrie de Duguay-Trouin. L'impression du grand roi est, selon nous, celle qui est restée dominante à Saint-Malo comme à Versailles. Mais, ici, c'est un autre aspect de ce règne qui frappe les yeux et qui laisse, lui aussi, dans une âme française un sentiment de fierté, mais aussi de tristesse, car, ici comme là, ce qu'on éprouve, c'est une sensation de grandeur passée. A Versailles, c'est la splendeur éclipsée d'une cour qui rayonnait sur l'Europe entière et dont la magnificence se parait des chefs-d'œuvre de l'esprit national. A Saint-Malo, c'est l'expansion militaire, maritime et commerciale de la France, et l'empire un moment exercé sur l'océan comme sur l'Europe continentale. L'histoire est à bon droit sévère pour les excès, pour les erreurs, pour les passions de Louis XIV. Mais néanmoins on sent bien, aux vestiges de ses pas sur notre sol et sur nos côtes, que ce fut vraiment un grand prince et un grand Français. Puisse un soleil aussi fécond que celui qu'il prit pour emblème, mais aux rayons à la fois plus purs et plus tempérés, reluire un jour sur notre patrie, et nous montrer la France tenant encore la première place dans le monde, mais par le développement pacifique et vraiment chrétien de ses ressources morales, intellectuelles, matérielles, mais avec le respect du droit et de l'équité, avec une liberté solide et saine, sans esprit de domination ni d'orgueil!

De longs escaliers nous conduisent des remparts dans l'intérieur de Saint-Malo, dont les rues étroites, pleines de l'ombre des hautes maisons qui les bordent, ont elles-mêmes un aspect de forteresse, une grandeur abrupte et sévère. L'église, où l'on descend, a dans ses parties basses quelque peu l'air d'une crypte. Le chœur, au contraire, plus élevé que la nef, est lumineux, grâce à une large verrière qui orne le chevet droit. Cela fait un contraste assez original d'ombre et de lumière. Avant la Révolution, cette église était cathédrale. Elle fut construite au douzième siècle ; mais une grande partie en a été refaite à l'époque de la Renaissance et plus tard encore. Ce n'est pas l'unique église de Saint-Malo. Au delà des remparts et de la chaussée qui relie la ville à la terre ferme, dans le faubourg industriel de Rocabey, le seul côté par où la ville, partout ailleurs bornée par la mer, puisse espérer de s'étendre, un prêtre zélé, comptant sur cette extension, a fondé une paroisse nouvelle et commencé la construction d'une nouvelle église, aux dimensions de cathédrale, sous le vocable de Notre-Dame-Auxiliatrice. Il est mort sans avoir achevé son œuvre, qui est fort belle et qui attend l'argent nécessaire à son transept, à son chœur et à son chevet futurs. M. le curé de Rocabey, que nous rencontrâmes disant son bréviaire sur une grande pelouse, près de l'édifice, ne désespère pas de pouvoir reprendre un jour les travaux. Mais l'accroissement de population que l'on prévoyait ne se produit pas très vite. L'industrie de la construction des navires est stationnaire. Pour lui donner une vie nouvelle, dans les conditions qui lui sont faites par la navigation à vapeur, la concurrence anglaise et l'état de notre marine marchande, il faudrait une puissante impulsion et de gros capitaux. Demandons à la Providence un nouveau Colbert.

De Rocabey à Paramé, surtout par le tramway qui part soit de Saint-Malo, soit de Saint-Servan, il n'y a qu'un pas. La plage et le casino de Paramé sont célèbres. Il est vrai que la plage est magnifique et le casino fastueux. Aussi est-ce, l'été, l'un des séjours du haut monde. A en juger par les allures d'une jeune dame, dont nous n'admirâmes point la tenue et les discours, dans l'allée qui mène au Casino, il se pourrait même que Paramé ne fût déjà plus entièrement exempt de quelque relation avec certain high life parisien touchant de près sinon au demi-monde, du moins aux trois quarts de monde. Mais cela n'est pas notre affaire. Une admirable promenade sur la route qui longe la mer conduit de Paramé à Rothéneuf, plage encore paisible, quoique déjà munie d'un bel hôtel. Le touriste peut avec charme continuer plus loin, plus loin encore, ses excursions sur cette côte. Mais ce sera pour une autre fois. J'entends Saint-Servan qui gronde de voir qu'un de ses baigneurs le néglige si longtemps. Pense-t-on que Saint-Servan n'ait plus rien à nous montrer, ni des environs qui lui soient propres? Revenons à Saint-

Servan, non sans avoir noté que Paramé n'est pas, paraît-il, en fort bons termes avec Saint-Malo, son farouche voisin.

Saint-Servan nous offre à sa gauche, et sur son propre territoire, de ravissantes promenades, sur les bords où la Rance et la mer se rejoignent et mêlent l'eau douce à l'onde salée. L'anse des Fours-à-Chaux, préférée, non sans raison, par certains baigneurs à l'anse des Bas-Sablons, a ses rochers pittoresques, et dans le voisinage de l'hôpital du Rosais, qui domine cette anse (quel médicament qu'un air pareil et quelle différence avec celui que respirent les malheureux hôtes des hôpitaux de Paris!) est un bouquet d'arbres suspendu sur les flots, où il est délicieux de lire et de rêver. Un peu plus loin s'étend une propriété vraiment princière, que l'on appelle la Briantais. Son heureux propriétaire, M. La Chambre, député de Saint-Malo, laisse libre l'accès du parc une fois la semaine. Qu'il nous permette de l'en remercier, au nom des baigneurs. On reçoit et l'on conserve une impression des plus vives de ces belles avenues, pleines de l'ombre fière de leurs futaies seigneuriales, et surtout de l'incomparable perspective sur la Rance et sur la mer, où elles conduisent et d'où elles ramènent, en la continuant parmi leurs méandres, pour le plaisir prolongé et varié des yeux. La Briantais n'est pas, à notre avis, la moindre curiosité de Saint-Servan.

Dinard appartient-il à Saint-Servan ou à Saint-Malo? Au point de vue administratif, il s'appartient à lui-même et jouit d'une juste autonomie. Au point de vue du baigneur ou du touriste, il se rattache étroitement à l'un et à l'autre; il leur appartient à tous deux, et tous deux lui appartiennent. Il y a, du matin au soir, au moyen du double bac à vapeur qui les relie tous trois (car la mer et la Rance font à Dinard une ceinture charmante), un continuel va-et-vient de passagers. Dinard, comme on le dit — et on ne pourrait mieux dire — Dinard est un nid de verdure au bord de la mer. Sa plage de sable fin, en hémicycle entre des rochers, son casino somptueux et ses élégantes villas, entourées de jardins et groupées sur les hauteurs et sur les falaises, composent une des stations d'été du grand monde. Dinard a encore une autre plage, mais moins fréquentée, à l'usage des rêveurs mélancoliques ou des personnes que les contacts aristocratiques effraient un peu. C'est la *Grève du Prieuré,* près de l'embouchure de la Rance. On l'appelle ainsi des ruines d'un de ces petits prieurés qui existaient en grand nombre avant la Révolution et qui avaient joué un rôle considérable dans la civilisation du moyen âge. On y visite encore les murs délabrés d'une chapelle gothique et quelques débris d'antiques tombeaux que dessinent volontiers les jeunes ou vieilles *misses* anglaises qui abondent dans ces parages. Parmi les promenades à faire autour de Dinard, il faut se garder d'oublier celle qui conduit à la *Pointe de la Vicomté.* On s'y rend par des chemins bien ombragés, par des allées fraîches et sinueuses.

On y jouit d'un très beau panorama. Mais surtout on en revient par un sentier de jeunes pins, pittoresque s'il en fût, qui semble, quoique sans danger, un vrai chemin de chèvres, grimpant et descendant le long des rochers, suivant toutes les sinuosités du promontoire et vous montrant, à droite, toute une série de petites grèves adossées à ces rocs et semées de blocs éboulés. Les autres promenades que l'on peut faire autour de Dinard et au delà, ce sont... Mais on ne peut tout accomplir en un seul séjour. Ce sera pour une autre fois.

Pour les baigneurs établis dans une station maritime, mais qui ont du sang de touriste dans les veines et qui se sentent le besoin de circuler, il y a deux genres d'excursions : les petites et les grandes. Nous appellerions volontiers de ce dernier nom celles qui demandent une journée pleine ou davantage et auxquelles il faut sacrifier un ou plusieurs bains. Telle est, si l'on veut la bien faire, l'excursion de Saint-Malo à Dinan, en remontant le cours de la Rance. Le trajet s'accomplit en bateau à vapeur, et deux bateaux se font actuellement concurrence pour cela : la *Bretagne* et le *Duguesclin*. La *Bretagne* est un navire calme et classique, marchant avec une régularité méthodique et un peu lente, partant d'ailleurs et arrivant à l'heure indiquée, mais ayant le tort de varier ses prix d'une façon un peu arbitraire et qu'il faut avoir soin de discuter. Le *Duguesclin* est un fougueux romantique, vomissant des flots de fumée, cherchant et réussissant à devancer son émule, ayant des prix indiqués plus nettement et des places à meilleur marché, mais dont la chaudière *inexplosible* se détraque, paraît-il, assez aisément et auquel il est arrivé plusieurs fois de rester en route. Notre esprit classique et conservateur nous fit choisir la *Bretagne*, dont le placide et fin capitaine, marin d'ailleurs expérimenté, répond tranquillement aux reproches de ses passagers, humiliés de voir le *Duguesclin*, parti un quart d'heure plus tard, prendre une demi-heure et plus d'avance : « On va moins vite ici, mais on est mieux porté. » Sur le *Duguesclin* comme sur la *Bretagne*, le cours de la Rance et ses rivages sont merveilleux et peuvent être comparés, quoique inférieurs, au cours et aux rives du Rhin entre Cologne et Mayence. Une curiosité du voyage est le groupe de mendiants qui se présente régulièrement à l'écluse du Livet, où les bateaux font escale. Ce sont de vrais Bretons et de vraies Bretonnes, mais qui, par une habile entente de la mise en scène, savent très bien se donner l'air de Bretons et de Bretonnes d'opéra-comique. On s'attend à les voir entonner quelque chœur du *Pardon de Ploërmel*. Les sous pleuvent sur eux du haut de la passerelle, et ils ne négligent pas de les ramasser.

Dinan mérite par lui-même une et même plusieurs visites, à cause de son aspect général et de la beauté de ses environs, à cause de ses vieilles murailles féodales, de son château, aujourd'hui prison, et que cette destination a d'ailleurs passablement gâté au point de vue archéologique, à cause encore et surtout des églises Saint-Sauveur et Saint-Malo, qui offrent de beaux échantillons du genre roman et du genre gothique. Mais la perle de Dinan, à notre avis, c'est la rue, si bien conservée, du Jerzual, dans laquelle on a la pleine sensation de ce qu'était une rue au seizième siècle et, par une induction assez aisée, de ce qu'était une ville et Paris même au moyen âge. Et il paraît qu'il a été récemment question de démolir cette archéologie vivante, pour élargir sans doute et *embellir* le quartier! Ne faites pas cela, vandales, ne faites pas cela !

On est heureux d'aller à Dinan, mais on ne se pardonnerait pas l'oubli d'une excursion à faire au Mont-Saint-Michel, surtout quand, comme c'est notre cas, on n'a pas encore eu l'occasion d'aller vénérer cette gigantesque et sublime relique de nos gloires passées, dont le nom propre est *Merveille*. Allons au Mont-Saint-Michel par Dol et par Pontorson. On change de train à Dol, et quel arrêt! quel arrêt! Sur les lignes transversales (Lison à Lamballe), le chemin de fer n'est jamais pressé. A Pontorson, on escalade les chars à bancs à double étage de Mme Lemoine, et l'on s'y entasse en bas et en haut. Voici au sommet, où nous sommes parvenu non sans peine, une compagnie variée, parmi laquelle un groupe de jeunes Bretonnes en vacances qui babillent avec tout l'entrain d'une volée d'oiseaux. L'une d'elles, très peureuse, s'attend à chaque minute à être précipitée du haut en bas de ce char peu triomphal et crie à son père avec conviction : « Papa, j'affole ! » Le char pourtant (rendons-lui cette justice) trotte fort bien et en fort bon équilibre et dépose saine et sauve sa charge humaine à l'entrée du Mont. Là, il nous faut subir l'ardent et amusant assaut des hôteliers, qui tous veulent à toute force nous abriter et nous nourrir. La renommée de Poulard est européenne. Mais quel Poulard? Il y a Poulard aîné ou Poulard-omelette. Il y a Poulard jeune, qui est omelette aussi. Il y a Poulard-confiance. Il y a encore Poulard-souvenir, mais celui-ci n'est pas aubergiste. Il y a aussi Ridel, vieil émule de Poulard, et dont la réputation est également universelle. Il y a de plus Duval, qui, profitant de son nom, a fondé un *bouillon* à l'enseigne du *Cheval-Blanc*. Il y a enfin le *Mouton-Blanc*, qui ne le cède en rien au cheval de même couleur. Pour nous, homme de tradition, nous voulûmes Poulard. Mais quel Poulard? Un de nos bons amis, un savant assyriologue habile à débrouiller l'écheveau dynastique des princes de Ninive et de Babylone, prétend que nous n'avons pas choisi le Poulard authentique et que l'omelette que nous avons mangée, confectionnée, nous l'attestons, par les soins d'une Ridel, épouse d'un Poulard, était une omelette usurpatrice. Mais nous ne nous rendons pas. Nous soutenons *mordicus* que... l'omelette était excellente. La vérité, d'ailleurs, au témoignage de tous les voyageurs, c'est que l'on est très bien traité —

à des prix divers — chez tous les Poulard, chez tous les Ridel, chez tous les *chevaux* et chez tous les *moutons*. La bonne foi et la bonne cuisine règnent à l'ombre du grand Mont.

L'unique rue qui monte à l'abbaye commence, nous le regrettons, à se moderniser sensiblement. Elle n'a plus qu'en partie le vieil aspect du moyen âge qu'indiquaient les *Guides* et nous paraît, dès aujourd'hui, archéologiquement inférieure à la rue du Jerzual de Dinan. Mais l'abbaye demeure supérieure à tout. Nous félicitons le jeune gardien qui conduisait notre cohorte durant la visite. Il remplit très bien son office, sans hâte et sans pédantisme. Il peut se tromper et se trompe parfois dans les explications qu'il donne, mais il les donne avec une simplicité de bon aloi. Nous n'insisterons pas aujourd'hui sur les impressions reçues dans ce labyrinthe incomparable de monuments et de souvenirs, ni sur ce qu'il pourrait y avoir à dire du passé, du présent et de l'avenir du Mont-Saint-Michel. Nous nous proposons d'en reparler après une autre visite, car celle-ci ne peut nous suffire. Nous n'avons vu le Mont qu'à marée basse et très basse, un jour de *morte eau*. L'ample solitude de ses grèves est d'une austérité magnifique. Mais nous le voulons contempler aussi émergeant des flots. Nous réglerons, cette fois, le temps de notre excursion sur les coïncidences astronomiques résumées dans cet adage que nous a transmis un des *anciens* du pays : « Nouvelle lune, nouvelle eau; pleine lune, pleine eau. » Désirant la pleine eau, nous irons au Mont-Saint-Michel quand la lune est en son plein. Pour cette fois, après avoir fait brûler dans l'église paroissiale, seule laissée au culte, un cierge à l'Archange vainqueur de l'Esprit du mal, protecteur de la France, inspirateur de Jeanne d'Arc; après un tour sur les remparts, nous reprendrons par la digue le chemin de Pontorson. Cette digue est, paraît-il, un sujet de contestation entre le ministère des travaux publics, qui l'a construite par les soins des ponts et chaussées, et le ministère de l'instruction publique et des beaux-arts, qui l'accuse avec raison de compromettre la bonne conservation des murailles, dont, à titre de monument historique, il a la garde et la responsabilité. Un conflit entre deux ministères! Il n'y a pas de raison pour qu'il soit tranché avant l'an trois mil. En attendant, les ponts et chaussées tiennent bon, et la chaussée subsiste, au détriment de ces remparts si précieux. Par contre, il faut avouer qu'elle est commode aux visiteurs. Les pèlerins d'autrefois (qui valaient bien les touristes d'aujourd'hui) ne franchissaient pas sans péril les grèves immenses aux sables mouvants et aux vagues traîtresses, comme l'atteste cette strophe d'un ancien cantique :

> Toy qui commande à ces flux
> Et reflux,
> Fais qu'aucun mal ne me grève,
> Et deffend ton pèlerin
> Au chemin
> Quand il passera la grève.

Ce même péril est encore attesté par une piquante anecdote que racontaient volontiers les prédicateurs du treizième siècle pour amuser un peu leur auditoire :

« Ceux qui s'abstiennent du mal par crainte de l'adversité sont assez semblables à ces pirates qui, au moment de la tempête, font des vœux de toute espèce, et, aussitôt le calme rétabli, ne s'en donnent cure, mais courent bien vite jouer aux dés.

« Tel était aussi ce paysan breton qui conduisait un jour au Mont-Saint-Michel, pour les vendre au marché, sa vache et son veau. Se voyant surpris par la marée montante, il fit un vœu à saint Michel et promit de lui donner son veau si, par sa puissante protection, il échappait au péril.

« Le flot parut se retirer. Alors notre homme de dire au saint qu'il serait bien fou s'il croyait qu'il allait lui donner son veau.

« Mais soudain voilà la mer qui revient et qui touche presque à ses pieds. Aussitôt le Breton de crier : « Saint Michel, tu veux tout ; tu auras tout, et la vache, et le veau !

« La vague recule de nouveau. Elle recule si bien qu'il se croit désormais à l'abri de son atteinte. Alors il s'écrie bravement :

      Saint Michel ! saint Michel !
      Ni la vache ni lo vécl (1).

(1) *L'Esprit de nos aïeux*, anecdotes et bons mots tirés des manuscrits du treizième siècle, par A. Lecoy de la Marche, p. 193. (N° 103, *Le Breton au Mont-Saint-Michel*.)

Les ingénieurs français sont-ils donc si peu ingénieux qu'ils ne puissent trouver un système conciliant la sécurité des murailles avec celle des voyageurs? Nous n'en croyons rien, et nous les invitons à se mettre à l'œuvre. N'oublions pas, en passant, puisque le chemin de fer nous laisse environ une heure, d'aller jeter un coup d'œil à l'église de Pontorson, dont la nef et le portail (entendez cela) sont romans et peuvent remonter jusqu'au onzième siècle. Le reste de l'édifice est lui-même (ce n'est pas si peu) du douzième et du treizième. On y peut voir un vaste retable sculpté du temps de la Renaissance. A côté de l'église, au dehors, tout près de la porte latérale, se trouve le tombeau d'une religieuse morte au siècle dernier en odeur de sainteté.

En vacances, cette année surtout, il faut compter avec les jours de pluie. Il faut compter aussi avec les jours de fatigue. Que faire ces jours-là? Eh! on les passe à Saint-Servan aussi bien et mieux qu'ailleurs. Quand on a, comme nous, vue sur la mer, on a pour se distraire le va-et-vient des navires entrant ou sortant de Saint-Malo. Ainsi vîmes-nous le *Bougainville*, le vaisseau-école où s'instruisent nos futurs officiers de marine et qui, au mois d'août dernier, parcourait justement ces côtes. Nous aurions voulu nous en rendre compte de plus près. Mais quand nous nous y rendîmes à deux reprises, nous fûmes victime d'une persistante malechance ou de notre timidité naturelle. Car d'abord on ne le visitait pas encore, et ensuite on ne le visitait plus, et nous ne connaissions personnellement aucun officier. On a encore la lecture, car un baigneur qui stationne doit emporter quelques livres, et d'ailleurs pensez-vous que Saint-Servan soit situé dans le Congo? Il y a des libraires. On a enfin les réflexions et méditations sur ce qu'on a vu et appris, en particulier sur la population dont on est venu temporairement accroître le nombre, sur son état religieux, moral, intellectuel, matériel. Notre enquête sur ces divers points aurait besoin d'un plus ample informé. Toutefois, nous pouvons affirmer sans crainte que Saint-Servan est un pays de foi vive et même fervente, que le culte national y est pratiqué par tous franchement et publiquement, et que l'église paroissiale et les nombreuses chapelles des diverses communautés sont, le dimanche, pleines de fidèles. Les créations pieuses et charitables y abondent. Les bonnes œuvres y fleurissent comme les citronniers en Italie. C'est à Saint-Servan que les Petites-Sœurs des pauvres ont eu leur berceau. Le culte, aussi raisonnable que touchant, de Marie est, on ne l'ignore pas, une des vertus de la race bretonne. Saint-Servan, à cet égard, est aussi breton qu'on peut l'être. La procession du Vœu de Louis XIII, le jour de l'Assomption, y a un caractère charmant de piété et de patriotisme local, en même temps qu'un cachet remarquable de sens esthétique et pittoresque. Mais la pluie, hélas! l'a bien gênée, cette fois, et il nous faudra la revoir mieux une autre année.

La population de Saint-Servan nous a paru aimable, confiante, joyeuse, un peu insouciante. Au sujet de ses aptitudes intellectuelles, il y a de bons indices, mais nous ne saurions dire si, ni comment elle met à profit ces aptitudes présumées. En tout cas, la préoccupation de la culture intellectuelle et le très juste sentiment de l'importance, à notre époque, de l'étude et du travail scientifique, notamment pour le clergé, sont l'une des qualités du vénérable pasteur, que nous n'avons fait qu'entrevoir, mais avec qui nous espérons bien faire quelque jour plus amplement connaissance. M. le curé de Saint-Servan a eu une idée des plus heureuses, et il a donné un très bon exemple en fondant, à côté de sa bibliothèque paroissiale, une bibliothèque curiale, spécialement affectée aux prêtres qui l'entourent et dont la belle et commode installation est comme une invite à l'esprit. Cette création est d'autant plus méritoire que, surtout à l'heure actuelle, les charges et les soucis ne manquent point à M. le curé de Saint-Servan. Outre ceux qui résultent du malheur spécial des temps et des efforts sectaires des aveugles ennemis de la religion nationale, il a toujours à pourvoir à de nombreuses infortunes. Il y a en effet beaucoup de pauvres, mais il y a aussi des riches, et des riches miséricordieux. Parmi les éléments ordinaires de la population servannaise, il ne faut pas oublier de noter une colonie anglaise assez nombreuse, dont le séjour a des avantages sans doute, mais n'a pas que des avantages, pour les autres habitants. Le plus mauvais effet de sa présence a été, paraît-il, l'essai d'une propagande protestante, qui a d'ailleurs été à peu près sans résultat, mais non sans jeter pourtant un peu de trouble dans la cervelle de quelques pauvres gens, que leur misère porte à confondre le spirituel et le temporel. Croyez-moi, jeunes et vieilles misses, tenez-vous tranquilles; le protestantisme n'a pas d'avenir dans notre France, ni même peut-être (et Dieu le veuille!) dans votre chère Angleterre que, nous aussi, nous aimons. Les bases du protestantisme sont trop chancelantes, sa théologie trop incertaine, son culte trop froid, sa morale trop égoïste. L'Église catholique est toujours jeune; l'Église anglicane a un peu l'air de ces vieux tombeaux que vous dessinez.

Nous comprenons d'ailleurs que des familles étrangères fixent leur résidence à Saint-Servan. La vie y est à très bon marché, sauf au mois d'août, époque où, en faveur des baigneurs, les prix s'élèvent soudain dans des proportions assez considérables. Prenez garde, Servannais, prenez garde, ne tuez pas la poule aux œufs d'or! Votre viande, votre poisson, vos légumes sont excellents; maintenez-les dans les prix *doux*, c'est-à-dire de juillet ou de septembre (pardon de cet affreux jeu de mots), et vous regorgerez de visiteurs. Nous avons particulièrement remarqué vos petits pois. Louis Veuillot fit jadis l'éloge des navets de Freneuse et de Boynes en Gâtinais. Nous ne sommes pas Louis Veuillot, mais pourquoi ne ferions-nous pas l'éloge des petits pois de Saint-Servan? Ces petits pois sont gros, mais d'une saveur exquise... Oui, c'est bien décidé, nous retournerons à Saint-Servan l'année prochaine ou une autre année. Nous y retournerons par cette chère gare Montparnasse, et même dût-elle (ce qu'à Dieu ne plaise!) se dérober à nous et à nos colis, nous n'en retournerons pas moins à Saint-Servan. Nous y retournerons de quelque manière que ce soit, de gré ou de force, quand bien même il nous faudrait pour cela traverser Paris avec nos bagages, et pour cela prendre un fiacre, et nous disputer avec le cocher!

1890.

VII

ARCHÉOLOGIE POITEVINE.

Ce serait de notre part une vanité excessive de supposer que nos lecteurs ont conservé la mémoire de la *promenade archéologique* que nous leur avons racontée, il y a deux ans, sous ce titre : *De Paris-Montparnasse à Pons, avec arrêts.* Il est plus que probable qu'ils l'ont entièrement oubliée. Il est naturel, au contraire, que le souvenir nous en soit à nous demeuré. Depuis ce temps-là, le Poitou, qui fut le principal champ de cette excursion, nous est resté cher et est même devenu pour nous comme une petite patrie archéologique. Nous y sommes corporellement retourné, mais nous y avons surtout séjourné par la pensée. Qu'il nous soit permis de redire aujourd'hui quelques impressions, quelques notions recueillies dans ces nouvelles visites, corporelles ou intellectuelles, pour lesquelles notre principal guide a continué d'être, par ses conversations et par ses écrits, notre savant confrère et ami M. Joseph Berthelé. Depuis que nous avons exprimé ici notre opinion sur sa vocation et son talent d'archéologue, nous avons eu le plaisir de voir notre avis confirmé par un jugement solennel de l'Académie des inscriptions et belles-lettres. La médaille décernée par l'illustre Compagnie aux *Recherches pour servir à l'histoire des arts en Poitou* (1) est pour l'auteur de ce beau volume autant et plus qu'un brevet. Le voilà passé maître ès sciences archéologiques. Arrêtons-nous quelque peu à considérer les études de ce lauréat de l'Institut.

La première partie des *Recherches* est consacrée à l'*architecture*. Elle se compose de sept chapitres intitulés : I. La crypte de Saint-Léger à Saint-Maixent. II. L'église de Gourgé. III. L'église d'Airvault. IV. De quelques influences auvergnates et limousines dans les églises romanes du Poitou et de la Saintonge. V. De quelques influences périgourdines et angoumoises dans les églises romanes du Poitou et de la Saintonge. VI. Une influence champenoise en Bas-Poitou au onzième siècle. VII. L'architecture Plantagenet.

La lecture de ces exposés, de ces discussions nettes et vivantes, a été pour nous un voyage intéressant et fructueux. Nous la recommandons tout spécialement à ceux de nos lecteurs qui se sentiraient dans les veines un peu de sang d'archéologue. Nous nous sommes senti particulièrement attaché par la recherche heureuse qu'a faite M. Berthelé des vénérables débris de l'architecture

---

(1) Melle, librairie Ed. Lacuve ; Paris, librairie Ernest Thorin, in-8°.

mérovingienne et carolingienne, demeurés enchâssés ou ensevelis dans des constructions plus récentes. Le genre latin, qui a précédé le genre roman et dont l'église de Saint-Généroux nous a conservé en Poitou un si précieux spécimen, a laissé sur notre sol plus de vestiges qu'on ne le croirait au premier abord. Mais il faut savoir les reconnaître, les dégager, les comparer, comme l'a si bien fait notre savant ami à Saint-Maixent, à Gourgé, à Airvault.

Le Poitou est riche en églises romanes, présentant pour la plupart les traits caractéristiques de l'école régionale dite « poitevine et saintongeaise ». Mais un certain nombre offrent des exceptions, des particularités diverses qui se rattachent à l'influence, souvent propagée de très loin, d'autres écoles d'architecture. La recherche et l'explication de ces origines par les monuments et par les textes ou les faits historiques, rapprochés et comparés, ont fourni à M. Berthelé des résultats soit certains, soit hypothétiques, d'une remarquable valeur. Il est curieux d'y noter l'action, trop peu examinée jusqu'ici, de cette puissante force intellectuelle qu'on appelle en philosophie la *cause exemplaire* et qui, dans l'explication des faits d'ordre humain, pourrait, ce semble, en bien des cas, être substituée avec avantage à l'encombrante et envahissante théorie de l'*évolution*, qu'on met maintenant à toutes les sauces. Un genre d'architecture, non plus qu'un genre littéraire, n'évolue pas, quoi qu'on en dise.

C'est l'esprit humain qui développe ses conceptions à leur propos, et le principe de ce développement, n'est-ce pas au moins en grande partie la *cause exemplaire*? Un très bel exemple de l'effet multiple de cette cause en architecture, c'est l'exposé par M. Berthelé des destinées, des modifications, des appropriations de la voûte du système dit *Plantagenet*. Ce travail a été considéré à bon droit par les meilleurs juges comme témoignant de rares qualités d'observation, d'induction et de déduction scientifiques.

La seconde partie des *Recherches* se rapporte au *mobilier* des églises poitevines. Des onze chapitres dont elle se compose, les trois premiers sont consacrés à étudier les *reliquaires* en forme de *chefs* ou de *bras* et les *vases sacrés* antérieurs à la Révolution. Les observations concernant les reliquaires ont de l'intérêt et de l'importance non seulement au point de vue de l'archéologie, mais aussi à celui de la critique historique. Dans l'étude sur les vases sacrés, plusieurs faits sont instructifs pour les précautions à prendre par les curés et par les fabriques avant de se défaire, par voie de vente ou d'échange, d'objets souvent précieux, malgré leur apparence, par leur forme ou par leur façon. Les huit derniers chapitres sont entièrement donnés à une étude analytique et détaillée des *cloches* du Poitou, depuis la plus ancienne dont le souvenir ait été conservé jusqu'à celles qui ont été le plus récemment fondues. Nous savons que M. Berthelé se propose de continuer et d'étendre bien au delà des limites de sa province actuelle les recherches d'archéologie campanaire, pour lesquelles il se sent le plus vif attrait. Dans son opuscule intitulé : *Une fonte de cloches au temps jadis* (1), il s'est attaché à présenter un tableau synthétique de quelques-uns des résultats auxquels ces recherches l'ont conduit. Nous sommes persuadé qu'il est destiné à produire encore sur ce sujet ou à ce propos bien des faits inconnus ou des idées neuves. Mais nous espérons pourtant qu'il ne se cantonnera pas uniquement dans cette spécialité, si intéressante qu'elle puisse être. La critique a le droit de réclamer de lui des œuvres d'une plus grande portée et d'un intérêt plus général.

Le meilleur moyen d'accomplir en Poitou ces explorations fictives par lesquelles nous aimons à continuer et à compléter nos excursions réelles, c'est assurément d'avoir sous les yeux et sous la main la belle publication qui fait tant d'honneur à l'esprit d'initiative et à l'esprit de suite de M. Jules Robuchon, l'artiste photographe et le photographe artiste de Fontenay-le-Comte : *Paysages et monuments du Poitou*. Nous éprouvons une joie véritable à raviver les images de nos courses effectives à Niort et dans les environs de cette agréable ville, en feuilletant les trois livraisons des *Paysages et monuments* (163°, 164° et 165° li-

(1) Poitiers, 1890, broch. in-8°. (Extrait des *Bulletins de la Société des antiquaires de l'Ouest*, 4° trimestre de 1889.)

vraisons) intitulées : *Niort, son donjon et le château Salbart*, et qui sont l'œuvre de MM. Jos. Berthelé et Em. Espérandieu (1). Nous y retrouvons l'écho de la parole animée et pittoresque du savant archiviste du département des Deux-Sèvres. Nous y recueillons de très utiles indications de toutes sortes. Nous y remarquons un lien inattendu entre Niort et notre cher Saint-Servan d'Ille-et-Vilaine, dont nous nous proposons d'aller bientôt chercher l'occasion de reparler à nos lecteurs. Nous avons fait ici même l'éloge mérité des petits pois de Saint-Servan. Eh bien! les petits pois de Niort étaient particulièrement goûtés de Louis XIV, dont l'autorité gastronomique est incontestable. Cela résulte d'une lettre de Louvois à M. de Navailles, publiée dans la présente notice, et destinée à assurer la provision de ce légume nécessaire aux repas royaux. Nous nous replaçons aisément, grâce à cette notice et aux photographies qui l'accompagnent, dans tel site, au milieu de tel paysage des bords de la Sèvre niortaise, notamment dans les ondes marécageuses des bras de ce fleuve à Echiré, où M. Berthelé et nous faillîmes, un jour, demeurer embourbés parmi les herbes, tandis qu'une série d'averses malicieuses inondait le large bateau plat qui nous contenait et que notre ami dirigeait d'une main et d'une perche expérimentées. Quelle pluie ce jour-là sur nos têtes, et quelle boue sous et sur nos pieds!

(1) Paris, imprimerie Motteroz, in-fol.

Cependant nous échangions nos idées ainsi mouillées sur le château de Mursay, autour duquel nous nous étions aventurés à naviguer de la sorte, pour le contempler sous toutes ses faces.

Selon la tradition du pays, c'est dans ce manoir, qui n'est plus aujourd'hui qu'une ferme, que Mme de Maintenon garda les dindons pendant son enfance. Dans la critique de cette tradition, il y a, croyons-nous, à faire une distinction. La garde des dindons est en soi établie par un texte authentique. « Je me souviens, disait Mme de Maintenon aux demoiselles de Saint-Cyr (1), que ma cousine et moi, qui étions à peu près de même âge, nous passions une partie du jour à garder les dindons de ma tante. On nous plaquait un masque sur notre nez, car on avait peur que nous nous hâlassions. On nous mettait au bras un petit panier où était notre déjeuner, avec un petit livret des quatrains de Pibrac, dont on nous donnait quelques pages à apprendre par jour. Avec cela, on nous mettait une grande gaule dans la main, et on nous chargeait d'empêcher que les dindons n'allassent où ils ne devaient pas aller. » Mais la tante dont il s'agit était Mme de Neuillant. Or, elle ne résidait point à Mursay. Mursay était une propriété de la famille de Villette. Mme de Villette,

---

(1) Lavallée, *Conseils aux demoiselles*, cité par Geffroy : *Madame de Maintenon d'après sa correspondance authentique*, t. I, p. 3.

tante aussi de Mme de Maintenon, la recueillit chez elle à cause de la pauvreté de sa mère et se chargea d'abord de son éducation, qui fut ensuite confiée par mesure administrative à Mme de Neuillant, parce que Françoise d'Aubigné avait été baptisée dans la foi catholique et que Mme de Villette l'élevait dans la religion protestante. En résumé, il convient de résoudre ainsi la tradition niortaise. Il est exact que Mme de Maintenon a séjourné à Mursay pendant son enfance, et il est exact, d'autre part, que, pendant son enfance, elle a gardé les dindons. Mais ce n'est pas à Mursay qu'elle les a gardés (1).

Parmi les excursions faites par nous aux environs de Niort, il en est une dont nous ne trouvons pas l'image dans les livraisons que nous avons sous les yeux, parce que la petite ville de Melle, objet de cette visite, aura sans doute dans les *Paysages et monuments* sa livraison spéciale. Elle le mérite, non pas parce qu'elle a l'honneur d'une sous-préfecture, mais à cause de ses trois précieuses églises romanes, dont deux seulement sont encore consacrées au culte. De Saint-Savinien, la plus ancienne, on a fait une prison, ce qui en rend l'étude peu abordable aux archéologues. Mais on peut du moins jouir à loisir des deux autres, Saint-Pierre et Saint-Hilaire, remarquables par leurs instructives dissemblances. « Ces trois

---

(1) Cf. Geffroy, ouvrage cité, t. I, pp. 3 et 13.

monuments, dit M. Berthelé (1), qui représentent les diverses étapes du style roman en Poitou, constituent un ensemble que l'on trouve rarement ailleurs et qui fait de Melle le plus curieux musée d'architecture et de sculpture romanes qui existe dans les Deux-Sèvres, après Parthenay. Ils mériteraient une grande monographie et fourniraient la matière d'un magnifique album. » Melle possède encore les assez curieux vestiges de l'exploitation d'une mine d'argent à l'époque gallo-romaine et a de la célébrité parmi les numismates, à cause de l'atelier monétaire dont elle était le siège dans les temps mérovingiens. Mais le meilleur souvenir de notre visite, ce sont les quelques heures que nous passâmes en compagnie de l'honorable imprimeur-libraire qui a fondé, qui dirige et qui rédige avec un talent et un dévouement éprouvés un excellent journal local, le *Mellois*, et dont le concours actif est acquis à toutes les bonnes œuvres du patriotisme et de la science générale et provinciale; un remarquable exemplaire des qualités de cœur et d'esprit du Poitevin de vieille et forte race, M. Édouard Lacuve.

Ancien compositeur de la maison Mame, que l'on peut bien appeler une académie typographique, M. Lacuve est revenu dans son pays natal fonder une imprimerie, à laquelle, comme les vieux imprimeurs du seizième siècle, il s'est donné tout

---

(1) *De Niort à Ruffec, etc., promenade archéologique.* Melle, librairie Ed. Lacuve, broch. in-8°.

entier, hors de laquelle il ne saurait guère plus vivre et respirer que le poisson hors de l'eau. Journaliste et poète très distingué, M. Lacuve n'*écrit* jamais ses œuvres, il les *compose*, au propre et au figuré. Sa prose est française, mais ses vers sont uniquement poitevins. Il ne rime que dans le dialecte du terroir, mais il excelle à y mettre en jeu les lois du rythme et de la rime, et surtout à en faire valoir la bonhomie malicieuse et la naïveté narquoise. M. Lacuve est un conservateur et un restaurateur du dialecte poitevin, qu'il relève à sa dignité perdue de langue littéraire et poétique. Par là, il mérite autant que les bons architectes, conservateurs et restaurateurs des monuments de nos anciens âges, l'estime et la reconnaissance des archéologues. Nous souhaitons qu'il nous mette bientôt à même de faire connaître à nos lecteurs l'appropriation poitevine qu'il a entreprise d'un certain nombre de fables du grand La Fontaine (1). Il faut l'entendre réciter et gloser une de ces compositions dont son journal a la primeur! Nous n'oublierons certes pas l'aimable accueil qui nous fut fait dans cette maison patriarcale et dévouée aux lettres.

N'oublions pas non plus, parmi nos plus récentes impressions du Poitou, l'agréable journée passée à Mauzé avec un ecclésiastique très distingué,

(1) Cette curieuse et intéressante composition a été publiée en 1893 sous ce titre : *Fables en patois poitevin, imitées de la Fontaine*, par Jacquett (Edouard Lacuve). Melle, in-4°.

M. l'abbé Tribert, curé doyen de ce canton, et avec le R. P. Babin, des missionnaires diocésains de Poitiers, et la visite faite en leur compagnie à la demeure vraiment seigneuriale, qui a été restaurée avec beaucoup de goût par les soins de son propriétaire actuel, M. Michelin. Dans notre promenade aux belles écuries placées dans les dépendances du château, notre ami M. Berthelé déploya une aptitude, que nous ne lui soupçonnions pas, à comprendre et à goûter la science hippique, où M. Michelin est tout à fait passé maître. Peut-être cet amour des chevaux est-il soudainement dérivé en notre ami de ses profondes études antérieures sur les *cavaliers* (1).

Mais revenons à Niort et à ses monuments. En ce qui concerne ses édifices religieux, Niort ne saurait être comparé à Melle. Toutefois, l'église Notre-Dame offre un beau spécimen du dernier âge du gothique. L'architecture civile y est représentée par l'ancien hôtel de ville, un assez curieux morceau de la Renaissance, et par quelques vieilles maisons remontant à la même époque, ou plus haut encore, à la fin de la période flamboyante. Mais le joyau de Niort, au point de vue archéologique, appartient à l'architecture militaire. C'est le donjon, auquel M. Berthelé a consacré

---

(1) On appelle de ce nom les grands bas-reliefs sculptés au portail d'un certain nombre d'églises romanes et représentant un personnage à cheval, qui paraît avoir été originairement Constantin. Cf. *De Niort à Ruffec*, etc., p. 17 et suiv.

une étude spéciale (1), fort remarquable par les rapprochements qui y sont faits et la conclusion précise à laquelle elle aboutit : « Nous résumerons, dit l'auteur, notre opinion sur l'origine et la date du donjon de Niort dans les cinq propositions suivantes : 1° de par les marques des tâcherons, les deux tours sont contemporaines; 2° de par son plan, ce donjon est une construction anglaise; 3° de par son caractère anglais, ce donjon est postérieur à 1154; 4° de par la comparaison de ses machicoulis avec ceux du donjon du Château-Gaillard, il est antérieur à 1195; 5° de par le caractère absolument roman de toutes ses parties primitives, il se place non seulement plutôt peu après 1154 que peu avant 1195; non seulement plutôt sous Henri II que sous Richard Cœur de Lion, mais bien plutôt vers la fin du règne de Henri II. — La date vraie du donjon de Niort nous paraît devoir être fixée vers 1155-1160. »

L'imitation des donjons anglais à Niort est très explicable, le Poitou faisant partie de l'héritage d'Aliénor d'Aquitaine, qui, après l'annulation de son mariage avec le roi de France Louis VII, devint l'épouse de Henri Plantagenet, comte d'Anjou, lequel monta en 1154 sur le trône d'Angleterre. M. Berthelé prouve cette imitation par des rapprochements archéologiques d'un vif intérêt. Non moins intéressante pour l'histoire de la fortification au moyen âge est l'observation qui con-

(1) Niort, 1890, broch., in-8°.

cerne les machicoulis rudimentaires du donjon de Niort, observation à l'aide de laquelle notre savant ami est arrivé à fixer d'une façon plus exacte encore la date de la construction.

Niort possède encore dans son voisinage un autre précieux spécimen de l'architecture militaire du moyen âge. Ce sont les ruines encore imposantes du château de Coudray-Salbart, dont la visite nous donna l'occasion de prouver, il y a deux ans, que les études gymnastiques étaient loin, dans notre enfance, d'être cultivées, comme elles le sont à présent par l'*alma mater*, cette vénérable vieille, fille de Napoléon, qui, dit-on, se met maintenant si fort à la mode qu'elle change constamment de robe et de coiffure. Nous venons de compléter avec grand intérêt les notions recueillies durant cette visite par la lecture de l'étude consacrée à Salbart par le lieutenant, aujourd'hui capitaine, Espérandieu (1). La reconstitution archéologique et militaire du château nous a paru fort réussie et très instructive. On se rend très bien compte, à l'aide de ce travail, du caractère et de la difficulté des sièges dans la période antérieure au plein usage de l'artillerie à feu, et comment la facilité de la défense l'emportait alors sensiblement sur les moyens d'attaque. M. Espérandieu a, par une soigneuse analyse, mis en lumière tous les points importants de son sujet

(1) La notice de M. Espérandieu, publiée dans les *Paysages et monuments du Poitou*, a été réimprimée à part. Fontenay-le-Comte, librairie A. Baud, in-8°.

et fort judicieusement conjecturé le chiffre même et la répartition de la garnison. Il a également su distinguer et faire ressortir les traits simultanés ou successifs de la construction du château et de ses diverses parties. Il a établi que la Grosse-Tour, tenant matériellement à l'enceinte, mais militairement isolée de la courtine et des autres tours, faisait fonction de donjon. Il a montré que cette tour, ainsi que la Tour-Double, avait été l'objet d'une reconstruction spéciale, dont il a signalé les traces. Il a pu indiquer sur l'emplacement de la forteresse actuellement ruinée l'existence, prouvée par un texte, d'une forteresse antérieure et plus restreinte, dont les ruines se voyaient encore en 1460. Enfin, grâce à une communication de M. Bélisaire Ledain, l'un de nos meilleurs érudits provinciaux, il a terminé son travail par un bref, mais clair résumé de l'histoire du château Salbart.

Puisse l'archéologie continuer de fleurir sur le riche sol du Poitou, comme elle le fait à cette heure! Puisse-t-elle également fleurir dans toutes nos provinces! L'archéologie est l'illustration de l'histoire.

1891.

VIII

ENCORE SAINT-SERVAN ET SAINT-MALO.
LE MONT-SAINT-MICHEL.

Nous l'avions bien dit que nous retournerions à Saint-Servan. Nous y sommes retourné par la gare Montparnasse, qui, Dieu merci! est toujours en place et y sera longtemps encore. Mais nous n'avons pu reprendre possession de notre tour Eiffel au bord de la mer. Cette tour, paraît-il, était démeublée, et pour la meubler de nouveau... Mais abstenons-nous d'entrer dans ces détails de ménage. Qu'il nous suffise de constater que nous avons trouvé sans peine, nous y étant pris d'avance, un nouveau domicile, dont nous fûmes, notre famille et nous, très satisfaits, ainsi que de notre excellente propriétaire, une vraie Servannaise, c'est-à-dire la meilleure et la plus complaisante des femmes. *Discite justitiam...*, ô propriétaires de Paris. Il est vrai que nous sommes de la banlieue et n'y avons pas actuellement sujet de nous plaindre. *Felix qui potuit...* avoir de bons propriétaires... ou de bons locataires. Mais ne nous égarons pas.

Notre nouveau domicile de Saint-Servan est moins riche en escaliers que l'ancien. Il ne devrait même pas en avoir du tout, car il est situé au rez-de-chaussée. Mais ce rez-de-chaussée, par rapport au petit jardin annexé par derrière à la maison, forme un étage, et ce petit jardin, par rapport à la grève des Bas-Sablons, un autre étage. La communication s'établit d'ailleurs, aisément avec les flots, grâce à quelques degrés fixes et à une échelle fixée. Nous pûmes donc nous livrer tout à notre aise aux salutaires effets de l'onde et constater que la grève était aussi riche en varechs que l'an passé. Notre demeure a vue d'un côté sur la mer et de l'autre sur la rue, une rue qui, formant la voie ordinaire de communication entre le bac de Dinard-Saint-Servan et le pont roulant qui conduit à Saint-Malo, est en tout temps fort animée. Cela compose, en somme, un agréable séjour, même quand il pleut.

Quand on revient dans une localité où l'on a déjà passé une fois ses vacances, c'est que l'on se sent disposé à y revoir avec plaisir ce qu'on y a déjà vu. Ainsi fîmes-nous, mais seulement en partie et avec une certaine modification, peut-être améliorée, du regard. Depuis que notre ami Joseph Berthelé, le terrible antiquaire poitevin, nous a communiqué le virus archéologique, nous nous sentons plus que jamais disposé à chercher dans et derrière le présent les aspects et les monuments du passé, et par conséquent à tâcher de joindre à nos faibles yeux ce précieux instrument de l'observation et de l'induction scientifiques, au moyen duquel on ressuscite les villes disparues et les hommes ensevelis. Nous eûmes pour satisfaire ce penchant sur la pointe granitique et verdoyante où s'étendait encore, au dixième siècle de notre ère, la vieille cité gallo-romaine d'Aleth, le précieux appui de la docte conversation de M. l'abbé Duchesne, établi pendant les vacances à titre de fils de Saint-Servan et de *clericus alethensis*, parmi ces souvenirs et ces débris, qu'il a tout récemment enrichis par ses fouilles. L'Académie des inscriptions et belles-lettres et, plus récemment, l'Association bretonne ont entendu l'exposé de ses découvertes. On conçoit que ç'ait été une vraie joie pour nous de revoir en sa compagnie la chapelle Saint-Pierre, qui n'est autre chose que l'une des deux absides entre lesquelles s'étendait, au temps des derniers Carolingiens et des premiers Capétiens, la nef de la cathédrale d'Aleth, siège de l'évêché transporté au douzième siècle à Saint-Malo. Une abside du dixième siècle, en somme fort bien conservée, savez-vous que ce n'est pas peu de chose? Pends-toi, brave Berthelé, nous l'avons contemplée sans toi. M. l'abbé Duchesne nous fit aussi remarquer sur la pointe de la cité un reste de fortification circulaire à créneaux, plus tard englobée dans le fort construit au dix-huitième siècle à l'extrémité de cette pointe pour barrer le passage aux débarquements des Anglais. Mais cette fortification est plus ancienne; elle remonte au seizième siècle, et, selon la conjecture du savant académicien, elle fut l'œuvre des ligueurs, qui la bâtirent en opposition avec la tour Solidor, située en face, et dont les royalistes s'étaient mis en possession. Ainsi revivait soudain à nos regards un épisode des terribles luttes religieuses et civiles qui aboutirent enfin tout ensemble au triomphe, puis à la renaissance de la vraie religion en France, et au règne de Henri IV.

C'est avec un plaisir toujours nouveau, cela va sans dire, que nous avons revu Solidor, dont l'aspect nous ramène en plein moyen âge. Nous avons recueilli sur elle un renseignement intéressant dans une conversation, dont nous aimons à consigner ici le souvenir, avec le haut fonctionnaire chargé à Saint-Servan de la direction du service de la marine. A ses qualités professionnelles, M. Deschars joint le goût et la pratique des lettres, doublement cultivées dans sa maison, et aussi l'amour si louable de l'archéologie et des antiquités nationales. Selon une tradition dont il nous fit part, la construction de Solidor par le duc de Bretagne aurait eu pour objet de contraindre les Malouins, peu disposés à se soumettre à son pouvoir, à lui payer tribut chaque fois que leurs navires rentraient au port. Il paraît, en effet, que la disposition de la mer et de ses rivages, différente en ce temps-là de ce qu'elle est aujourd'hui, les contraignait de passer à portée des créneaux et des meurtrières de la tour, où veillaient de solides gaillards bien munis d'arcs et d'arbalètes.

Pour transporter nos préoccupations d'antiquaire de Saint-Servan à Saint-Malo, nous avons, nous aussi, à moins de faire un long détour, un léger tribut à payer — mais nous le payons bien volontiers — au conducteur du *pont roulant,* cet agréable tramway maritime si apprécié des touristes et des habitants des deux villles. Cependant l'ingénieuse et utile machine ne fait pas le bonheur de tout le monde. Les choses, hélas ! ont souvent ici-bas deux faces, dont l'une représente un succès pour les uns, l'autre, pour les autres, un revers. Comme dit le poète :

> Le même objet qui rend votre visage sombre
> Fait ma sérénité.
> Toute chose ici-bas par une face est ombre
> Et par l'autre clarté.
>
> Le lourd nuage, effroi des matelots livides
> Sur le pont accroupis,
> Pour le brun laboureur dont les champs sont arides
> Est un sac plein d'épis !

Eh bien ! le pont roulant est un sac plein d'épis pour l'inventeur qui l'a construit et qui l'exploite, mais il est l'effroi et le désespoir des matelots, qui autrefois, au même endroit, traversaient dans leurs barques tous les voyageurs. Ils luttent pourtant, les malheureux, ils luttent et hèlent avec ardeur et supplication les passagers, dont ils réussissent à convaincre ou à toucher quelques-uns : « Il n'y a pas plus de danger ! Le pont roulant peut *manquer* aussi ! Il *manquera* un de ces jours!... Il n'y a rien à craindre. J'ai deux dames dans mon bateau! »

Oh! chers remparts de Saint-Malo, comme vous me ravissez l'âme! Je ne puis me lasser de parcourir vos courtines en rêvant aux siècles écoulés et en jouissant des admirables points de vue que vous m'offrez successivement sur la mer et sur les charmants îlots rocheux et fortifiés dont elle est semée. Mais ce qu'il faut observer et considérer de plus près que l'an passé, c'est le château et son donjon, monument d'architecture militaire et féodale remarquablement conservé et qui mérite de disputer la palme à ses rivaux du Poitou. Je lui souhaite un Berthelé ou un Bélisaire Ledain (1). Il fournira sans doute une de ses meilleures livraisons au grand ouvrage sur les *Paysages et monuments de la Bretagne* que le vaillant et infatigable photographe-artiste de Fontenay-le-Comte, Jules Robuchon, se prépare à donner pour pendant à ses excellents *Paysages et monuments du Poitou*. En attendant, nous nous faisons un devoir et une joie de le contempler sous toutes ses faces. Puis, grâce à la lettre d'autorisation et de recommandation qui nous a été accordée dans les termes les plus aimables par M. le général Vosseur, commandant la vingtième

---

(1) M. Bélisaire Ledain, l'un de nos meilleurs érudits provinciaux, a publié dans la *Revue poitevine et saintongeaise* du 15 juillet 1891 un très intéressant travail intitulé : *Les châteaux féodaux du Poitou du onzième au treizième siècle.*

division d'infanterie, nous pénétrons dans l'intérieur et le visitons de fond en comble, en compagnie de l'un des soldats qui l'habitent et qui, avec une complaisance achevée, nous ouvre toutes les portes, nous guide sur toutes les courtines et toutes les plates-formes, et nous conduit jusqu'à l'extrémité de la double muraille qui, s'avançant en pointe, figure comme la proue d'une colossale *galère*. L'objet du château de Saint-Malo était évidemment de défendre le seul point par où la ville fût accessible du côté de la terre, c'est-à-dire la chaussée étroite appelée le *sillon*, au moyen de laquelle les Malouins avaient transformé leur île en presqu'île. Cette forteresse fut reconstruite au quinzième siècle par le duc François II et par sa fille, Anne de Bretagne, qui a gravé fièrement sa marque sur l'une des tours d'angle en ces termes : *Qui qu'en grogne, ainsi sera, c'est mon bon plaisir.* Mais le donjon, grosse tour en fer à cheval située au milieu de l'enceinte et surmontée de deux tourelles accouplées, existait avant 1378. Il fut battu en brèche, cette année-là, par les Anglais sous les ordres du duc de Lancastre. Puis les Français l'occupèrent de 1387 à 1415 et en augmentèrent la force.

A propos du château, ne négligeons pas de signaler sous sa muraille, du côté du port, le ravissant petit jardin, aux parterres multicolores, qu'on pourrait appeler le *square du donjon*, puisqu'il s'épanouit, pour ainsi dire, sous la surveillance de la grosse tour, dont l'austère aspect fait un agréable contraste avec sa grâce souriante. C'est l'œuvre d'un véritable artiste, M. Leroux, que n'aurait pas, croyons-nous, désavoué à Versailles pour un de ses disciples et de ses auxiliaires le grand jardinier de Louis XIV, André Lenôtre. Ne négligeons pas surtout, cette année, dans nos promenades réitérées parmi les rues sombres de la vieille cité, vraie ruche de corsaires, de saluer l'humble maison de bois où naquit Duguay-Trouin. Mais à quoi songez-vous, Malouins, en vérité, de laisser cette relique nationale en proie aux dégradations de l'usage et d'y souffrir des locataires? C'est toi que j'interpelle ici, municipalité de Saint-Malo. Ton devoir est d'acheter cette précieuse masure (elle ne te coûtera pas cher) et de la conserver avec un soin pieux, en y installant, par exemple, un musée de tout ce qui pourrait rappeler ton ancienne gloire maritime.

L'archéologie ne doit pas être, surtout en vacances, une préoccupation exclusive. Il faut aussi goûter le plaisir plus délassant de la simple promenade. Quel meilleur endroit pour s'y livrer que les environs immédiats de Saint-Servan et de Saint-Malo? Ainsi avons-nous revu les bords délicieux de la Rance, la Briantais, Dinard, et passé au delà, *pedibus cum jambis*, jusqu'à Saint-Enogat, en jouissant des perspectives variées de la mer. Nous t'avons revu aussi, Paramé, et découvert une beauté nouvelle dans la jonction, à marée basse, de ta magnifique plage avec celle de Saint-Malo. Cette étendue de sable, dominée sur une grande partie de sa longueur par le beau remblai du Sillon, nous a rappelé notre séjour aux Sables-d'Olonne et le quai magnifique où le soir, parmi les lueurs du gaz, le long des bancs de la *critique*, retentissait la poésie et circulaient les friandises de Victor Deschamps. Paramé touche donc Saint-Malo, qui touche Saint-Servan, qui, (par le bac) touche Dinard, qui (par le bac) touche Saint-Malo : cela fait un groupe uni de stations charmantes, uni matériellement, car moralement... Comme le faux bruit courait que la fièvre typhoïde avait éclaté à Dinard et que nous prenions à cet égard des informations pour des amis parisiens qui projetaient de s'y rendre : « Oh! nous dit-on à Saint-Servan, c'est sans doute Saint-Malo qui fait courir ce bruit, comme il y a deux ans Dinard avait répandu la fausse nouvelle que la petite vérole ravageait Saint-Malo. » Quelle fraternité, mes frères!

... Quid non mortalia pectora cogis
Auri sacra fames?...

Saint-Malo, Dinard et Saint-Servan sont bien obligés pourtant de jouir en commun des agréments et des spectacles qui s'offrent à eux durant la saison, des régates par exemple, auxquelles pour notre part, avouons-le, n'y comprenant rien, nous ne sommes pas en état de prendre grand intérêt. Mais ce n'est pas sans plaisir et sans profit que nous avons assisté aux exercices d'un torpilleur, d'une espèce un peu différente et d'une plus grande dimension que celui que nous avions visité aux Sables-d'Olonne. Salut à notre marine, à ses matelots, à ses officiers, qui savent si bien, en paix comme en guerre, porter haut l'honneur de la France !

Ah ! comme elle remonterait vite au sommet, qui est sa place naturelle, notre chère patrie, si elle savait demeurer ou redevenir fidèle à sa vocation séculaire, à ses traditions essentielles et, avant tout et surtout, à la religion de Jésus-Christ, qui est sa plus ancienne et meilleure institutrice, qui a présidé et souri à son berceau ! Que ceux-là mêmes qui n'ont pas la foi aient du moins le respect du culte national, du culte de Clovis et de Charlemagne, de saint Louis et de Jeanne d'Arc, le respect de la religion de la *Chanson de Roland*, de Corneille et de Bossuet ! Ce n'est pas, Dieu merci ! à Saint-Servan que cette foi et ce respect sont près de s'éteindre. La procession du 15 août y est tout à la fois un acte de religion et de patriotisme national et local, et aussi une manifestation remarquable de goût et de sens esthétique. La compagnie des sapeurs-pompiers l'accompagne en armes dans les rues et dans l'église. Les tambours battent, et les clairons sonnent à l'Élévation du Dieu des armées. Le cortège et les reposoirs sont gracieusement ornés d'emblèmes et d'attributs maritimes, si bien placés à la fête principale de l'auguste Étoile de la mer, célébrée par une population dont une partie affronte pour vivre la rude et longue traversée et le périlleux labeur de Terre-Neuve. Une innovation notable a encore embelli cette année, cette liturgie émouvante : c'est le défilé des diverses bannières corporatives de l'association, récemment instituée à Saint-Servan, de Notre-Dame du Travail. Cette association a aussi chaque mois ses processions spéciales, où l'on peut voir, dans l'église paroissiale, jusqu'à huit cents hommes suivre, cierges en mains, le Sauveur du monde.

Nous l'avons dit déjà, mais nous tenons à le redire, la foi et la charité catholiques produisent sur ces heureux rivages de belles fleurs et d'excellents fruits. Des hommes pleins d'intelligence et de zèle, comme M. S. de la Blanchardière, président du conseil de fabrique et de la conférence de Saint-Vincent-de-Paul, que sa modestie ne réussira pas à dérober à notre respectueux souvenir; comme MM. l'abbé Girard et Arthur Garnier, directeurs du patronage des jeunes gens, et leur vaillant auxiliaire, M. Edouard Olivry, plantent, arrosent et développent avec un dévouement vraiment chrétien cette riche culture. Ils ont tous pour guide et pour modèle le pasteur vénéré dont Saint-Servan se disposait, quand nos obligations professionnelles nous en ont arraché, à célébrer les noces d'or. Nous avons du moins recueilli depuis avec joie l'écho de cette grande fête de famille. Notons-en ici l'un des traits les plus spirituels et les plus touchants. On avait eu l'ingénieuse idée, dans l'association de Notre-Dame du Travail, de faire représenter auprès de M. le curé tous les corps d'état par quelques-uns des plus jeunes membres. Le petit cordonnier, s'avançant vers M. l'abbé Collet, lui a dit : « Ce sont surtout les cordonniers qui vous sont utiles, monsieur le curé, car nous savons combien vous usez vos semelles à parcourir tous les quartiers pour visiter les malheureux; permettez-moi donc de vous offrir une paire de chaussures. » — Le soir, la ville entière était illuminée : verres, lanternes vénitiennes, transparents brillaient aux fenêtres des plus humbles mansardes comme aux plus riches balcons. Voilà une fête qu'on peut appeler caractéristique.

Un détail assez significatif, lui aussi, nous semble digne d'être noté parmi nos souvenirs de Saint-Servan; c'est la présence du journal la *Croix*, constatée par nous sur la table d'un petit café, équivalent sinon aux cabarets, du moins aux débits de vin moyens de la région parisienne. A ce propos, nos lecteurs ne seront peut-être pas fâchés que, tout en laissant de côté la politique, qui ne nous regarde point, nous leur fassions part des renseignements techniques sur la presse locale que nous avons été curieux de recueillir durant notre séjour et que nous a donnés avec la plus aimable complaisance notre distingué confrère de Saint-Malo, M. F. Bazin, l'un des chefs de l'importante imprimerie Bazouge. La presse religieuse et conservatrice a pour organes l'*Union malouine et dinanaise*, dirigée par M. F. Bazouge, et le *Salut*, journal populaire à 5 centimes, dont M. Bazin est le rédacteur en chef. L'une et l'autre feuille sont en bonne prospérité et ont une clientèle plus nombreuse que leurs rivales, qui sont la *République*, organe *opportuniste*, et le *Vieux Corsaire*, naguère *boulangiste*, mais dont l'idéal actuel se personnifie, paraît-il, dans M. Clémenceau, en laissant toutefois dans l'ombre les marques de haine sectaire contre la religion, dont il nous serait difficile à Paris de séparer la physionomie du célèbre orateur radical. Mais à Saint-Malo, ce côté fâcheux ferait un fort mauvais effet. Aussi le *Vieux Corsaire* témoigne-t-il volontiers de son respect et même, au besoin, de sa sympathie pour la vieille foi nationale.

Si nous avions quelque amélioration à souhaiter dans l'état moral de cette région, d'ailleurs si favorisée du ciel, ce serait du côté de l'action et de la charité *intellectuelles*, qui ne nous ont pas paru y être aussi florissantes, y attirer autant l'attention des hommes de cœur, que l'action et la charité *religieuses* ou *sociales*. Nous ne parlons pas des œuvres chrétiennes d'enseignement et d'éducation, qui y sont prospères. Nous parlons de cette culture générale et supérieure, à la fois religieuse et scientifique, qu'il faut aujourd'hui mettre à la portée de tous, de cette diffusion de la double lumière dont il est nécessaire de faire converger les rayons du haut en bas de la société française, depuis les classes les plus élevées jusqu'aux dernières couches populaires, de manière à pénétrer, pour ainsi dire, notre chère patrie tout entière d'une orthodoxie solide et raisonnée et à y recréer un esprit public fortement chrétien. Nous parlons de la propagande de la vérité à faire circuler par tous les canaux, à proclamer ou à insinuer par tous les organes : livres, brochures, almanachs, cours et conférences, moyens dont on s'est si efficacement servi depuis deux siècles pour imprégner tous les cerveaux des insidieuses vapeurs de l'erreur et du mensonge. Nous voudrions, en un mot, voir fleurir et se développer dans la région malouine et servannaise quelque vigoureux rejeton de l'arbre auquel nous sommes fier d'avoir consacré, depuis bientôt vingt-cinq ans, sous la vaillante et ferme direction du marquis de Beaucourt, une part de notre temps et de nos efforts. Oui, nous voudrions voir fleurir à Saint-Servan et à Saint-Malo l'œuvre encore trop peu connue de la Société bibliographique. Nous y voudrions compter aussi dans la classe riche ou aisée plus de lecteurs de la *Revue des questions historiques* et du *Polybiblion*. La question intellectuelle est aujourd'hui une question vitale. Nous sommes les fils de la lumière ; nous n'avons pas le droit de reculer dans la lutte contre les ténèbres.

Nous sommes heureux, en revanche, de constater et de proclamer que les beaux-arts, cultivés sous une inspiration hautement chrétienne et patriotique, ont dans la région qui nous occupe des zélateurs et des disciples qui se plaisent à entourer, à encourager un jeune maître dont les brillants succès présagent un avenir plus brillant encore. Nous n'oublierons pas, pour notre part, la visite que nous avons faite à l'atelier de sculpture de

M. Alfred Caravanniez. Chrétien, français, breton, tel est le triple caractère d'un talent dont les œuvres sont déjà classées à un degré très élevé dans la statuaire de notre temps. M. Caravanniez est l'auteur des figures destinées à décorer le monument élevé à la mémoire de Henri de France, comte de Chambord, à Sainte-Anne-d'Auray, c'est-à-dire, outre l'effigie du noble prince devant qui ses adversaires politiques eux-mêmes se sont plu à s'incliner, les quatre statues de sainte Geneviève, de Jeanne d'Arc, de Du Guesclin et de Bayard. Il est l'auteur d'une statue du chef vendéen Cathelineau et d'un buste justement admiré du général de Charette. Il est l'auteur encore d'une statue de la reine Anne de Bretagne acquise par l'État pour le musée de la ville de Nantes. Il vient d'achever le modèle d'une colossale figure de bronze qui sera placée sur le rocher de Bizeux à l'embouchure de la Rance, entre Saint-Servan et Dinard. Cette statue, mesurant 12 mètres de hauteur et posée sur un socle de granit haut de 4 mètres, présentera aux prières et aux actions de grâces, à l'aller et au retour, avant et après les rudes traversées et les pêches périlleuses, l'image rassurante et consolante de la Vierge protectrice des matelots.

Pauvres marins ! Leurs voyages ne ressemblent guère aux agréables excursions que nous autres, touristes, nous aimons à faire pendant les vacances. Nous établissons cette distinction entre l'excursion et la promenade, que celle-ci n'exige aucun repas pris hors de chez soi, tandis que l'excursion vous entraîne tout au moins à quelque distance du rayon immédiat de la localité dans laquelle vous êtes fixé. Tel fut le cas pour nous le jour où, dans un véhicule peu élégant, mais assez rapide, pris sur la cale de Dinard, nous dépassâmes Saint-Énogat et même Saint-Lunaire et allâmes visiter de bons amis établis (non sans peine, car, cette année, tous ces parages étaient encombrés) à la Chapelle, près de Saint-Briac. Le site est pittoresque et d'une élégance un peu sauvage. La mer s'y présente aux regards comme un lac et la terre comme une presqu'île, ce qui forme une perspective originale et variée. Nous avons remarqué sur cette côte un pseudo-château féodal, construction récente, dont l'architecte n'avait pas très bon goût, et une petite chapelle, fièrement perchée, qui a été bâtie tout exprès par le propriétaire d'une villa voisine, pour que S. Ém. le cardinal-archevêque de Rennes et Mgr l'évêque de Laval, qui, pendant les beaux jours, honorent quelquefois cette demeure de leur présence, y puissent célébrer le saint sacrifice.

Mais il est bon qu'on le sache, nous ne craignons pas, à l'occasion, d'affronter la mer mugissante. Cette occasion nous fut offerte par les annonces savamment rédigées de M. Fichet. M. Fichet est un vieux Malouin de race, actuellement fermier du bac de Dinard, et dont la conversation nous a fort intéressé. C'est un érudit, notamment en ce qui concerne son bac, dont il possède à fond l'histoire. Ce bac, c'est-à-dire le monopole de la traversée des voyageurs et des marchandises par mer entre Saint-Malo et Dinard et entre Dinard et Saint-Servan, est une ancienne propriété féodale devenue domaniale, confisquée, mais non supprimée par la Révolution, et que l'État aujourd'hui afferme par voie d'adjudication. Les explications très précises de M. Fichet nous remirent en mémoire, par analogie, une page du savant *Précis de l'histoire du droit français* de notre savant ami M. Paul Viollet sur l'état comparé de la propriété avant et depuis 1789, où est mise en relief l'erreur de ceux qui croient à un affranchissement général et absolu de la propriété et des droits individuels depuis la chute de l'ancien régime. « Il n'y a plus de fiefs sans doute, d'alleux moins encore, dit M. Viollet. Mais, au point de vue fiscal, nos biens sont devenus des censives, et nous sommes tous aujourd'hui sous la directe du roi; car ici roi ou République est tout un en effet, eût dit le bon Loisel, et a nom État (1). »

Pour exploiter son fermage, M. Fichet a mis à la mer de beaux bateaux à vapeur tout neufs, et il en a profité pour organiser durant la saison des excursions beaucoup plus étendues que celles qui avaient lieu les précédentes années. Excellente idée! Monsieur Fichet, excellente idée! surtout quand on a des navires comme le *Mont-Saint-Michel* et le *Chateaubriand,* et un capitaine comme le

(1) *Précis de l'histoire du droit français,* p. 607. Nous devons dire que l'État ne tire pas un revenu effectif du bac de Dinard et se voit ou se croit même parfois obligé de subventionner ses fermiers.

capitaine Hénon. L'une de ces excursions avait pour but Erquy. Nous fûmes pris du désir de revoir ce pittoresque village et surtout l'excellent recteur qui nous avait fait, il y a quatre ans, un si cordial accueil, et nous nous embarquâmes sous les auspices de M. Fichet. Notre voyage fut une suite de beaux aspects de plages fréquentées jusqu'au cap Fréhel, puis, après avoir doublé ce géant sauvage, une suite de beaux aspects de plages désertes, mais qui peut-être ne le seront pas toujours. Le débarquement fut laborieux. L'état de la marée ne permettait pas au navire d'arriver jusqu'à la cale du port d'Erquy. On mit donc les chaloupes à l'eau, et que d'allées et de retours! Enfin nous posâmes le pied sur un encombrement escarpé de galets surplombés de rocs abrupts et tapissés de varechs humides, où nous trébuchâmes longtemps à pas glissants et heurtés, avant de nous sentir enfin fermement attachés, nous et les nôtres, à l'heureux « plancher des vaches ». Notre imagination excitée nous représentait quelque naufrage, quelque escale obligatoire dans quelqu'île sauvage de l'Océanie. Ce tableau nous réjouissait d'autant plus que nous le sentions, Dieu merci! plus fantastique et moins réel. Cela était plein de poésie.

Cependant l'organe le moins poétique de l'homme, l'estomac, criait au secours. Le temps était mesuré. Nous nous dirigeâmes, non sans quelque crochets fâcheux, vers l'*Hôtel des Bains*, récemment joint, comme on venait de nous l'apprendre, par le génie entreprenant de M. Vétier au multiple commerce d'épicerie et de nouveautés qui fonctionnait déjà dans sa célèbre maison à trois étages, l'orgueil du pays, que nous avions vu inaugurer naguère. En arrivant, nous trouvâmes M. Vétier coiffé d'un chapeau de dimension moyenne, mais dans un état d'agitation extraordinaire, circulant d'un air inspiré, à la fois satisfait et mécontent, d'une salle à l'autre et des tables à la cuisine en murmurant : « Fichet aurait dû me prévenir! m'envoyer une dépêche! » et interpellant la servante pour lui demander où était le tire-bouchon. Les provisions et les casseroles de M. Vétier étaient en proie à un effroyable assaut de la part des passagers du *Mont-Saint-Michel*. Plusieurs de ces hardis voyageurs se permettaient même de s'emparer des poêles et des œufs et de faire leurs omelettes eux-mêmes.

On dévorait tout ensemble des saucisses et des sardines. Grâce à la protection de la servante, qui s'était écriée à notre aspect collectif : « Tiens! voilà Mme Marius! » nous réussîmes tant bien que mal à nous tirer d'affaire dans cet effroyable tohu-bohu, que la jeune et souriante Mme Vétier, déployant une sage énergie, sut pourtant faire aboutir à une recette qui dut être assez fructueuse. Nous eûmes le plaisir d'échanger quelques mots avec le petit, devenu le grand Joseph, élève maintenant de troisième ou de seconde au séminaire de Dinan, et dont l'air intelligent et doux prévient, aujourd'hui comme naguère, en faveur de son caractère et de son avenir. Mais nous eûmes la malechance de ne point trouver à son presbytère M. l'abbé Hamon. Il était allé à Caroual, avec son aimable neveu, l'abbé Michel, qui vient d'être ordonné prêtre. Que l'un et l'autre reçoivent du moins de loin notre respectueux, notre affectueux souvenir! Le retour s'effectua dans les meilleures conditions nautiques, sur une mer doucement remuée, bouillonnant en paix sous un ciel brumeux, offrant à l'œil, sur les tourelles qui signalent les écueils des parages rocheux de Saint-Malo, les sombres conciliabules des cormorans, ces noirs émules des mouettes aux longues ailes dont la blancheur égale les flots.

Outre les excursions organisées par M. Fichet, il y a aussi, comme par le passé, au service des touristes de Saint-Malo celles de la *Bretagne*, dont la cheminée se vante d'être *sans fumée*, et celles de son concurrent le *Duguesclin*, dont la chaudière se déclare *inexplosible*. Mais le champ de ces deux navires est plus restreint. M. Fichet, lui, se donne largement carrière et, dépassant même Erquy, est allé porter son pavillon jusqu'à Portrieux. Où s'arrêtera son audace, d'ailleurs tempérée par la prudence et par un calcul approfondi des marées? Parmi ses entreprises de cette saison, a figuré une excursion bien tentante au Mont-Saint-Michel. Nous étions fermement décidé à revoir cette merveille de l'Occident, mais nous voulions la voir cette fois tout à notre aise. Or, dans les conditions que la marée et les vastes grèves du Mont imposent aux navires, nous craignîmes de n'avoir pas suffisamment d'heures pour le séjour. Nous prîmes donc la voie banale, le chemin de fer de Dol et de Pontorson, et la voiture de Mme Lemoine. Mais, madame Lemoine, soyons de bon compte, je vous en prie. Les lois physiques et mathématiques s'opposent à ce que vous enfourniez dix voyageurs dans une voiture à six places. Même après le changement de véhicule obtenu par nos clameurs et par l'impossibilité absolue de n'y pas satisfaire, nous n'étions déjà pas si à l'aise, puisque nous fûmes personnellement contraint, pour dégager un peu la situation, de prendre rang sur le siège, où figurait déjà, outre le cocher, un autre voyageur.

Le soir tombait lorsque nous franchîmes la chaussée qui aboutit, au moyen d'une passerelle de bois, à la *Barbacane* extérieure et à l'*Avancée* et que nous pénétrâmes dans la ville par la *cour du Lion* et par la *porte du Roi*. Nous avions résolu de coucher au Mont. Nous avions pour notre gîte le choix entre deux Poulard. Afin de ne plus nous exposer au reproche de n'avoir pas su mettre la main sur le Poulard authentique, nous ne choisîmes ni l'un ni l'autre, et nous nous remîmes avec notre famille entre les pattes hospitalières et économiques du *Mouton-Blanc*, que nous ne quittâmes point le lendemain sans rendre un juste témoignage à l'esprit conciliant et aux talents culinaires, en gras et en maigre, de Mme Desdoity, la propriétaire de ce *mouton*. Une vieille dame à physionomie un peu sauvage, dont le nez et le chapeau avaient quelque chose de frappant, mais rien d'esthétique, et dont la mâchoire (pardon !)

Contraste insuffisant

NF Z 43-120-14

fonctionnait avec une vigueur singulière, nous parut persuadée à un haut degré des qualités du dîner. Nous croyons la voir encore dépeçant un crabe avec énergie en murmurant : « C'est très bon ! »

Nous avions choisi exprès une époque de pleine lune et de pleine eau, et nous nous proposions de nous lever assez matin pour assister, comme dit très bien Joanne, à « l'admirable spectacle du flux venant d'une distance de 12 kilomètres inonder avec une majesté grandiose et implacable les immenses grèves de la baie ». Mais les renseignements un peu divergents recueillis par nous sur l'heure exacte de ce phénomène et aussi un peu de mollesse, avouons-le, qui nous retint au lit quelques instants de trop, ne nous permirent de jouir qu'à demi de cette majestueuse invasion des flots. De plus, une série d'averses exorbitantes, accompagnées de violentes bouffées de vent, rendait la circulation et le séjour sur les remparts assez malaisés. Nous nous réfugiâmes, nous et les nôtres, dans l'église paroissiale, où nous auraient attirés de toute manière les devoirs de piété envers le grand Archange qui ne peuvent plus s'accomplir que là, et où nous attendîmes l'heure de l'ouverture de l'Abbaye. La visite de ce prodigieux et céleste labyrinthe, de cet incomparable musée de sublimités artistiques et de souvenirs catholiques et nationaux nous intéressa plus encore que l'an passé, et quand nous y retournerons, car nous voulons y retourner, nous sentons que l'intérêt croîtra encore. Nous allâmes faire ensuite un bout de causerie avec les bons missionnaires qui en étaient naguère les hôtes et les gardiens, et nous échangeâmes quelques idées sur le passé, sur le présent, sur l'avenir du Mont-Saint-Michel. C'est de quoi, si nos lecteurs le veulent bien, nous allons, pour achever ces confidences amicales sur nos vacances de cette année, causer aussi un peu avec eux.

Le glorieux passé du saint mont et en particulier ses origines sont environnés d'une auréole de traditions et de légendes au sujet desquelles l'esprit d'un chrétien fidèle, mais convaincu de l'importance d'une foi raisonnée et d'une érudition saine et critique, tient à se garder d'un double écueil : le *rationalisme* et le *fidéisme*. Rien n'est moins rationnel que le *rationalisme*, c'est-à-dire le préjugé d'incrédulité systématique que la libre-pensée de nos jours et notamment l'école maçonnique s'attachent à répandre. Ce préjugé d'ailleurs s'applique seulement aux traditions et aux légendes religieuses, car on voit d'autre part les adeptes de la même école accepter le plus aisément du monde, forger même quelquefois et en tout cas propager tant qu'ils peuvent les traditions et les légendes politiques ou sociales les plus absurdes. En ce qui concerne le Mont-Saint-Michel, par exemple, ils écarteront dédaigneusement le fait de l'apparition de l'Archange à saint Aubert, mais ils recueilleront et amplifieront les anecdotes les moins sûres, les récits et les descriptions les plus invraisemblables d'oubliettes, de squelettes et de carcans, de cages de fer et de prisonniers rongés par les rats. Ils vous représenteront à l'esprit et aux yeux les scènes les plus fantastiques. Nous signalons comme spécialement farci et illustré de ces extravagances mensongères un opuscule intitulé : *Le Mont-Saint-Michel et ses merveilles, par l'ermite de Tombelaine*, qui se débite, au grand détriment des touristes crédules, chez les libraires et marchands de souvenirs du mont. L'histoire du gazetier Dubourg y est étrangement défigurée.

Au reste, sur la captivité et sur la mort de ce malheureux, la version des guides officiels eux-mêmes n'est pas suffisamment conforme à l'exacte réalité des faits. Les personnes qui voudront en avoir une idée juste devront recourir au travail spécial publié, il a une trentaine d'années, par M. Eugène de Robillard de Beaurepaire : *Documents sur la captivité et la mort de Dubourg dans la cage de fer* (Caen, 1861, in-8°). Cette cage de fer était en réalité une cage de bois. Un Anglais qui visita le Mont-Saint-Michel en 1775 la décrit ainsi : « Nous entrâmes dans une longue allée où le suisse ouvrit une porte... il me mena dans un appartement... au milieu duquel il y avoit une cage, construite de barreaux de bois prodigieux; le guichet par où on y entre avoit une épaisseur de dix à douze pouces. J'entrai dans l'intérieur de cette cage, l'espace en étoit d'environ douze à quatorze pieds quarrés et la hauteur d'environ vingt pieds (1). » Nous ne prétendons pas soutenir que ce massif chef-d'œuvre de menuiserie fût un lieu de délices pour ceux qu'on y enfermait. Mais il y a loin de là pourtant à l'étroite excavation, analogue à une cheminée et, prétend-on, autrefois grillée par devant, que les guides montrent aux visiteurs comme le lieu de torture et d'agonie de Dubourg. Ministère des beaux-arts, informez plus exactement vos guides, dont l'on n'a d'ailleurs en général qu'à se louer, et vous, guides, apprenez à respecter le plus possible la vérité historique :

Discite justitiam moniti et non temnere... verum.

Le *fidéisme* maçonnique est certainement plus à redouter que le *fidéisme* religieux. Celui-ci pourtant n'est pas sans inconvénients et sans périls. Peut-être, disons-le en toute franchise, M. l'abbé Brin n'a-t-il pas tout à fait réussi à éviter cet écueil dans la partie due à sa plume, et au surplus très méritoire, du bel ouvrage : *Saint-Michel et le Mont-Saint-Michel*, publié en 1880 par S. G. Mgr Germain, évêque de Coutances, avec la collaboration de M. l'architecte Corroyer, qui s'y est montré, lui, un peu trop sceptique. Par son étendue, par son

(1) Cf. l'intéressant opuscule du regretté Victor-Désiré Jacques (de Genêts) : *Le Mont-Saint-Michel en poche. Guide du visiteur, du touriste et du pèlerin*. Avranches, 1877, in-12. —Quoiqu'un peu arriéré maintenant au point de vue archéologique, ce travail consciencieux et ingénieux sera encore consulté avec fruit par les visiteurs et les amis du Mont-Saint-Michel.

luxe et en conséquence par son prix, ce magnifique volume n'est d'ailleurs pas à la portée de tout le monde. Le livre de Paul Féval sur le même sujet a surtout, croyons-nous, une valeur littéraire et poétique. Nous souhaiterions de voir composer par quelque écrivain de talent, versé dans la science historique, un petit volume exact et chrétien, analogue à l'excellente monographie récemment consacrée à une localité voisine et dont l'histoire se rapporte en plusieurs points à celle du Mont-Saint-Michel, par notre regretté maître et notre excellent confrère MM. Adolphe et Joseph Tardif : *Saint-Pair sur la mer et les saints vénérés dans l'église de cette paroisse* (1888, in-12). « En reproduisant, disent les auteurs, les gracieux récits des vieux historiens, on ne s'est point départi des règles de critique si sagement tracées et si fidèlement observées par les grandes écoles des Bénédictins et des Bollandistes ; on a donc sacrifié, non sans quelque regret, les aimables légendes dont les auteurs inconnus se proposaient uniquement d'édifier nos aïeux et se préoccupaient assez peu de l'exactitude historique. » Nous serions peut-être un peu moins sévère. Nous demanderions seulement à l'auteur du livre que nous désirons, de faire un choix judicieux parmi les légendes relatives au Mont-Saint-Michel et de ne les admettre jamais qu'à titre de légendes et en bien marquant ce titre.

Il aurait un excellent point de départ dans le livre même de MM. Tardif, qui lui indiquerait l'idée et la notion justes de ces ermites de l'antique forêt de Scissi, de ces vaillants anachorètes gallo-romains et mérovingiens qui, par leurs vertus et leurs miracles, déracinèrent enfin dans la région du Mont-Saint-Michel le paganisme tenace et les détestables superstitions des campagnes. En ce qui concerne les origines directes du saint mont, il devrait, selon nous, s'appuyer de préférence sur la notice insérée par les Bollandistes dans leur grand recueil à la date du 29 septembre. Le fait de l'apparition de l'Archange à saint Aubert, évêque d'Avranches, dans les premières années du huitième siècle, fait qui eut pour conséquence la construction d'un oratoire, devenu promptement un lieu de pèlerinage, ne nous paraît pas devoir être raisonnablement révoqué en doute. Le récit le plus ancien qui nous en soit parvenu est, il est vrai, postérieur d'environ deux siècles et porte déjà des marques de broderie légendaire. Mais l'existence et la célébrité du pèlerinage sont solidement établies par un texte du neuvième siècle. Les faits qui se sont passés et qui se passent encore sous nos yeux à Lourdes fournissent d'ailleurs, à cet égard un fort argument d'induction.

Richard sans Peur, duc de Normandie, petit-fils de Rollon, remplaça en 966 les clercs réguliers qui, selon l'institution primitive, desservaient l'oratoire de saint Aubert, par des moines bénédictins, pour lesquels il fit construire un monastère et une église de ce style latin dont Saint-Généroux en Poitou nous a conservé un si précieux spécimen. C'est à ce style encore, mais déjà aussi au genre roman, qu'appartint la nouvelle église, *nova ecclesia Beati Michaelis*, commencée en 1023 par le duc Richard II et l'abbé Hildebert II et achevée en 1135. La nef actuelle n'est autre chose (sauf, bien entendu, les restaurations partielles à diverses époques) que la nef même de cette basilique vénérable, mais diminuée de trois travées. Le pèlerinage et les guérisons qui y étaient obtenues rendaient, au onzième siècle, ce sanctuaire cher à la piété nationale sous le nom de Saint-Michel-du-Péril. C'est par ce nom que vers 1080 l'auteur de la *Chanson de Roland* désigne l'Archange lui-même descendant du ciel à l'agonie du héros chrétien :

>   Sun destre guant à Deu en puroffrit,
>   E de sa main seinz Gabriel l'ad pris.
>   Desur sun bras teneit le chief enclin :
>   Juintes ses mains est alez à sa fin.
>   Deus li tramist sun angle (1) cherubin,
>   Seint Raphael, seint Michiel del Peril.
>   Ensemble od els seinz Gabriel i vint.
>   L'anme del cunte portent en paredis (2).

Le douzième siècle vit s'accroître singulièrement l'abbaye par les constructions de Roger II de 1112 à 1122 environ, et par celles de Robert de Torigni (1154-1186), qui bâtit notamment en avant de la façade romane de l'église d'Hildebert II deux tours et un porche, depuis disparus comme la façade elle-même. Cet illustre abbé fit de son

(1) Prononcez *anjle* comme s'il y avait un *j*.
(2) Edition classique de M. Léon Gautier, 1880, strophe CCVI.

monastère un brillant foyer d'études. Il fut lui-même un des écrivains et un des hommes d'État les plus distingués de son temps (1). Les abbés du Mont-Saint-Michel comptaient alors parmi les principaux vassaux et conseillers des ducs de Normandie devenus, avec Guillaume le Conquérant, rois d'Angleterre. Mais, grâce aux conquêtes de Philippe-Auguste, le Mont redevint au treizième siècle pleinement français. Ce fut alors (1203-1228) que fut élevé le magnifique édifice appelé spécialement la *Merveille*, quoique ce nom convînt et convienne encore à l'abbaye tout entière. Ce palais imposant, à la fois monastique et militaire, est l'un des plus beaux monuments du gothique de la grande époque. Dans la seconde moitié du treizième et dans le cours du quatorzième siècle, les fortifications de jour en jour plus développées firent de l'abbaye, puis du Mont tout entier, une forteresse; les travaux de Robert Jolivet, au commencement du quinzième siècle, achevèrent de le constituer en véritable place de guerre. Grâce à l'indomptable patriotisme de ses moines, demeurés français malgré leur abbé lui-même, grâce à la vaillance des chevaliers, ses défenseurs, grâce surtout à la protection de son céleste patron, le Mont-Saint-Michel demeura inexpugnable aux Anglais et fut considéré, dans la dernière période de

---

(1) Les œuvres historiques de Robert de Torigni ont été publiées par M. Léopold Delisle, qui y a joint les plus anciennes chroniques du Mont-Saint-Michel. Rouen, 1873, 2 vol. in-8°.

la guerre de Cent Ans, comme un des boulevards, presque comme le palladium de l'indépendance nationale, que, d'autre part, Jeanne d'Arc sauvait sous l'inspiration directe de l'Archange. Le quinzième siècle fut l'apogée de la grandeur et de la gloire du Mont-Saint-Michel. Le cardinal Guillaume d'Estouteville, qui le reçut en commende de Charles VII, y commença en 1450 cet incomparable chœur qu'on ne se lasse point d'admirer, et où il semble que l'œil et l'esprit planent dans la lumière, tant la sublimité en est vraiment radieuse et flamboyante.

Mais, malgré ce noble exemple, l'avènement des abbés commendataires est là, comme ailleurs, le point de départ de la décadence. Le Mont soutient encore quelque peu sa haute réputation dans les guerres religieuses du seizième siècle, en demeurant inviolable aux attaques des huguenots, mais un déplorable relâchement s'est introduit parmi ses moines. La renaissance catholique du dix-septième siècle essaie d'y pourvoir en confiant l'abbaye à la congrégation réformée de Saint-Maur. Celle-ci, sans doute, ramena au Mont la régularité des observances monastiques, mais elle n'y jeta pas, comme ailleurs, ce vif éclat qui a fait d'elle une de nos gloires religieuses et scientifiques. Malgré son honnêteté scrupuleuse, l'aimable et naïve, mais un peu superstitieuse crédulité de dom Huynes, qui composa de 1635 à 1640 l'histoire de l'abbaye du Mont-Saint-Michel, est loin de la grande et forte méthode, à la fois orthodoxe et critique, de Mabillon et des Bollandistes, méthode qui a été reprise et perfectionnée de nos jours par l'illustre commandeur J.-B. de Rossi, ce Mabillon du dix-neuvième siècle. L'ancien régime a déjà commencé à *utiliser* le Mont comme prison d'État; la Révolution ne veut plus qu'il soit autre chose. L'Empire continue cette œuvre néfaste, et la Restauration l'achève en faisant de l'abbaye (ô honte! ô principe de dégradation matérielle aussi bien que morale!) une prison de droit commun, une maison centrale.

Ce n'est pas en vain toutefois que, sur les pas de Chateaubriand, Montalembert et Victor Hugo, si louable en cela, ont réveillé parmi nous l'intelligence et le culte des grandeurs artistiques du moyen âge chrétien et français. La doctrine propagée par eux, a enfin gagné les sphères officielles. On comprend la profanation, et on la rejette. Un évêque (il s'en trouve toujours pour ces nobles œuvres), Mgr Bravard, obtient de l'État la possession du saint mont, y établit des missionnaires, y commence l'œuvre de restauration religieuse et patriotique que continue et développe son digne successeur, Mgr Germain, mais que vient interrompre, en invoquant les nécessités de la restauration matérielle et artistique que le ministère des beaux-arts a prise à sa charge, une administration trop prompte à saisir les occasions de *laïciser*. L'œuvre toutefois n'est interrompue que dans l'abbaye. Elle se continue, à titre provisoire, dans l'église paroissiale.

La restauration matérielle se poursuit très lentement, mais avec beaucoup de soin et de goût, par d'habiles architectes, sous la direction de la commission des monuments historiques. Nous regrettons toutefois que la France ne soit pas assez riche, quoique dépensant beaucoup par ailleurs, pour que l'on ait pu concevoir et exécuter dans un délai fixé un plan tout à fait digne de son génie et de son histoire, et où le Mont tout entier, et non pas seulement l'Abbaye, eût été compris. L'œil de l'archéologue et de l'artiste souffre vraiment de certains contrastes, comme, par exemple, de l'accolement au merveilleux édifice des constructions à l'aspect tout industriel de Poulard aîné. Un disparate plus grave encore, et dont non seulement l'artiste et l'historien, mais le chrétien et le patriote ne consentiraient jamais à prendre leur parti, ce serait la *sécularisation* définitive ou systématiquement prolongée du Mont-Saint-Michel. Cette incomparable basilique exige, pour être complète, l'exercice habituel et, aux grands jours, les splendeurs augustes du culte national. La religion et la liturgie catholiques en sont, pour ainsi dire, une partie essentielle. Nulle part, ailleurs, on n'éprouve davantage le sentiment vif et juste de cette vérité que l'accord de l'Église et de l'État est l'une des traditions fondamentales du pays, que la séparation et la lutte entre ces deux grandes forces sont chez nous un déplorable divorce, contraire au droit social et au droit national. Quelle restauration le Mont-Saint-Michel, comme la patrie elle-même, pourrait espérer de la réconciliation sincère de ces deux puissances par un pacte d'honneur et de liberté! Nous ne saurions nous défendre de rêver dans l'avenir un sanctuaire qui serait en même temps un musée immense de nos gloires catholiques et de nos gloires françaises, sur lesquelles le grand Archange étendrait de nouveau la protection de ses ailes et, du haut de notre passé, nous montrerait nos gloires futures.

Certaines préoccupations de notre temps, beaucoup plus avide de surnaturel qu'il n'en a l'air, semblent indiquer une prochaine renaissance du culte des esprits célestes, intermédiaires entre Dieu et l'homme. N'est-ce pas à l'Archange orthodoxe à y présider? Vous auriez, ô Jeanne d'Arc, une place d'honneur dans cette basilique. Elle vous est bien due. Gardiens fervents et studieux de ces traditions divines et humaines et de ce sublime mémorial des grandeurs françaises, de vénérables et doctes ecclésiastiques, séculiers ou réguliers, cultiveraient les hautes sciences théologiques et historiques et y formeraient des disciples dignes d'eux et dignes de l'Église de France. Un centre serait aussi placé au saint Mont, pour la préparation religieuse et scientifique aux missions lointaines. De là s'envoleraient dans le monde entier des apôtres et des martyrs de la civilisation chrétienne et du nom français; de là partiraient de vaillantes recrues aux pacifiques bataillons qui, à travers les déserts brûlants et les effrayantes forêts vierges de la jeune Afrique, ou parmi les masses compactes et corrompues des populations pullulantes de la vieille Asie, vont sans cesse livrer à la sauvagerie et à la barbarie païennes ces combats féconds et ces assauts salutaires, qui ne sont pas les moins glorieux épisodes de la grande et terrible lutte, poursuivie à travers les siècles et les espaces, de saint Michel contre le Dragon.

1891.

IX

CONCARNEAU.

Décidément, nous aurions mieux fait de coucher à Nantes. Une nuit entière et plus d'une demi-journée de chemin de fer, cela est rude; mais il n'y a pas moyen de faire autrement quand on veut aller tout d'une traite de Paris à Concarneau, du moins en famille et avec les billets dits de *bains de mer*. Il faut en effet aller d'abord de Paris à Nantes, première ligne, où l'on jouit facilement (du moins à l'aller) de trains express; il faut aller ensuite de Nantes à Rosporden, deuxième ligne (Nantes à Brest), où les convois ne sont guère qu'*omnibus*; enfin il faut embrancher de Rosporden sur Concarneau, troisième ligne toute patriarcale, où l'omnibus devient coche. On gagnerait un peu de temps, croyons-nous, si l'on prenait par les lignes de la Compagnie de l'Ouest, qui se soudent, à Redon, au réseau breton de la Compagnie d'Orléans. Mais c'est ce que ne permettent pas les billets de bains de mer (1). Peut-être y aura-t-il lieu

(1) Si nous ne nous trompons, depuis que nous écrivions ces lignes, l'état des choses a changé en mieux.

quelque jour sur ce point à une entente équitable entre les deux compagnies, qui ont déjà conclu entre elles, pour faciliter aux touristes les excursions en Bretagne, de très intelligentes combinaisons. Ne serait-il pas possible aussi d'étendre au retour les facilités données pour l'aller, en ce qui concerne l'usage des express ou même des rapides, aux billets de très long parcours? Ce serait une grande amélioration. Il est juste de noter d'ailleurs que la fatigue du trajet de Paris à Concarneau par la voie sus-indiquée est notablement atténuée grâce à la bonne qualité du matériel roulant qui part de la gare d'Austerlitz. Nous prions notre vieille amie, la gare Montparnasse, de ne se point formaliser, comme on dit, de ce témoignage décerné à une émule.

Nous voilà donc à Concarneau, un peu fatigués, en quête d'une installation pour trente jours ou environ. Nous la trouvons assez vite. Notre propriétaire est un marin en retraite qui afferme la perception d'une partie des contributions indirectes de la ville de Concarneau. Si l'on croit que le système des *fermes*, qui était celui de l'ancien régime pour les contributions de ce genre, a complètement disparu en France depuis la Révolution, nous avons ici la preuve du contraire. Considéré comme propriétaire, ce quasi-fonctionnaire municipal est plein de bonne volonté, mais il n'est pas en son pouvoir de nous fournir un *confortable*, encore généralement ignoré sur ces rivages, jusqu'à présent plus fréquentés par les touristes de passage que par les « baigneurs » proprement dits. Il y a, il est vrai, bien des compensations. La première est la vue que de notre étroite fenêtre, au second étage, nous avons en plein sur la *Ville-Close*, sur le vieux Concarneau dans son île fortifiée, dont les sévères murailles se reflètent dans la mer, qui les enveloppe entièrement à marée haute. Cela nous rappelle, en plus petit, mais avec un nouveau caractère, Saint-Malo vu de Saint-Servan.

En 1784, l'abbé Expilly, dans son *Dictionnaire géographique, historique et politique des Gaules et de la France*, œuvre colossale, devant laquelle pâlissent singulièrement ses analogues d'aujourd'hui, décrivait ainsi Concarneau :

« Concarneau, autrement dit *Concy* et ses faux-bourgs, ville avec un port de mer, en Bretagne, diocèse et recette de Quimper, parlement et intendance de Rennes... Cette ville est située sur le bord de la mer, presque au fond du port, sur une petite isle... La ville de Concarneau est très ancienne, mais on ne sçait point positivement qui l'a fait bâtir; il y a lieu de croire que ce sont les ducs de Bretagne. Cette ville est fortifiée d'un mur d'enceinte, de maçonnerie, flanqué de quelques tours et d'une espèce de demi-lune qui couvre la porte. Tout cela est irrégulier. On ignore en quel temps ces fortifications ont été faites. On sçait seulement que du temps de la duchesse Anne, on y fit de nouveaux ouvrages. Il y a deux cents ans ou environ que cette petite place fut reprise sur les ennemis par les habitants du lieu et des environs, le même jour qu'ils l'avoient perdue. Ses ouvrages, quoiqu'anciens, sont en assez bon état et suffisans pour résister à un coup de main. Il y a trente-quatre maisons dans la ville, et cent vingt-six dans le fauxbourg. Le nombre des habitants est de cinq cents ou environ, dont trois cents en état de porter les armes, y compris les gens de mer (1).

« Il y a à Concarneau deux églises, l'une sous le titre de Saint-Guinolet (Guénolé), et l'autre sous celui de Notre-Dame-du-Portail. Cette dernière n'a que trente livres de revenu fixe; elle n'est point desservie par aucun prêtre qui y soit attaché. On y a établi une congrégation d'hommes, qui les fêtes et les dimanches s'y rendent pour le service divin. Quant à l'église Saint-Guinolet, nous remarquerons que c'est un prieuré dépendant de l'abbaye de Landevenet (Landévennec), ordre de Saint-Benoît.

(1) On est tout étonné de trouver trente-huit ans plus tôt, en 1726, dans le *Dictionnaire universel de la France ancienne et moderne*, un nombre près de dix fois supérieur. Ce nombre est même si fort que l'on soupçonne une faute d'impression : 4,608 pour 468 habitants. Pour notre siècle, voici quelques chiffres recueillis par nous à droite et à gauche, un peu à la hâte. Le *Dictionnaire des postes*, édition de 1840, indique 1,843 habitants; le *Dictionnaire géographique* de Joanne, édition de 1872, donne le chiffre de 3,555; le *Dictionnaire des postes*, édition de 1876, le chiffre de 4,463; le *Guide-Joanne* de 1883, le chiffre de 5,191; le même *Guide*, en 1889, le chiffre de 5,684. Enfin le *Guide-Joanne*, édition de 1892, donne comme nombre actuel de la population de Concarneau le chiffre de 5,991 habitants. La progression, comme on le voit, est continue.

C'est ici que sont les fonts baptismaux. Cette église a environ 400 livres de revenu fixe; elle est desservie par un recteur, un curé (1) et par un troisième prêtre sans titre. Elle a été fondée en 1453, mais on ne sçait pas par qui. On n'est pas mieux instruit sur ce qui concerne la fondation de l'église Notre-Dame-du-Portail. Le Magistrat de Concarneau est composé d'un maire et d'un syndic, qui sont électifs et l'ont toujours été. Leur jurisdiction s'étend sur ce qui concerne la capitation, les autres impositions et la police. La ville a huit cents livres de revenu, provenant du droit d'octroi. Il y a un sénéchal, un bailli, un lieutenant, un procureur du roi et un greffier. Cette sénéchaussée ressortit au présidial de Quimper pour les causes dont le principal est de deux cents livres, et au parlement de Rennes pour celles dont le principal est au-dessus de cette somme.

« Quoique la ville de Concarneau soit petite, on y compte néanmoins onze corps de métiers, qui sont exercés par cinquante-deux maîtres et quinze garçons. Il n'y a qu'une compagnie de bourgeois, laquelle est de cent hommes. La bourgeoisie n'a d'autre privilège que celui de tirer tous les ans avec des fusils à l'oiseau. Celui qui l'abat peut débiter, pendant l'année seulement, soixante bar-

---

(1) En Bretagne, il était et il est peut-être encore d'usage en certains endroits d'appeler *curé* le principal vicaire du *recteur*, chef de la paroisse.

riques de vin, dont il ne paye point le droit d'octroi.

« Le commerce de Concarneau ne consiste qu'en sardines, dont les habitants font la pêche. Ce commerce se monte ordinairement à six cents tonneaux de sardines par an; mais il y a eu des années où cette pêche a monté jusqu'à quinze cents tonneaux... »

Les remparts de la *Ville-Close*, dans leur état actuel, éveillent la double idée des forteresses du moyen âge, avec leurs tours à créneaux et à mâchicoulis, et des fortifications du système de Vauban, auquel ils furent, autant que possible, appropriés plus tard. L'impression que l'on ressent en les parcourant, sous la conduite de l'*ordonnance* auquel le *casernier* confie ses clefs pour accompagner le visiteur, c'est celle du règne féodal et breton de la duchesse Anne et celle du règne, pour ainsi dire impérial, mais si français, de Louis XIV. En cela encore apparaît l'analogie avec Saint-Malo. Elle continue, mais en s'atténuant, quand on redescend dans la rue, à peu près unique, du bourg fortifié, dont les maisons à un ou deux étages et d'assez pauvre aspect ne rappellent plus que d'assez loin les hautes et fières demeures des vieux armateurs ou même les nids de corsaires de la cité de Duguay-Trouin.

Une bonne partie de ces maisons ont des jardins comme encaissés, auxquels les remparts fournissent d'amples espaliers. Le presbytère ou, comme on dit ici, la cure élève les fenêtres de son dernier étage au-dessus des murailles, comme pour étendre vers la ville neuve, au delà de la mer, sa juridiction bienfaisante et son influence pastorale. Le recteur qui l'habite avec ses vicaires, et avec qui nous avons eu l'honneur et le plaisir d'entretenir, à deux reprises, une très agréable conversation, est un prêtre encore jeune et de forte culture. Comme le font volontiers, quand ils le peuvent, les membres du clergé breton, il a séjourné plusieurs années à Rome, pour y perfectionner ses études théologiques. Ni le bien à maintenir, ni le mal à prévenir, ni les œuvres à fonder, ni les ressources à créer ne lui manquent dans sa paroisse, qui est doyenné.

Un antique portail gothique que nous avons remarqué, un peu avant la cure, dans la rue qui traverse et constitue la vieille ville, est sans doute (mais nous ne voudrions pas l'affirmer) un vestige subsistant de l'église indiquée par l'abbé Expilly sous le nom de Notre-Dame-du-Portail. Ce portail donne accès à une chapelle qui, nous a dit une bonne femme, sert encore ou servait encore naguère pour les catéchismes. Quant à la principale église, celle qui était dédiée à saint Guénolé, l'édifice, existant en 1764, a complètement disparu. Il a été remplacé, il y a une soixantaine d'années, par l'église paroissiale actuelle, assez spacieuse, mais dépourvue de tout caractère, bon échantillon par là-même des lourdes et gauches constructions pseudo-classiques du temps de la Restauration et des premières années de Louis-Philippe. L'ambition du recteur serait d'en édifier une plus grande et plus belle dans la Ville-Neuve, où réside maintenant l'immense majorité de la population et où se trouve l'Hôtel-de-Ville. Mais cela coûte cher de bâtir, et jusqu'à nouvel ordre on n'est pas très riche à Concarneau.

La vieille ville ou *Ville-Close* communique avec la Ville-Neuve, à laquelle on donne encore le nom de faubourg Sainte-Croix, par un pittoresque pont-levis, qui, cela va sans dire, est devenu tout à fait fixe. Elle communique à l'autre extrémité avec le hameau dit du *Passage*, dépendant de Concarneau, par un bac, c'est-à-dire par une barque qui ne cesse, du matin au soir, de faire la navette sur le bras de mer qui les sépare. Le prix, qui est un sou, rappelle l'obole due par les ombres au vieux Caron. Mais le *passeur* de Concarneau n'a rien de commun avec le nocher infernal, sinon la dextérité avec laquelle il manie sa perche. Il est fort accueillant sans être empressé et aide les dames et les enfants à s'embarquer avec une gravité et une bonne grâce parfaites. Un jour que nous revenions seul en sa compagnie du *Passage* à la *Ville-Close*, nous nous plûmes à nous représenter nous-même à nous-même sous l'aspect d'un chevalier, ou plutôt d'un écuyer (soyons modeste) du moyen âge, qui abordait sur les flots onduleux à l'entrée redoutable d'une forteresse entr'ouvrant sa porte crénelée sur l'Océan. Nous eûmes là pendant deux ou trois minutes une sensation très vive, maritime et chevaleresque.

La *Ville-Close* formera toujours pour le touriste un des principaux intérêts de la Ville-Neuve, comme Saint-Malo est un des principaux attraits de Saint-Servan. Mais la vie et l'avenir appartiennent aux anciens faubourgs, qui s'étendent à leur gré sur la terre ferme, en même temps qu'ils ont une bien plus ample jouissance de la mer. C'est un spectacle très animé que celui des quais, des jetées et du port de Concarneau, surtout au moment de l'entrée et de la sortie des très nombreux bateaux qui vont aux environs pêcher la sardine, encore aujourd'hui, comme au temps de l'abbé Expilly, la principale source du commerce et de l'industrie locale. De nombreuses usines sont constamment occupées à préparer les boîtes de conserves si connues et si utiles en tous temps, mais surtout pendant le carême. Déclarons, à ce propos, comme témoin *de olfactu*, que le bruit répandu parmi les touristes au sujet des émanations trop odorantes qui en résulteraient et qui ne permettraient pas de séjourner avec agrément dans la ville est, sinon tout à fait dénué de fondement, du moins exagéré au delà de toute mesure. Nous n'en avons, quant à nous, aucunement souffert, et il n'y a, disons-le, que des sybarites extrêmement ramollis, de ces personnes qui ne sauraient supporter le pli d'une feuille de rose, qui ratureraient pour cela Concarneau de la liste des agréables séjours de vacances et des excellents bains de mer.

C'est au delà des quais, après qu'on a dépassé

la Croix de mission et la Croix de pierre, la chapelle de Notre-Dame de Bon-Secours, le bois de pins agréablement massé sur une petite dune et un fort tout récent et déjà (ô progrès de l'artillerie!) inutile et abandonné, qu'on arrive à la première plage, garnie d'un bon nombre de cabines et où l'ingénieuse initiative du père et de la mère Blaise ont inauguré cette année un rudiment d'*établissement* auquel nous croyons et souhaitons un réel avenir. Le père et la mère Blaise sont des enfants du pays. Mais la mère Blaise, qui a été en condition dans des familles parisiennes, a vu avec elles les plages élégantes et fréquentées et met maintenant à profit l'expérience ainsi acquise. Cette excellente femme a été aussi nourrice dans l'Ile-de-France, à Poissy, et même un de ses nourrissons lui est resté pour compte, une petite Anglaise à père inconnu et à mère fugitive. La brave Bretonne n'a fait ni une ni deux : elle a conservé et adopté l'enfant, une petite fille, déjà grande maintenant, et qui la seconde dans le ménage de ses cabines. Le père Blaise, à la fois propriétaire, guide-baigneur, chauffeur et gardien de l'établissement, s'acquitte de ces divers emplois avec une sérénité et une bonne humeur réjouissantes. Il couche, la nuit, dans une des cabines, sur un bon tas de varech, armé contre les maraudeurs d'une sorte d'épieu ou de pique primitive qui ne lui donne l'air aucunement féroce. Le lit est un peu dur et la chambre un peu étroite. Aussi déclare-t-il quelquefois le matin, quand il en sort, qu'il se sent « tout corrompu ». Il est très content du succès de son entreprise, mais ce contentement ne va pas sans quelque effroi, et, voyant arriver un groupe de baigneurs, il nous dit un jour avec un effarement naïf : « La presse me tombe sur le dos! » Vous avez bon dos, père Blaise, et nous souhaitons que la presse y tombe de jour en jour davantage, pour le plus grand profit de la bourse conjugale, où puise aussi Mlle Hélène, votre petite orpheline.

Quelle onde belle et transparente que celle où l'on va se plonger en sortant des cabines de la mère Blaise! Un inconvénient est la distance de la ville, mais on l'abrège sensiblement par des rues et des chemins de traverse. Un peu de marche d'ailleurs est une bonne chose avant et après le bain. Cela prépare le corps, cela attribue à la *réaction*, la *réaction* dont il est permis de médire en politique, bien que... mais qui est un point essentiel de la saine hydrothérapie. A l'allée et au retour, nous respirions avec l'air de la mer l'air et le parfum des champs, nous passions à côté d'une ferme aux actifs labeurs, nous escaladions et *descaladions* (pardon du néologisme) un de ces escaliers ruraux à deux ou trois marches fichées dans la terre et fort inégales, qui donnent accès dans les clos quand la barrière en est fermée; toutes choses fort hygiéniques. Nous vous recommandons la plage et les cabines de la mère Blaise.

La vérité nous oblige pourtant à déclarer que

cette plage n'est pas la seule. Bien loin de là! Concarneau possède toute une série de plages plus belles les unes que les autres. Il y a la plage du *petit moulin*. Il y a la plage, pittoresquement ornée de rochers, où un peintre, abrité sous le parasol professionnel, esquissait une ébauche de tableau futur en faisant poser devant lui un groupe de gamins soi-disant en train d'escalader une roche voisine. Il y a la plage des *sables blancs*. Toutes ces grèves sont faites pour le délassement de la tête et des membres, la dilatation des poumons, le plaisir des yeux. Les vaches des prés voisins s'y aventurent en reconnaissance et souvent s'y arrêtent quelque temps immobiles, les pieds dans le sable fin, la tête cornue tournée du côté de l'Océan, les naseaux aspirant la senteur marine.

Au delà des plages, en montant du côté des bois, se trouve un site charmant, une ravissante promenade. C'est la chapelle Saint-Jean, naguère encore lieu de pèlerinage, maintenant abandonnée et qui commence à tourner à la *ruine*. Il serait pourtant facile encore de la restaurer, et nous souhaitons bien vivement que la paroisse de Beuzec, de laquelle elle dépend, puisse quelque jour entreprendre cette œuvre. Ne laisse se perdre, chère Bretagne, ni tes pieux monuments, ni tes religieuses coutumes, ni tes bonnes traditions, ni tes glorieux souvenirs. Imite, ô région de Concarneau, imite l'exemple que te donne en ce moment celle de Dinan. Nous avons reçu tout récemment un livre qui nous a réjoui le cœur et dont nous nous proposons d'entretenir bientôt les lecteurs du *Monde*. C'est le remarquable ouvrage consacré par le digne recteur de Lehon, M. l'abbé Fouéré-Macé, au *Prieuré royal de Saint-Magloire* (1), honneur historique et archéologique de sa paroisse et dont il a vaillamment entrepris (la vente de ce livre en est un des moyens) de restaurer et de rendre au culte l'antique église. Nous saisissons l'occasion qui s'offre à nous de le signaler dès aujourd'hui aux amis des belles et bonnes œuvres. La chapelle Saint-Jean est sans doute par elle-même un monument de valeur bien moindre. Mais le site soutient toute comparaison. Il y a, en descendant un peu au delà de la chapelle, une vue qui aboutit, par un petit escarpement sous un berceau de grands arbres, à un bras de mer ou à un étang, où séjournent gravement les vaches dans le sable humide, une vue dont on croirait vraiment qu'un peintre de génie a concerté d'avance le modèle avec la nature. Mais que disons-nous? Que sont les conceptions des plus grands génies dans l'art auprès de l'Auteur de la nature et de l'inépuisable fécondité du Peintre éternel?

Ce ne sont ni les sites, ni les promenades qui font défaut à Concarneau. Tout près de la

---

(1) Chez l'auteur, à Lehon, et à Rennes, librairie Hyacinthe Caillière. Un beau volume in-4°, orné de 80 gravures. — On en trouvera plus loin une analyse détaillée.

gare, en s'élevant un peu sur la route de Quimper, on a une perspective admirable sur la baie. Si l'on continue encore quelques pas sur cette route et que l'on s'engage à gauche, par-dessus une barrière destinée à arrêter les bestiaux, non les touristes, dans des sentiers qui descendent, on arrive à une pente verdoyante, escarpée, ombragée de grands arbres, regardant une autre colline située en face et non moins riche de troncs noueux, de feuillages et de verdure, avec un clair ruisseau qui coule au fond de la gorge, jaillissant d'une source prochaine. C'est un endroit sauvage et doux. D'un autre côté de la ville, un peu plus loin, vers le chemin de Lanriec et de Beuzec et la route de Pont-Aven, on peut jouir, à certains jours, avec la permission des habitants de ce domaine, ou plutôt de leur garde, de quelques-uns des agréments variés du Moros. De la route même de Pont-Aven, à droite, au delà d'un gros hameau situé à quelque distance du hameau du *Passage*, un très agréable chemin — que l'on nous avait dépeint, nous ne savons trop pourquoi, comme peu accessible — conduit à la majestueuse et merveilleuse perspective qu'ouvrent aux yeux sur l'Océan — quelle plage, s'il y avait des habitations plus près! — les belles dunes et le petit fort abandonné de la pointe du Cabellos. Lanriec et Beuzec enfin sont deux villages qui, même en temps ordinaire, méritent d'être visités et forment deux très bons buts de promenade. Mais nous ne prétendons pas tout indiquer en ce genre. Un plus long séjour nous aurait sans doute beaucoup révélé.

Les curiosités ne manquent pas plus que les sites dans la région de Concarneau. L'*Aquarium*, fondé par M. Coste et qui est établi dans le voisinage de la chapelle de Notre-Dame-de-Bon-Secours, a, paraît-il, un haut intérêt scientifique et commercial. Pour le visiteur ordinaire, à vrai dire, l'intérêt nous en a semblé assez ordinaire aussi. La grande *attraction* des environs de la ville, c'est le château de Kériolet. Le feu comte de Chauveau a réalisé là, en pierre et en bois sculptés, une belle conception de poëte et d'archéologue. Usant d'une immense fortune comme d'une baguette magique, don d'une puissante et noble fée, il a évoqué du sol, comme une apparition fantastique, un manoir princier du temps de Louis XII et d'Anne de Bretagne, avec tous ses accessoires, tous ses ornements extérieurs et intérieurs. L'effet en est saisissant. Mme la comtesse de Chauveau, qui de son chef est princesse, en a fait éventuellement le don, vraiment royal, au département du Finistère, lequel doit y installer, dès qu'il en aura pris possession, un musée d'antiquités nationales.

Un musée vivant et charmant d'antiquités bretonnes, de traditions et de souvenirs, ce sont les *pardons*, ces assemblées qui sont tout ensemble des pèlerinages et des fêtes. Nous en avons visité deux, l'un à Beuzec, et l'autre, plus considérable, à quelque distance de Rospordon, à Melven. On appelle celui-ci le pardon de Notre-Dame-de-Bonne-Nouvelle. La foi et la piété bretonnes s'y montrent avec leur sentiment profond de l'idéal et tout ensemble leur attachement tenace aux cultes et aux rites particuliers transmis par la tradition des ancêtres. L'attitude des pèlerins, agenouillés par groupes ou isolément dans l'église et autour de l'église, est tout à la fois extatique et naturelle. Les femmes surtout sont incomparables. Leurs costumes, variés selon les villages, ont en même temps un caractère quasi monastique et une rare, parfois magnifique, mais toujours chaste élégance. Nous avons vu, entre autres, à Melven, deux jeunes fermières ou filles de fermiers, entourées de leurs compagnes, dont l'air et la tenue sous leurs habits brodés et sous leurs coiffes de dentelle avaient quelque chose de seigneurial. On aurait dit deux princesses de la cour de la reine Anne. Les voitures, les charrettes dételées et les chevaux attachés çà et là aux arbres autour de la chapelle, formaient comme un campement de tribu antique. Sous des tentes dressées se consommaient beaucoup de galettes, beaucoup de poires et beaucoup de cidre, avec beaucoup d'eau-de-vie, hélas! Les hommes qui s'y attablaient, aux figures maigres et osseuses, pâles et fières, parfois fort belles, avec leurs vestes ornées de broderies, leurs deux pantalons, celui de toile bleue dépassant du bas celui de drap noir, et leurs chapeaux ronds aux rubans tombant sur le dos, conversant d'une voix accentuée en leur vieil idiome celtique, avaient l'air tant soit peu sauvage. Quand nous nous assîmes près d'eux, ils nous accueillirent par un : « Salut! » d'hospitalité farouche. Vieille et forte race, un peu coriace, un peu sombre, comme ses chênes et ses rochers, mais, certes, et c'est cela que nous en aimons, nullement vulgaire, nullement banale, et qui croit en Dieu.

La population de Concarneau, comme en général les populations maritimes, est un peu différente de celles des villages de l'intérieur. C'est une population composite. On y peut distinguer les marins, les artisans et les commerçants. Les *paysannes* et les *artisanes* s'y distinguent, même à l'extérieur, par une diverse coiffure. Les marins sont une race caractérisée, assez à part, qui exerce et tient à maintenir sa suprématie sur la ville. Admirables sur leur élément, dans les fatigues et les dangers de la mer, ils le sont moins une fois débarqués. Leur héroïsme alors, quand la pêche a donné, s'évanouit en bombance et en querelles; en misère noire, quand la pêche n'a pas donné. Leurs femmes, à leur exemple (pauvres femmes!) sont peu ménagères. Ah! combien la civilisation chrétienne aurait encore à faire de ce côté-là. Les paysans sont tout autres et ressemblent bien davantage aux Bretons de l'intérieur. Ils sont d'une sobriété, sauf le cidre et l'eau-de-vie aux jours de fête, et d'une épargne exemplaires, plutôt excessives. La culture est bonne à Concarneau, et les fermiers s'y enrichissent. La terre s'y engraisse des détritus de l'Océan. L'industrie consiste, nous l'avons dit, dans la préparation des sardines, et c'est à quoi sont occupées le plus grand nombre des *artisanes*, qui sont en général des femmes ou des filles de marins. Les métiers se rapportant à la construction, à la réparation et à l'équipement des bateaux, ainsi que les travaux du bâtiment, mettent en œuvre un certain nombre de bras. Mais, pour les autres métiers, l'état des choses paraît, au moins par proportion, bien dégénéré de celui que signalait avec étonnement l'abbé Expilly. Quant au commerce, sauf les sardines, il est restreint à la satisfaction immédiate des besoins locaux et ne peut espérer de développement fructueux que de l'affluence des touristes et des baigneurs, qui s'accroît, il est vrai, d'année en année.

L'état religieux de la population de Concarneau n'est plus, il faut le dire, qu'à demi satisfaisant. La foi y est encore générale et profonde. C'est un spectacle édifiant que la procession continuelle qui, le dimanche, à l'heure des messes, monte ou descend l'unique rue de la Ville-Close. Mais la foule qui s'y presse et rend l'église trop étroite se compose surtout de paysannes et d'artisanes, avec les quelques dames et bourgeoises du pays. Dans l'ondulation des coiffes aux grandes ailes, mêlées de petits bonnets et de quelques produits fort élégants des modes quasi parisiennes, on ne remarque à l'arrivée ou à la sortie des offices que bien peu de coiffures viriles, peu de bérets marins et de feutres bas-bretons. La population mâle de Concarneau, toujours croyante, ne se donne pourtant plus la peine d'aller à la messe. Elle fait pis, elle va à la pêche le dimanche comme les autres jours. On n'a pas remarqué que son bien-être y gagnât, pas plus que sa conduite morale. D'après ce que nous avons généralement ouï dire, la moralité est loin d'être parfaite à Concarneau. L'ivrognerie, ce vice national de la Bretagne, y exerce de grands ravages. Le nombre des « buvettes » est incalculable. Dans la Ville-Close, par exemple, il y en a presque autant que de maisons, et toutes, dit-on, font de bonnes affaires. Hélas !

Sauf les commerçants, à qui leur intérêt impose d'autres sentiments, l'attitude générale de la population vis-à-vis des « étrangers » ou, comme on dit dans les villages de l'intérieur, des « Français » est, non pas précisément hostile, mais réservée et même méfiante. Cette disposition, qui ne nous paraît pas tout à fait sans motifs, ne fût-ce que l'enchérissement des vivres, amenée par l'invasion progressive des touristes, ira pourtant, croyons-nous, en s'effaçant devant le progrès même, inévitable maintenant, de cette invasion et les bénéfices qui en résultent. Les Parisiens commencent à tenir une place assez notable parmi ces voyageurs et ces hôtes de la saison d'été, et à disputer les rivages de la Bretagne aux Anglais qui y surabondent. Voilà les Américains qui se mettent aussi à y circuler en vélocipèdes. Enfin, à Concarneau et dans les environs, il y a, six mois de l'année, toute une colonie de peintres en permanence. Ce sont les « étrangers » les mieux accueillis, croyons-nous. Leur influence se remarque à divers signes. Ils font des élèves. Un des deux coiffeurs de Concarneau, excellent *artiste capillaire*, est aussi artiste d'une autre sorte. Sa boutique est tapissée de petites toiles de sa façon, et, ma foi, à en juger par le très rapide coup d'œil que nous y jetâmes, il ne manie pas le pinceau avec moins d'aisance que le peigne, les ciseaux et le blaireau. Mais voici un autre effet très digne d'attention. Les besoins de l'art ont amené à Concarneau la création d'un excellent établissement, la *Photographie des artistes*, dirigé par M. Gasc, devenu l'auxiliaire estimé et aimé des peintres, et dont le talent est aussi et sera de plus en plus mis en œuvre par les touristes.

Les artistes et les Bretons sont faits pour s'entendre. La Bretagne, en effet, offre aux artistes un admirable champ d'étude, et, d'autre part, tous les Bretons sont artistes. Le sens esthétique est comme inné dans cette race, qui n'est pas, par ce côté, sans analogie avec la race hellénique. Les costumes, le port, la tenue, l'allure ont, pour ainsi parler, quelque chose d'*homérique*, avec une nuance d'idéal en plus, compensant dans une large mesure l'infériorité plastique. Le battage du grain dans les fermes, les groupes de femmes aux lavoirs ont présenté à nos yeux ravis des tableaux rustiques nullement vulgaires, mais tout empreints d'une poésie analogue à celle de l'*Iliade* et de l'*Odyssée*. A cette impression s'unissait en nous celle du moyen âge. Nous croyions voir s'animer sous nos yeux les vieilles et toujours fraîches peintures des manuscrits enluminés par Jean Fouquet, ses devanciers ou ses émules. Les mendiants rencontrés aux pardons semblaient récemment sortis de quelque maladrerie du temps de saint Louis ou de Louis XI ou encore descendus des sombres toiles des vieux maîtres espagnols. L'idiome ajoute à tout cela une originalité de plus. A Concarneau même, le français l'emporte sur le celtique; mais, dans les environs, le dialecte de Cornouaille se défend avec une opiniâtreté toute bretonne contre l'invasion progressive du français. On aura de la peine à en venir à bout. Nous désirons même, pour notre part, que l'on n'en vienne pas tout à fait à bout. Nous sommes d'avis, sans doute, qu'il faut maintenir énergiquement l'usage obligatoire du français dans les écoles bas-bretonnes, car tout enfant de la France doit entendre et parler la langue de la grande patrie. Mais nous souhaiterions en même temps non seulement qu'on y tolérât, mais que dans une juste mesure on y enseignât le celtique, sa grammaire, aujourd'hui scientifiquement constituée, et sa littérature, qui mérite de ne pas périr. La renaissance de la poésie provençale a-t-elle fait tort à notre renommée intellectuelle? Rougissons-nous de Mistral? Pourquoi n'aurions-nous pas des Mistrals bretons? Pourquoi tout au moins les enfants de la Cornouaille et du pays de Léon, fidèles à la fois à la grande et à la petite patrie, ne parleraient-ils pas deux langues, comme le faisaient naguère, comme le feront, Dieu merci! longtemps encore les enfants de l'Alsace, à qui leur dialecte germanique laissait, certes! un cœur bien français? Il y aurait là peut-être une bonne initiative à prendre et un sage milieu à garder, sur lesquels nous nous permettons d'appeler l'attention des hommes compétents, et en particulier celle des directeurs et des maîtres des écoles chrétiennes.

Le séjour à Concarneau ne donne pas seulement lieu à d'agréables promenades; il peut être le point de départ ou l'occasion d'excursions dont on gardera le souvenir. Un joli bateau à vapeur fait un service régulier pour Beg-Meil. Nous n'en avons point profité. Nous n'avons point visité non plus Fouesnant et la baie de la Forest, qui pourtant méritaient bien une visite, que nous conseillait avec énergie le père Blaise. Mais nous sommes sûr maintenant d'éviter le triste sort du paysan de Nadaud, mort sans avoir vu Carcassonne. Nous n'avons pas vu Carcassonne, puisque nous étions en Cornouaille, mais nous avons vu Quimper. Défaites-vous, s'il vous plaît, de certains jugements légendaires. Oubliez ces vers de la Fontaine :

> Le phaéton d'une voiture à foin
> Vit son char embourbé. Le pauvre homme était loin
> De tout humain secours : c'était à la campagne,
> Près d'un certain canton de la Basse-Bretagne
> Appelé Quimper-Corentin.
> On sait assez que le Destin
> Adresse là les gens quand il veut qu'on enrage.
> Dieu nous préserve du voyage !

La Fontaine est un Champenois qui médit de ce qu'il ignore. Quimper et son canton sont des endroits ravissants. Cher lecteur, Dieu vous y conduise ! Les voitures ne s'y embourbent plus, et le chemin de fer les traverse. La vieille cité de saint Corentin a de quoi charmer les yeux et de quoi charmer aussi l'esprit et l'âme. Sa valeur pittoresque est officiellement constatée par Joanne, plus savant que La Fontaine en ces matières. Croyez-en Joanne sur le « charmant bassin » où elle est située, au confluent du Steir et de l'Odet. Suivez le cours de l'Odet, gracieuse rivière bordée à droite des belles maisons du boulevard de l'Odet et de la rue du Parc ; à gauche, de jolies habitations ayant chacune son petit pont qui lui est propre, sa passerelle qui l'unit à la rive droite. Vous admirerez comme nous les nobles allées de Locmaria, aux arbres de haute futaie ; vous admirerez surtout la masse verdoyante du Mont-Frugy, qui longe et domine la ville, et qui nous a rappelé la riante cité badoise, Fribourg-en-Brisgau avec son Schlossberg. Mais le joyau de Quimper, c'est sa cathédrale, au chœur incliné, aux portails blasonnés, sur laquelle le vieux roi Gralon, sentinelle de pierre récemment postée sur la grande façade par l'ingénieuse archéologie, monte sa faction chevaleresque. Nous avons passé là, autour et au dedans du saint édifice, construit au treizième et au quinzième siècles, restauré et complété au dix-neuvième, et pour lequel Yan Dargent a largement déployé les qualités bien connues de son pinceau breton, nous avons passé là une heure délicieuse. Nous avons passé aussi de doux instants dans l'église Saint-Mathieu, du quinzième et du seizième siècles. Quant à l'église de Locmaria, elle est en partie du onzième, rien de moins. Il n'est donc pas besoin d'en dire davantage. Lecteur, allez à Quimper. Le chemin, de là, vous sera ouvert vers Pont-l'Abbé, vers Douarnenez, vers Audierne, vers la pointe du Raz. Pour nous, — il faut ménager le temps et l'argent, — nous nous en revînmes pour cette fois à Concarneau.

Mais, quelques jours plus tôt, nous avions fait un acte d'intelligente prodigalité en frétant chez le voiturier Moreau (il y a aussi le voiturier Beaujean, tous deux sont bons) un véhicule pour Pont-Aven. Cette excursion est l'affaire d'une demi-journée. La route est remarquablement belle et intéressante. Outre la valeur pittoresque des sites, on y voit plusieurs curiosités. Les gamins qui guettent les voyageurs près du hameau de Kerouel se font un plaisir et un bénéfice de mettre en mouvement sous leurs yeux *Men dogan*, la fameuse pierre branlante. Votre cocher vous signale, chemin faisant, plusieurs notables *dolmens* et vous conduit, près de Trégunc, à un beau *menhir*, monument du paganisme sanctifié depuis par une croix. Trégunc lui-même est un bourg nullement indigne d'une visite. Son église gothique a un air d'antiquité. Mais soyez prudents en exprimant votre opinion sur l'âge de cet édifice, car, si vous en demandez la date exacte, on vous répondra qu'il a été inauguré en 1875. En arrivant près de Pont-Aven, après avoir traversé la lande de Ker-lan, ne négligez pas d'aller contempler les débris du château de Rustéphan, curieux échantillon de l'architecture féodale du quinzième siècle. Dans l'une des cheminées du rez-de-chaussée, mise à découvert par les ravages du temps, se pressaient devant nous quelques génisses qui y paissaient l'herbe des ruines; une autre cheminée se dessinait en plein air au premier étage. Un escalier devenu casse-cou serpentait dans le donjon jusqu'à la plate-forme. Nombre de ses marches étaient remplacées par des trous béants. Nous aurions pu à la rigueur l'escalader, mais nous étions beaucoup moins certains de pouvoir le redescendre. Notre inexpérience en fait de gymnastique nous persuada de nous abstenir. Nous ne prétendons pas nous donner pour un téméraire.

Pont-Aven est-il en Bretagne ou en Suisse? Il serait permis d'hésiter sur la réponse. Quel joli coin d'Helvétie! La claire rivière avec ses moulins et ses bords charmants, les pentes escarpées et ombreuses du *bois d'amour*, semées de blocs de granit et drapées d'un frais manteau de verdure, les embarcations diverses, dans l'une desquelles nous apercevons le digne recteur du bourg, avec qui nous venons d'avoir un bout de conversation sur le quai et qui maintenant, en compagnie d'un ami, va descendre vers la mer, tout cela forme un tableau que nous ne savons pas rendre, mais qui vit dans notre mémoire. Au reste, les beautés de Pont-Aven ont de plus dignes interprètes. Il n'y avait pas cet été moins de cinquante peintres qui y avaient fixé leur séjour. Que de toiles en perspective! Vous verrez sans aucun doute Pont-Aven à Paris sous mille aspects divers, aux Champs-Élysées et au Champ-de-Mars. L'art français, Dieu merci! sait exprimer, sait même embellir la plus belle nature. Ne négligez pas néanmoins d'aller voir Pont-Aven à Pont-Aven.

Quand on revient de Concarneau à Paris, il faut passer par Auray. Passant à Auray, comment pouvions-nous n'y pas descendre? L'*hôtel du Lion-d'Or et de la Poste*, que nous choisîmes après examen, nous satisfit pleinement. Voilà ce qui s'appelle une maison bien menée, d'une main ferme et conciliante, et qui, au courant du *confort moderne*, n'en a pas moins conservé quelque chose des bons vieux airs d'autrefois. Nous avions pris en affection la galerie de bois sur laquelle donnaient nos chambres et d'où nous considérions, dans la cour intérieure, chevaux et voitures, poules et canards; et le chant même des coqs, si matinal qu'il fût, ne nous était pas déplaisant.

Considérée en elle-même, Auray est une fort jolie ville, très agréablement marquée du cachet du Morbihan. L'église Saint-Gildas et l'église Saint-Goustan sont d'intéressants spécimens, l'une de l'architecture religieuse du temps de Louis XIII, l'autre du dernier âge du gothique, modifié par la Renaissance. A côté de Saint-Goustan, a été récemment édifié, dans le style gothique moderne, un petit édifice vraiment digne d'attention, une chapelle consacrée à Notre-Dame de Lourdes et qui fait honneur tout ensemble à la piété des habitants et à l'habileté de l'architecte. L'ancienne église du Saint-Esprit, du treizième siècle, sert aujourd'hui de caserne. Nous pûmes néanmoins la voir d'assez près, grâce à l'amabilité d'un très intelligent capitaine adjudant-major, qui a récemment préservé ses nobles murailles de l'affreux badigeon dont elles étaient menacées par la sollicitude peu artistique de l'administration militaire.

Nous eûmes le regret de ne pouvoir visiter les riches stalles sculptées conservées dans la chapelle dite du *Père-Éternel*, à cause d'une retraite qui s'y donnait pour les religieuses, dont elle est maintenant l'oratoire. Nous considérâmes avec joie çà et là de curieuses maisons en bois sculpté, et à l'extrémité de la ville, près de la route de Belz, une maison en pierre du quinzième siècle. Nous ne négligeâmes pas de monter au belvédère, situé au sommet de la colline boisée qui domine le cours gracieux du Loch, et de jouir de l'ample et gracieux horizon que l'on y découvre. Nous allâmes aussi, à quelque distance de la ville, voir la vieille chapelle de Saint-Cadoc, et, un peu au delà, le monument élevé, près du domaine de Kerléano, par la famille de Cadoudal à la mémoire du célèbre chef royaliste.

Mais si Auray est une ville intéressante par elle-même, elle l'est bien davantage encore par la haute valeur religieuse et historique de la région dont elle est le centre. Aussi les hôtels y tiennent-ils constamment des voitures à la disposition des voyageurs. Nous crûmes devoir réserver pour d'autres vacances les excursions, pourtant bien attirantes, vers Carnac, Plouharnel, Locmariaquer et Quiberon. Mais, le lendemain de notre arrivée, sous la conduite d'un jeune cocher bas-breton menant ses chevaux d'une main leste et leur imprimant une rapide allure, nous nous mîmes en route pour Sainte-Anne-d'Auray. Toutefois, avant de prendre directement le chemin de la sainte basilique, nous fîmes halte en plusieurs lieux bien émouvants. Nous visitâmes l'ancienne chartreuse d'Auray, aujourd'hui occupée par de dignes religieuses vouées à l'éducation des sourdes-muettes, et à laquelle appartient la chapelle sépulcrale construite pour consacrer le souvenir des royalistes fusillés à la suite de la catastrophe de Quiberon. Nous visitâmes le lieu même de cette exécution sinistre, le *Champ des martyrs*, où a été élevée, sous la Restauration, une chapelle expiatoire, et dont l'aspect serre le cœur. Ce massacre, accompli après réflexion, de prisonniers qui avaient posé les armes, est l'une des plus odieuses taches de sang dont notre histoire contemporaine, trop riche en discordes civiles, ait été souillée.

Trottons maintenant vers Sainte-Anne, non sans nous graver au passage dans l'imagination et dans la mémoire l'imposante et charmante vallée de la Tréauray. En face de la basilique, vers laquelle il est tourné, s'élève le beau monument dédié à la mémoire de Monsieur le Comte de Chambord et dont on est en train de ciseler les bas-reliefs. Quatre figures aux quatre faces du piédestal accompagnent, symbolisant l'ancienne France, la statue agenouillée de Henri V, en manteau royal. Ce sont sainte Geneviève et Jeanne d'Arc, Du Guesclin et Bayard. Nous en avions admiré les modèles l'année dernière à Saint-Servan, dans l'atelier de l'auteur, le sculpteur breton Alfred Caravaniez. Mais on ne s'étonnera pas que l'ensemble du monument ait excité en nous, ancien rédacteur de l'*Union*, une émotion vive. Pauvre et noble prince! Quelque jugement que l'avenir porte sur des événements pour lesquels l'heure de l'histoire n'est pas venue, sa mémoire demeure présente et chère aux cœurs de ceux (bien qu'étranger à la politique, nous sommes fier d'avoir été du nombre) sur lesquels du moins il aura régné.

Nous ne croyons pas devoir nous étendre aujourd'hui sur Sainte-Anne-d'Auray, sa basilique grandiose, son beau cloître, sa piscine, sa *Scala sancta*, sur les souvenirs, sur les pensées qui se rattachent à ce grand pèlerinage, centre religieux de la Bretagne, dont la foi traditionnelle y éclate constamment, si forte et si vivante. Que la puissante patronne de l'Armorique conserve cette foi, qui commence à fléchir, hélas ! sur certains points ; qu'elle la ranime et la réconforte par le zèle et par les œuvres de la renaissance chrétienne, qui est l'espoir de salut pour la France entière ! L'un des chefs de cette renaissance, l'un des plus vaillants porte-étendards de la philosophie, de la science, de l'enseignement catholiques, l'orateur de Notre-Dame, qui a été cette année celui du pèlerinage de Sainte-Anne, a contracté l'an dernier avec la Bretagne un lien permanent, qui ira se resserrant chaque jour davantage, et dans lequel, entre autres fruits heureux, nous nous plaisons à trouver un gage pour l'avenir religieux de la vieille terre d'Armor, un avenir, ce n'est pas peu dire, plus beau, plus glorieux encore que son passé.

1892.

X

SAINT-MAGLOIRE DE LEHON.

Nous avons naguère rendu hommage aux beautés de la Rance entre Saint-Servan et Dinan, mais elle est belle plus loin encore. Écoutons ce que nous en dit M. l'abbé Fouéré-Macé (1), fixé depuis bientôt dix années sur ses rives :

« Quel est le Breton, quel est le touriste qui ne connaisse la belle vallée de la Rance, non seulement au-dessous de Dinan, où cette rivière, épanchée en d'immenses plaines d'eau, prend l'importance d'un bras de mer, mais encore au-dessus de cette ville, où son onde claire et vive, plus large à peine qu'un ruisseau, coule entre deux pentes profondes, chargées d'arbres et de

(1) *Le Prieuré royal de Saint-Magloire de Lehon*, par l'abbé Fouéré-Macé, recteur de Lehon ; introduction par M. le chanoine Daniel, curé archiprêtre de Saint-Sauveur de Dinan, président de la Société archéologique et historique des Côtes-du-Nord ; frontispice de Paul Chardin ; illustrations de Th. Busnel, P. Chardin, A. Bourel, comte de Brecey, A. de la Bigne, B. de Brem, A. Lemoine, J. Even, E. Renault, frère Ange Garnier, H. Wingfield. — Rennes, librairie Hyacinthe Caillière, in-4°.

rochers merveilleusement pittoresques? La Rance, qui se contente de passer pour une simple rivière, est certes le plus ravissant cours d'eau qui soit au monde. Tantôt elle est un filet bleu resserré entre des rives rocheuses; tantôt s'élargissant en lac, elle laisse mourir ses eaux limpides sur les dernières parties des collines herbeuses. Des chênes séculaires, des châtaigniers noueux, des noyers au feuillage luisant, laissent pendre leurs branches au-dessus de l'onde, formant de sombres oasis rafraîchies par les derniers souffles salins de l'Océan. Qui ne connaît pas les bords de la Rance ne peut dire que son regard s'est reposé sur les plus beaux paysages de Dieu.

« A 1,500 mètres environ en amont du pont de Dinan, au fond d'un entonnoir de verdure et tout au bord de la Rance, on voit se dresser les ruines d'une vieille église, puis, auprès et tout en haut d'une montagne, celles d'un château de la primitive féodalité. C'est Lehon... Le bourg lui-même, malgré son air sombre, n'est pas sans mérite. Il est formé d'une seule rue, qui s'étend depuis le *Moulin-au-Duc* jusqu'au pont de pierre jeté jadis par les moines sur la Rance. L'ensemble du bourg, au centre duquel on remarque à gauche l'église paroissiale, le cimetière, l'église abbatiale et le monastère, offre un cachet vraiment pittoresque. Tout y respire les vieux âges et les souvenirs antiques; la population seule, vive, gaie, laborieuse, aimant les oiseaux et les fleurs, forme un contraste vivant avec ces ruines amoncelées.

Les artistes aiment à prendre le croquis de ce petit village d'un aspect si particulièrement original. De la porte du cimetière, les maisons à droite, avec leur corniche à modillons en granit, leurs fenêtres à colonnes cannelées, le vieux clocher bleu qui se détache sur la colline boisée de Beauvais, cette rue profonde et sinueuse forment, on est forcé d'en convenir, un tableau curieux et fort coquet.

« C'est donc là un des lieux les plus intéressants de la Bretagne. Aussi les étrangers viennent-ils en foule chaque année, à l'époque de la saison d'été, visiter ces imposantes ruines et cette pittoresque vallée. La restauration de l'église abbatiale, entreprise depuis sept ans passés, les amène aujourd'hui plus nombreux encore. Mais combien peu connaissent l'histoire du monastère et du château! Témoin de cet intérêt porté à l'antique abbaye et au travail de restauration, nous avons pensé faire acte agréable au public et en même temps utile à notre œuvre, de réunir par écrit les faits principaux de l'histoire militaire et religieuse de Lehon. C'est sous cette inspiration que nous avons entrepris ce modeste travail. »

Le modeste travail dont parle M. le recteur de Lehon est, en réalité, un très bon et très beau livre, qui montre chez son auteur de solides qualités d'érudit et d'archéologue et un remarquable talent d'exposition. Les illustrations qui l'accompagnent y ajoutent un agrément pittoresque, grâce auquel il se trouve aussi bien à sa place sur la table d'un salon que sur les rayons ou le pupitre d'un cabinet de travail. Nous le recommandons très vivement à nos lecteurs, d'autant plus vivement que le produit matériel en est destiné à concourir à l'œuvre religieuse, patriotique, artistique, vaillamment entreprise par M. l'abbé Fouéré-Macé et caractérisée en ces termes par Mgr Fallières, évêque de Saint-Brieuc et Tréguier : « Quand les fidèles se presseront en foule dans la chapelle restaurée du prieuré, devenue votre église paroissiale, ils aimeront à évoquer avec vous ce passé que vous avez fait revivre. Ils y puiseront, avec le respect des traditions chrétiennes, un plus grand attachement pour la paroisse dont ils seront fiers. »

M. le recteur de Lehon aura ainsi mené à bien une double restauration, matérielle et intellectuelle, à laquelle ne manquera pas plus la reconnaissance des amis de nos antiquités religieuses et nationales que celle du troupeau dont il est le digne pasteur. Pour notre part, c'est avec un vif intérêt que nous avons remonté, puis descendu sous sa conduite le cours d'une histoire qui, comme la Rance, offre une succession, un déploiement riche et varié de pittoresques aspects.

La première origine du monastère auquel M. l'abbé Fouéré-Macé a rendu la vie a été racontée, d'après des textes d'une haute antiquité, où la légende a sinon toute l'exactitude de la réalité formelle, du moins une saveur historique sensible au goût, par l'éminent érudit breton M. Arthur de la Borderie, dont le récit, gracieusement offert au recteur de Lehon, forme comme la façade sculptée de son œuvre. On y voit revivre l'énergique âpreté de la Bretagne du neuvième siècle, avec son roi guerrier et chasseur Nominoë, ses ermites celtiques à la dévotion farouche, entreprenante, plus ardente que scrupuleuse, ne reculant pas même devant un pieux brigandage pour se procurer, au détriment des moines de l'île de Serk, le corps de saint Magloire, futur patron du monastère des rives de la Rance, bâti et doté grâce aux libéralités de Nominoë.

Dès la fin du neuvième siècle, ce monastère paraît avoir été un lieu assez important de pèlerinages. Mais, au siècle suivant, il fut, comme tant d'autres, ruiné de fond en comble par les pirates du Nord. Les moines avaient pris la fuite, emportant la châsse de saint Magloire, qui finalement reçut asile à Paris, dans la chapelle du palais des ducs de France, dont le trésor s'enrichit à cette époque des reliques de nombreux saints des abbayes dévastées de Bretagne et de Normandie. Hugues Capet, en l'honneur de ces reliques, fit agrandir l'église qui les contenait et la dédia sous le double vocable, ancien et nouveau, de Saint-Barthélemy et de Saint-Magloire: mais peu à peu celui de Saint-Magloire l'emporta, et telle fut l'origine de l'illustre abbaye de Saint-Magloire de Paris.

Au commencement du onzième siècle, une colonie partie de l'abbaye parisienne, releva Lehon de ses ruines et y fonda un prieuré, soumis à la grande règle bénédictine, et qui, après avoir essayé, mais vainement, d'obtenir son indépendance, fut rattaché en 1181 à l'obédience de l'illustre abbaye de Marmoutier. L'histoire spirituelle et temporelle du prieuré de Lehon à travers le moyen âge, telle que l'a retracée M. l'abbé Fouéré-Macé avec beaucoup de précision et un grand nombre de curieux détails, est féconde en renseignements utiles et en traits intéressants pour la connaissance des institutions et des mœurs de cette époque, où les rapports et les conflits des monastères avec les autorités ecclésiastiques et seigneuriales étaient si nombreux et si variés. Nous avons à peine besoin de signaler la valeur spéciale de ce récit au point de vue des annales de la province et des localités auxquelles il touche. En 1440, le prieuré royal (Lehon avait ce titre d'honneur) tombe en commende. Il devient l'un des bénéfices, pour ainsi dire, innombrables, dont la libéralité pontificale et royale combla le cardinal Guillaume d'Estouteville, évêque de tant d'évêchés, abbé de tant d'abbayes, prieur de tant de prieurés, et dont le nom (ce qui vaut mieux pour sa gloire) est lié dans notre histoire avec la grande œuvre de la réhabilitation de Jeanne d'Arc et avec la reconstruction du chœur du Mont-Saint-Michel, cet incomparable chef-d'œuvre de l'art gothique à son déclin.

Dans notre histoire ecclésiastique, l'avènement de la commende est un signe certain de décadence. Lehon n'évita point cette triste destinée. Mais, dans les premières années du dix-septième siècle, le prieuré royal eut sa part glorieuse dans le beau mouvement de renaissance religieuse qui illustra la fin du règne de Henri IV. La réforme monastique y fut introduite par le P. Noël Mars, fondateur de la Société de Bretagne, mort le 31 janvier 1644, en odeur de sainteté. Par un bref du 8 novembre 1627, le Pape ordonna la réunion de cette société à l'illustre congrégation de Saint-Maur, de laquelle Lehon dépendit jusqu'à la Révolution. Mais dès 1767, par un triste effet des idées et des mœurs régnantes, si défavorables aux institutions monastiques, la conventualité du prieuré avait été supprimée par arrêt du Conseil d'Etat de Louis XV, et les religieux, au grand regret des habitants du pays, avaient dû se retirer à l'abbaye de Marmoutier, à laquelle fut attribuée la portion des revenus de Lehon non dévolue au prieur commendataire, sous l'obligation d'acquitter les charges spirituelles et temporelles du prieuré. De 1767 à 1789, l'administration spirituelle fut entre les mains du recteur de la paroisse et l'administration temporelle entre les mains du régisseur Jean Rimoneau, excellent homme, dont M. l'abbé Fouéré-Macé a mis le portrait caractéristique en bonne lumière, mais qui naturellement n'était plus, aux yeux des censitaires et débiteurs de dîmes, qu'un créancier perpétuel, l'agent comptable de moines propriétaires étrangers au pays.

Le 19 mars 1792, le prieuré royal de Saint-

Magloire de Lehon, compris dans l'odieuse confiscation générale des biens du clergé, fut adjugé à un capitaliste de Dinan, membre du district, pour la somme de vingt-cinq mille cent livres, qui put être acquittée en assignats. L'acquéreur y résida assez longtemps et en fit valoir les deux moulins Une famille anglaise en habita ensuite les bâtiments à titre de locataire. Puis, au même titre, le prieuré devint le siège de diverses industries. « On le vit tour à tour occupé, dit M. l'abbé Fouéré-Macé, par une tannerie, une brasserie, une manufacture de toile à voiles, une filature et, depuis l'installation des régiments à Dinan, par l'administration des lits militaires. Pendant les quelques années qui ont suivi, le pauvre prieuré est resté complètement désert, jusqu'à ce qu'un bienfaiteur généreux — un étranger — touché de cet abandon et voyant le bien qu'il y avait à faire dans la commune, fît l'achat d'un tiers à peu près du monastère, le 28 août 1888. Cette acquisition, utilisée de la manière la plus intelligente, a permis de dégager le portail de l'église abbatiale, d'établir des écoles à l'usage des enfants de la paroisse et de donner au presbytère un agréable et spacieux jardin, que viennent caresser les eaux poissonneuses de la Rance. »

C'est une très heureuse idée qu'a eue M. l'abbé Fouéré-Macé et un très bon exemple qu'il a donné de retracer dans son livre, puisque l'occasion s'en offrait à lui, l'histoire non seulement du prieuré, mais de la paroisse même de Lehon pendant la période révolutionnaire. Ce n'est pas le chapitre le moins instructif et le moins intéressant du volume. Parmi les épisodes caractéristiques qu'il renferme, nous devons une mention spéciale à l'héroïque dévouement d'apôtre et à la mort glorieuse d'un Capucin, le P. Tournois, fusillé par les bleus le 23 janvier 1796, à titre de prêtre insermenté.

Voici comment, dans son dernier chapitre, intitulé : *Églises et chapelles de Lehon,* le digne recteur décrit l'église du prieuré dont il a entrepris la restauration : « L'église abbatiale forme un vaste rectangle, long de 38 mètres et large de 10; sa hauteur sous voûte s'élevait à environ 18 mètres. Elle offre le caractère bien tranché du style roman et du style ogival; la façade appartient à l'architecture romane, ainsi que la moitié des murailles de la nef. Le grand portail occidental, ouvert entre six colonnettes, avec six voussures en plein cintre, est orné d'une archivolte à dents de scie et surmonté d'une fenêtre ogivale à deux baies; huit modillons à têtes d'hommes forment au-dessus de cette entrée une sorte de corniche ou terrasse. La chapelle se compose d'une nef unique, pleine d'harmonie dans ses proportions, de profondeur et d'élancement. Elle est divisée en quatre travées par des colonnes ou des pieds droits à colonnes engagées, qui s'élèvent le long des murs latéraux et reçoivent sur les chapiteaux les retombées des nervures de la voûte.

« Cette voûte, toute en pierre, était d'une

légèreté remarquable. Les fenêtres, qui s'ouvrent dans chacune des travées, se composent de deux simples lancettes ogivales, sauf une à anneaux rayonnant, sencadrées du côté de l'intérieur dans une ogive, et du côté extérieur du mur, dans un cintre surbaissé. Les chapiteaux, tant de l'intérieur de l'église que du portail principal, empruntent leurs massifs à l'ornementation végétale. Un mur droit remplace l'abside. Une vaste baie, ouverte à la fin du quinzième siècle par Guillaume Guéguen, prieur commendataire, haute de 11 mètres sur 6 de large, éclairait autrefois l'autel. La partie inférieure de cette belle fenêtre se composait de quatre meneaux séparant cinq fenêtres ogivales, surmontées d'une rosace parfaite d'élégance et de hardiesse dont il ne reste plus, hélas! aucune trace.

« Un clocher très élancé s'élevait au-dessus du chœur; la foudre le détruisit au commencement du treizième siècle. Il fut aussitôt remplacé par un campanile plus modeste. Le maître-autel se composait d'un baldaquin garni de colonnes en marbre jaspé, surmonté d'une belle croix abbatiale; le sanctuaire était décoré de tableaux et de statues remarquables. Toutes les stalles du chœur étaient peintes et représentaient les chefs d'ordres religieux; le chœur était « fermé par une balustrade et deux autels de bois de sculpture bien travaillée; la nef était entièrement pavée (1). »

(1) M. l'abbé Fouéré-Macé s'appuie pour ces derniers détails sur une lettre du P. Pierre Gingatz, religieux de Lehon, datée du 10 janvier 1689.

En 1815, l'édifice était encore à peu près intact, mais il tomba depuis dans un état lamentable. Maurice de Guérin nous le dépeint ainsi dans une lettre adressée de la Chênaie à sa sœur Eugénie, le 21 juin 1833 :

« J'ai visité, il y a quelques jours, les ruines d'une abbaye et d'un château gothique aux environs de Dinan... Six tours tronquées comme un homme qu'on couperait par la moitié sont tout ce qu'il en reste; elles sont plantées sur la plate-forme d'un monticule qui domine une belle étendue de pays. Je m'assis sur une brèche, et je me chauffai paisiblement au soleil avec les lézards gris qui font les honneurs du manoir. Les ruines de l'abbaye ont moins péri que celles-là; mais c'est bien plus déplorable. Le cloître existe encore en entier; c'est un édifice fort ordinaire. L'église seule, qui devait être remarquable, à juger par ce qu'il en reste, a été horriblement maltraitée. Elle n'a plus d'autre voûte que le ciel, et elle étale ses grands murs décoiffés et son enceinte béante avec une tristesse extraordinaire. Une vieille femme crasseuse nous introduisit dans cette pauvre nef, et nous y vîmes quelque chose de pire qu'une écurie...

« Les moines, couchés, les bras en croix, sur leur oreiller de pierre, gisent çà et là parmi les ordures, et leurs sépulcres ouverts laissent voir non pas des ossements, mais des débris de vases que je ne veux pas nommer. J'étais surtout désireux de voir une chapelle, derrière le chœur, où les Beaumanoir avaient leurs caveaux. Même profanation. J'ai remarqué un bon vieux chevalier qui dort sur sa pierre, une main sur son cœur et l'autre sur son épée. Il ne faut pas s'étonner de cette désolation : je ne sais quels Anglais ont fait leur gîte dans l'abbaye et y parquent comme des troupeaux sur la tombe d'Achille. En allant demander à ces Anglais la permission de visiter les ruines, nous traversâmes leur cuisine, et nous y rencontrâmes deux misses, assez proprement mises et point mal du tout, acharnées à trancher les restes d'un roastbeef. Je l'avoue que mes idées, qui, dans ce moment, étaient tant soit peu tournées à l'illusion des vieux souvenirs, éprouvèrent un rude échec à ce spectacle ; et vraiment il y avait de quoi désarçonner l'imagination la plus chevaleresque et la plus aventureuse... »

Maurice de Guérin trouverait aujourd'hui les choses bien changées, du moins en ce qui concerne l'antique église du monastère. Grâce aux instances de M. Louis Chupin, maire de Lehon, énergiquement appuyé par Mgr David, alors évêque de Saint-Brieuc, et par M. l'abbé Bouvet, alors recteur de la paroisse, les propriétaires, héritiers de l'acquéreur de 1792, firent don à la commune de ces nobles ruines, le 30 avril 1881, pour, après restauration, remplacer l'église paroissiale. C'est à M. l'abbé Fouéré-Macé qu'incomba le soin de réaliser cette condition. Il eut la bonne fortune de rencontrer un architecte doublement digne, intellectuellement et moralement, de se consacrer à cette belle œuvre, un architecte monastique, dans la personne du

Frère Vincent de Paul, des Hospitaliers de Saint-Jean-de-Dieu, qui ont établi et qui dirigent non loin de Lehon, sous l'invocation de Notre-Dame-des-Champs, un grand asile d'aliénés. Commencée au printemps de 1883, la restauration avance trop lentement au gré du digne recteur et du pieux architecte, auxquels, nous l'espérons, la générosité chrétienne fournira les ressources qui leur sont nécessaires pour la hâter ; mais enfin elle avance et réjouit l'œil du visiteur. « Voilà que l'antique église apparaît aujourd'hui au fond de la vallée, toute blanche de sa nouvelle jeunesse, couronnée de clochetons et déjà à l'abri des injures du temps. Sur les échafaudages, au milieu des ouvriers, on aperçoit la robe noire du Frère Hospitalier qui poursuit son œuvre, son hymne à la gloire de Dieu. »

Le vieux compagnon du monastère de Lehon à travers les siècles, le château féodal dont nous parlait à l'instant Maurice de Guérin, et qui a fourni, lui aussi, un excellent chapitre au livre de M. l'abbé Fouéré-Macé, n'a pas été non plus sans recueillir le bénéfice de la piété restauratrice de notre temps. « Aujourd'hui, la colline sur laquelle était bâti le château fort appartient à la fabrique paroissiale de Lehon, ainsi que les remparts, les tours et l'antique place d'armes. Cette donation a été faite, le 13 mars 1872, par Mme Nathalie Viaud de Mouillemuse, veuve de M. Louis-Marie de Kersauson, héritière de M. Pierre-Guy Reslou du Guémen et de Mme Jeanne-Augustine Denoual, ses aïeuls maternels. Sur l'emplacement même du donjon, s'élève une chapelle bâtie en 1874 en l'honneur de saint Joseph. Mgr David, évêque de Saint-Brieuc et Tréguier, de douce et vénérée mémoire, vint lui-même présider l'inauguration de ce pieux sanctuaire et lui donna le gracieux vocable de *Saint-Joseph-de-Consolation*.

« La paroisse se rend processionnellement à cette chapelle plusieurs fois dans l'année; pendant le mois de mars surtout, les fidèles viennent nombreux du pays d'alentour la visiter et y implorer le secours de saint Joseph, dont les effets de la puissante protection se manifestent déjà par les ex-voto appliqués sur les murs en témoignage de pieuse reconnaissance. Ainsi, désormais cette enceinte guerrière, remplie autrefois des cris des soldats et du cliquetis des armes, n'entendra plus que le chant de suaves cantiques et le doux murmure de la prière...

« Le panorama qui, du haut de ces ruines, se déroule au regard du visiteur est d'une surprenante variété et d'un charme sans pareil. La Rance, avec ses contours gracieux, les rochers abrupts et les vertes prairies qui bordent ses rives; les vieilles murailles de Dinan, d'où surgit, comme une sentinelle de granit, le château crénelé de la duchesse Anne; les flèches de l'élégante chapelle des religieux de Saint-Jean-de-Dieu; la *Vallée des Moines*, au sable d'or, et les grands arbres du *Chêne-Ferron*... l'horizon sans doute n'est pas très vaste, mais il est ravissant et remplit l'âme de reconnaissance envers le divin Auteur d'une nature si riche et si gracieusement parée. »

Nous ne pouvons mieux faire, en terminant, que de nous associer aux sentiments et aux souhaits exprimés à la fin de la remarquable *Introduction* écrite pour le livre de M. l'abbé Fouéré-Macé par M. le chanoine Daniel, curé-archiprêtre de Saint-Sauveur de Dinan, président de la Société archéologique et historique des Côtes-du-Nord :

« M. le recteur de Lehon peut se rendre le témoignage d'avoir élevé un monument à sa chère paroisse : *Exegi monumentum,* et en même temps d'avoir apporté sa pierre à l'édifice de notre histoire Tous ceux qui s'intéressent à la vieille patrie bretonne, ceux à qui ses souvenirs et ses gloires sont chers par-dessus tout, s'uniront à nous pour le remercier.

« Et maintenant qu'on me permette, pour finir, l'expression d'un vœu. Çà et là, sur la terre armoricaine, dorment les restes de nombreuses abbayes et de nombreux monastères. Nous espérons que la belle initiative de M. Fouéré-Macé ne restera pas sans imitateurs; ce qu'il a fait à Lehon — et si bien fait — d'autres le feront d'ailleurs. Ils ressusciteront ainsi des pages encore ignorées de nos annales, et ils auront bien mérité de la vieille Armorique, de la Bretagne toujours aimée. »

1893.

XI

LE POULIGUEN (1)

L'un des plus curieux effets éprouvés par le voyageur qui se rend sur les côtes de Bretagne par la voie de Nantes est la traversée de cette ville en chemin de fer, quand le convoi, longeant les quais, arrive et s'arrête à la station de la Bourse. Le train circule, pour ainsi dire, de plain pied avec le tramway, les voitures et les passants; on voit l'intérieur des boutiques, on en lit les enseignes, on entend, si c'est le soir, la musique d'un café-concert. On a la double sensation du séjour dans une grande et populeuse cité et, en même temps, de l'espace d'où l'on sort et qui vous réclame, où l'on va tout à l'heure s'enfoncer de

---

(1) Nous nous sommes aidé pour cette notice de l'ouvrage de M. Aristide Monnier, de Nantes, intitulé : *Etudes et souvenirs. Le Pouliguen et ses environs*, Angers, 1892, in-12. — Le respectable auteur, comme nous l'avons appris de lui-même, prépare sur la même région un nouvel ouvrage intitulé : *Le Pays guérandais*. Il réside habituellement à Ingrandes (Maine-et-Loire).

nouveau comme à toutes ailes, entraîné par la machine qui dévore pour votre compte cet espace et le temps avec lui.

Nous voilà déjà repartis, la Bourse de Nantes et la ville elle-même n'ont pas beaucoup tardé à fuir derrière nous, pour faire place à Saint-Nazaire. Saint-Nazaire nous envoie sur la ligne du Croisic. Mais nous n'allons pas jusqu'au bout, et nous descendons au Pouliguen.

C'est quelque chose de descendre à son point d'arrivée après une nuit de chemin de fer. Mais ce n'est pas tout. Il faut encore s'assurer d'un domicile. Les hôtels sont là, direz-vous. Sans doute, mais il ne nous plaît pas de nous en servir. Nous voulons, dès aujourd'hui, avoir un *chez nous* pour un mois, et nous nous mettons à sa recherche. Nous exigeons deux choses : une belle vue sur la mer et le bon marché de la location. On nous répond que ce sont là deux exigences parfaitement inconciliables. Une excellente propriétaire, personne des plus respectables, pleine d'ailleurs d'originalité et de verve spirituelle, répond à nos demandes en nous offrant pour un prix assez élevé — relativement à nos moyens — un appartement fort bien en soi et qui même aurait vue sur la mer, si cette vue n'était pas obstruée par quelques maudits obstacles, qu'elle se plaît d'ailleurs et qu'elle nous engage à supprimer par la pensée. Elle nous vante avec éloquence les qualités extraordinaires de sa maison, du pays et du climat. Elle nous cite l'exemple d'un de ses parents qui, ayant été pris aux colonies d'un soudain accès de fièvre chaude, et s'étant, ajoute-t-elle, « par l'instinct de la conservation », précipité dans la rue et brisé quantité de membres, est ainsi revenu en France et a complètement rétabli sa santé au Pouliguen. Cela étant, on comprend qu'elle ne peut baisser son prix. Nous le comprenons, et nous nous décidons... à aller chercher ailleurs. Nous finissons par trouver (on trouve toujours) un appartement sur le port avec une vue à souhait, mais il a fallu sacrifier le bon marché. On nous a pourtant assuré depuis qu'eu égard à la situation et au prix moyen des locations dans le pays, nous n'avions pas à nous plaindre. Allons, soit !

De notre fenêtre, nous enfilons du regard, à droite, tout le joli port du Pouliguen, avec ses quelques petits bateaux de pêche aux blanches ailes, un trois-mâts de commerce ou de cabotage, qui y est demeuré pendant presque tout notre séjour, et, quotidiennement ou peu s'en faut, matin et soir, un ou deux bateaux à vapeur de Nantes ou de Saint-Nazaire, faisant escale pour embarquer ou débarquer des *excursionnistes*, et déchirant horriblement nos oreilles avec leurs signaux lamentables. Au delà, nous voyons, comme par une large porte ouverte, la grande nappe bleue ou blanche sous le soleil jusqu'au bout de l'horizon. A gauche, nous touchons de l'œil le pont de quatre arches en pierre avec une arche tournante en fer qui conduit à l'autre quai, et à l'extrémité duquel fume la cheminée de l'usine Benoit, l'un de nos points de repère dans nos promenades ultérieures. En face, nous considérons ce même quai, vis-à-vis du nôtre, avec ses quelques maisons présentes et ses verts bocages qui attendent des maisons futures. Notre quai à nous est entièrement bâti. C'est l'endroit le plus fréquenté, le plus animé, le *boulevard* du Pouliguen. En le parcourant, non plus seulement du regard, mais du pied, nous y remarquons plusieurs magasins ou boutiques, des hôtels meublés, un café à l'instar de Paris, des maisons particulières à fort belles façades et plusieurs maisons ou chalets de location. L'un de ces chalets porte pour enseigne : *A Mireille*. Aussitôt notre imagination s'éveille et bâtit là-dessus un petit roman provençal. Nous entrons pour faire connaissance avec ces compatriotes. Il faut savoir en effet que, bien que Parisien de naissance, nous sommes originaire du pays de Mistral. Il y a même à Toulon un cap portant le même nom que nous, et nous ne laissons pas d'être assez fier de cette parenté géographique. Quoi qu'il en soit, nous constatons avec déception que la marraine du chalet (une vieille dame fort aimable) est parfaitement Bretonne et née au Pouliguen même. Si elle a choisi ce nom de Mireille, c'est, nous dit-elle, qu'il est célèbre et qu'il lui a paru faire bon effet. Voilà tout.

Arrivé au bout de notre quai, tournons à droite, et nous voilà sur la plage, ou plutôt sur la demi-plage, car le beau tapis de sable fin continue au delà du port, à gauche, à l'extrémité de l'autre quai. Mais c'est de ce côté-ci que sont situés les deux établissements de bains, les deux séries de cabines à l'usage des personnes qui ne sont point propriétaires ou locataires de villas voisines des flots. L'un de ces établissements, celui que nous avons fréquenté, et où nous nous rendions par un chemin plus court, à travers le village et le *bois*, a pour chef le brave père Chedmois, homme actif et tranquille, et qui, aidé de sa femme, de sa fille, d'un jeune guide baigneur et, aux grands jours, de deux servantes supplémentaires, attendait d'un pied plus ferme, grâce à l'habitude, que le père Blaise, de Concarneau, la presse qui fréquemment « lui tombait sur le dos ». Cette affluence était parfois telle qu'il fallait monter la garde à la porte des cabines, pour s'en saisir aussitôt qu'elles seraient abandonnées par leurs détenteurs. Les bancs de sable du Pouliguen sont cause en effet que l'on ne peut guère s'y baigner qu'à marée haute et que le temps propice à ces ablutions fortifiantes est quelquefois assez restreint. La grève d'ailleurs est sûre et commode, et les bains y sont excellents. Elle est bordée de villas parmi lesquelles on remarque, tout près du port, le beau manoir du feu comte d'Esgrigny, dont Louis Veuillot a été l'un des hôtes et dont il a notamment célébré en une page charmante « le paratonnerre ». Ce préservatif contre la foudre n'était autre chose qu'un pauvre vieux chiffonnier auquel, tous les ans, jusqu'à sa mort, on accorda l'hospitalité dans le château durant la saison des bains (1).

Pour se transporter sur la partie gauche de la plage, au delà du port, il faut, à moins de remonter jusqu'au pont, prendre le *passage*, c'est-à-dire user de la barque, qui, pour cinq centimes, vous conduit d'un quai à l'autre, et dont l'allée et venue est continuelle. Cette partie est riche de villas et de chalets. C'est là qu'est situé le *Grand Hôtel* ayant derrière lui sa *salle des fêtes*, rudiment de casino, dont le développement ne nous paraît en aucune façon désirable. Pour le moment, le Pouliguen, quoique très fréquenté, puisque le nombre des étrangers, au mois d'août, y est triple de la population constante, le Pouliguen est encore une station de repos, et non de plaisirs mondains. On ne peut guère souhaiter un séjour plus salubre. La santé y profite en effet du triple bénéfice de la mer, des exhalaisons des vastes marais salants de la région, exhalaisons dont — c'est du moins l'avis des Pouliguenais — les avantages l'emportent de beaucoup sur les inconvénients, et enfin de l'excellente senteur résineuse des longues plantations de pins qui, de dune en dune, s'étendent jusqu'à Pornichet.

Pendant la saison, il va sans dire que le commerce du pays se fait un droit d'*écorcher*, comme on dit,

---

(1) Cette page, jusqu'alors inédite, a été publiée par M. Monnier en appendice à l'ouvrage précité. Note XIII, p. 423 et suiv.

tant qu'il peut, les baigneurs. Néanmoins, même alors, le prix moyen des denrées nous a paru plutôt un peu au-dessous de ce qu'il est à Paris ou dans ses environs. Le vin blanc de la région nantaise, qui est la boisson courante des gens aisés, est fort agréable. L'eau potable ne surabonde pas. Le jour même de notre arrivée, une femme se présente à notre nouveau domicile : « Je suis, nous dit-elle (du moins c'est ainsi que nous l'entendîmes), je suis la femme à Bonneau. — Qui est-ce que Bonneau? — Je vous dis que je suis la femme à Bonneau. — Mais nous ne connaissons pas Bonneau. — Je suis, explique-t-elle enfin, non peut-être sans prendre intérieurement en pitié la tête dure des Parisiens, je suis la femme qui vend de la bonne eau. » Et, en effet, c'est elle qui, tous les matins, charriait de maison en maison dans un tonneau ce précieux liquide, dont une trop longue accoutumance nous dérobe ordinairement l'inestimable et providentielle valeur. On pourrait certes, à la rigueur, se passer de vin, de bière, de cidre. Il y a de pauvres gens qui sont, hélas! bien obligés de le faire. Mais comment se passer d'eau?

Un des plus grands agréments du Pouliguen, c'est son *bois*. Sorte de parc ou jardin public planté d'arbres très nombreux, principalement de pins, tout voisin du port et de la plage, et qui, du matin au soir, fait les délices des familles. Un beau calvaire, construit à l'une de ses extrémités, étend, pour ainsi dire, sur les jeux de la jeunesse, qui en peuple les allées, la protection divine. De neuf à onze heures du matin, de une à six heures du soir, que de parties de *crocket!* Que de frères et de sœurs, de cousins et de cousines! Que de bébés, de nourrices, de bonnes, de mamans et de grand'-mamans! Que de messieurs de tout âge en marche ou en repos, en groupes ou solitaires, debout, assis, couchés sur l'herbe! Que de conversations! Que de lectures! Le *bois* du Pouliguen apparaît au mois d'août comme un fort digne pendant des célèbres *Tuileries*. Il est situé sur la rive droite du port. Une assez jolie mais moins ombreuse petite sapinière y correspond sur la rive gauche.

Riche des dons de la nature, le Pouliguen est, en revanche, passablement indigent au point de vue archéologique. L'ancienne église paroissiale, qui sert à présent de marché, n'a rien de très remarquable. La nouvelle est un fort bel édifice, mais tout récent, et dont le clocher même est encore en construction. Toutefois le Pouliguen peut revendiquer à cet égard la chapelle Saint-Julien située au milieu d'un hameau contigu, appelé Penchâteau, l'un des premiers buts de promenade de ceux des baigneurs qui n'y font point leur séjour, car Penchâteau s'enrichit chaque année, lui aussi, de chalets et de villas. Cette chapelle, qui peut bien remonter jusqu'au quinzième siècle, sans être un monument extraordinaire, ne laisse pas d'avoir un certain cachet. Le culte y est, pendant les mois d'été, très amplement desservi. C'est en effet à la chapelle Saint-Julien, selon l'autorisation accordée par Mgr l'évêque de Nantes, que les nombreux hôtes de la maison Saint-René, située tout à côté, vont tous les jours dire leur messe. Mais qu'est-ce donc, demanderez-vous, que la maison Saint-René?

C'est une des créations de ce grand esprit et de ce grand cœur qui avait nom Mgr Freppel. L'illustre évêque d'Angers avait, en 1872, reçu en donation d'un prêtre de son diocèse, M. l'abbé Hurtault, retiré au Pouliguen, une petite maison destinée par le donateur à procurer pendant la saison d'été, à quelques ecclésiastiques angevins les bienfaits et les agréments de l'océan. Mgr Freppel fit l'idée sienne et la développa avec l'ardeur généreuse qu'il apportait à la réalisation de ses bonnes pensées. Sous l'habile direction de M. le chanoine Grimault, l'œuvre a prospéré et grandi de plus en plus. Le principal centre en est aujourd'hui fixé à Penchâteau, dans une belle propriété avec terrasse au bord de la mer. On n'y accueille pas seulement les prêtres du diocèse d'Angers, mais ceux de tous les diocèses. Nous renvoyons pour une histoire plus complète à l'intéressante notice insérée dans l'ouvrage de M. Léon Cosnier intitulé : *La Charité à Angers* (1), dont pourtant nous prendrons la liberté de citer ici quelque chose :

« Chaque année, l'établissement s'efforce de procurer de nouveaux agréments à ses hôtes. Un jardin

(1) 2 vol. in-12. Voyez t. II, p. 244 et suiv. — Cette notice due à la plume élégante et fine de M. le chanoine Grimault, a été reproduite, avec l'autorisation de l'auteur, dans l'ouvrage de M. Aristide Monnier.

dans lequel sont installées des cabines pour les bains, une terrasse d'où l'on jouit pleinement de la vue de la mer, des jeux divers (boules, billard, etc.), un piano, un harmonium, quelques livres, leur assurent toutes les récréations qu'ils peuvent souhaiter.

« Il en est qui passent leurs journées dans la mer ou sur la grève, en costumes de baigneurs, occupés à pêcher, professeurs ou vicaires fatigués, humant à pleins poumons l'air et le soleil ; d'autres courent en barque dans une île, aux *Evens*, au phare de la *Banche*, sans avoir à redouter d'autre accident qu'un léger mal de mer ! Mais la plupart sont épargnés. Beau sujet de fierté pour ceux qui n'ont pas perdu, dans l'océan, le bénéfice de leur dîner ! A terre, on cause, on chante, on dort. Les musiciens improvisent quelque chose ; on fait bon accueil aux *pifferari* (1) qui se présentent pour donner un concert pendant le repas : pauvres gens, qu'attend la double aumône de la bourse et du cœur. Celui qui écrit ces lignes se souvient d'avoir pris part à une pêche à la *seine,* avec accompagnement de deux violons et d'une harpe qui atten-

---

(1) Ces petits Italiens, parfois accompagnés d'un ou deux singes, se montrent sur tous les points fréquentés du Pouliguen pendant la saison des bains. Un jour, du haut de notre fenêtre sur le port, nous en vîmes de violemment apostrophés par une vieille mendiante bretonne, furieuse de cette concurrence étrangère. L'apostrophe était accompagnée de jurons qui rendaient peu sympathique la cause de la vieille indigène, laquelle avouait d'ailleurs à haute et intelligible voix qu'elle était ivre.

daient, sur le rivage, le retour des pêcheurs et du filet. Si le coup avait été mauvais, on jouait en mineur avec bémols; s'il avait été bon, le morceau éclatait comme une fanfare, en majeur, avec trois dièses à la clef!

« Cependant on entendait au loin ceux qui revenaient en barque et qui chantaient l'*Ave Maris stella*. Le soir, quand l'ombre rend l'océan plus mystérieux, les hôtes, réunis sur la terrasse, redisent quelque hymne à l'Étoile des flots. Puis, la scène s'anime, de gais refrains pétillent comme un feu d'artifice, pendant que de vraies fusées s'élèvent vers les étoiles et retombent en pluie de feu dans la mer. »

Les soutanes des hôtes de Saint-René sont connues et respectées au Pouliguen. Leurs chapeaux d'été, qu'ils s'abstiennent d'ailleurs de porter en ville, méritent ici une mention. « On trouve à Saint-René, dit la notice, des chapeaux de paille inusables, achetés par les hôtes et revendus à ceux qui arrivent par ceux qui s'en vont. Au troisième ou quatrième propriétaire, la forme en devient un peu fantaisiste. » Ces respectables couvre-chefs ont donné lieu à une chanson sur l'air du *Biniou* dont voici le premier couplet (1).

   Arrivant sur cette plage
   Je m'achetai, pour six sous,

---

(1) On en trouvera le texte complet dans la Notice. Il a été reproduit dans le volume de M. Monnier, p. 403 et suiv.

> Un chapeau de bon usage
> Et qui n'avait que dix trous!
> Peut-on, pour couvrir sa tête,
> Faire une moins chère emplette?
> Non, rien n'est meilleur marché
> Qu'un chapeau de Saint-René...

Non loin de la maison Saint-René, sur la place de la chapelle Saint-Julien, que décore une croix d'assez antique aspect, s'ouvre une courte ruelle aboutissant à des degrés de pierre, qui conduisent eux-mêmes aux agréables rochers qui font suite à la plage des bains. Là les familles se groupent volontiers à marée basse. Là les enfants creusent des trous dans le sable, y élèvent des murailles, des fortifications éphémères, vont à la quête des crevettes ou des petits crabes, et taquinent de leurs pieds nus le flux et le reflux de l'Océan.

La plage de gauche, celle où est situé le *Grand Hôtel*, quoique dépourvue de rochers, ouvre aussi un vaste champ aux jeux, à la pêche, à la promenade. Elle se relie en effet directement, sans interruption, à la plage balnéaire de la Bôle, qui elle-même rejoint, également sans interruption, la plage balnéaire de Pornichet. Les trois plages ne forment en réalité qu'une seule et même grève d'une étendue de sept kilomètres. Un *trait d'union* des plus commodes, des plus pittoresques, a été établi entre ces trois stations, au moyen d'un tramway à vapeur, système Decauville, qui, durant la saison, ne cesse de circuler, sur la grève même, avec double départ d'heure en heure, de Pornichet au Pouliguen et *vice versa*. C'est une sensation agréable et saisissante que cette circulation rapide si près de la vaste étendue des flots, avec la perspective continuelle de l'immense nappe liquide qui envoie sans cesse son murmure à vos oreilles et sa fraîche brise à vos poumons.

La Bôle, où le tramway laisse toujours une partie de ses voyageurs, est une station de création récente, mais de grand avenir. Avec ses riantes allées bordées de chalets neufs dans leurs bosquets de pins, on dirait un décor d'opéra-comique. Les médecins, dit-on, commencent à en recommander, même l'hiver, le séjour aux poitrines délicates, et déjà l'on prononce à son sujet le nom de *nouvel Arcachon*. Nous n'avons jeté, avouons-le, qu'un coup d'œil sur Pornichet, et nous n'en saurions dire grand'chose. Mais nous recommandons aux bons marcheurs et aux bonnes marcheuses le retour à pied de Pornichet au Pouliguen par la route des pins. C'est un autre agrément que celui du *trait d'union*, mais c'est aussi un vrai charme et, de plus, un exercice très salutaire. Il faut savoir, en vacances, faire agir ses jambes et varier ses plaisirs.

Nous sommes loin d'avoir encore épuisé toutes les occasions que nous en offrent le Pouliguen et ses environs. Retournons maintenant à Penchâteau, et nous constaterons, en suivant la côte, qu'au delà des premiers et petits rochers signalés par nous tout à l'heure, s'étendent de nouvelles et imposantes masses de granit, quotidiennement visitées et parfois battues des flots sur des grèves successives, variées, soudaines, abruptes. Ces groupes de roches, parfois énormes, affectent des formes multiples, bizarres, pleines d'une poésie sauvage. Tantôt on croirait voir des forteresses cyclopéennes, des cirques bâtis pour des jeux ou des conciliabules de géants, tantôt des monstres antédiluviens, effrayants béhémoths, sauriens démesurés, grenouilles et tortues gigantesques. La mer, qui les ensevelit presque entièrement à marée haute, écume autour d'eux durant le progrès du flux, et, s'insinuant invinciblement dans les couloirs et les cavités rocheuses, franchit, force tous les obstacles, et soudain pousse en sifflant dans l'air par une fente étroite un jet d'onde quasi vaporeuse. Ainsi tout le long de la *grand'côte* depuis Penchâteau jusqu'au *Café des marsouins*, ainsi au delà, bien au delà, car cette belle et imposante falaise s'étend du Pouliguen jusqu'au bourg de Batz.

Pour se rendre à la *grand'côte*, on peut donc prendre par Penchâteau. Mais on peut aussi suivre un chemin de traverse dont le point de départ est la rue où s'ouvre la porte latérale donnant habituellement accès dans l'église, et qui aboutit directement au *Café des marsouins*. On remarque sur ce chemin, à droite, un moulin abandonné, le moulin de Codon, qui était jadis le moulin seigneurial et banal du Pouliguen, et qui attira d'autant plus notre attention que, à la différence des gens du pays, très mal renseignés à ce sujet, nous en connaissions le propriétaire actuel. Notre bien cher confrère et ami le comte Amédée de Bourmont, qui l'a recueilli dans l'héritage des Becdelièvre, peut se flatter de posséder là un remarquable exemple de la différence qui peut exister entre la propriété foncière et le revenu. Le seul droit que ce moulin lui confère est la qualité de contribuable au Pouliguen. Il est vrai que la contribution n'est pas écrasante. Enfin, si quelque jour la fantaisie lui prend de se faire meunier, ne fût-ce que pour bien établir qu'il n'y a pas d'incompatibilité entre cette qualité et celle d'archiviste-paléographe, il est à même. Seulement le moulin aurait besoin de réparations. En face et au delà du moulin de Codon commencent à se bâtir des chalets et des villas. Un très beau calvaire a été érigé à l'extrémité du chemin qui aboutit à la *grand'côte*.

Les grèves, les rochers de la *grand'côte* jusqu'au bourg de Batz offrent au touriste, sur une échelle encore plus étendue, le même spectacle que celui dont nous essayions tout à l'heure de donner une idée en nous dirigeant par la pensée de Penchâteau au *Café des marsouins*. « Il y a dans cette nature, dit très bien M. Aristide Monnier, quelque chose de sauvage et de grandiose : cirques largement ouverts d'où surgissent des récifs à fleur d'eau, des aiguilles de granit, des figures fantastiques, golfes en miniature étranglés entre deux hautes murailles, cassures, arêtes vives, amoncellement de ruines. Cette côte étrange est forée de grottes : il y en a d'étroites et de sombres comme des couloirs de souterrains entre deux parois humides qui ont des chatoiements de velours verts; d'autres, moins profondes, où le soleil pénètre, sont diamantées de scintillements de mica. Une est célèbre, c'est la grotte du *Korrigan* ou du *Courrican*, qui s'ouvre sur la mer en un vaste cintre et s'enfonce pavée de galets sous une haute voûte rugueuse de granit. Si vous demandez pourquoi cette grotte est ainsi appelée, il n'y a pas un seul Breton qui ne vous répondra que les Courricans sont de petits génies noirs, gardiens des trésors ensevelis sous les rochers, assez malicieux pour harceler les pauvres humains, et qu'ils ont hanté cette grotte. Mais personne n'en a jamais vu, pas plus là qu'ailleurs... »

La grotte du *Korrigan* mérite certainement une visite. Il est vrai que le chemin n'en est pas sans quelque difficulté et qu'il y faut un peu de gymnastique. Il serait pourtant assez aisé d'accommoder en escalier, en faveur des dames, le demi-sentier pratiqué un peu trop sommairement dans la falaise et qui y conduit. Le spectacle de cette large salle marine avec son enfoncement final en guise d'abside et son petit couloir, à droite, terminé par une étroite ouverture en façon de fenêtre-poterne dans le rocher, est vraiment beau et intéressant. On y rêverait une assemblée nocturne de fidèles persécutés. On y rêverait encore une réunion de fées celtiques ou de nymphes homériques. Le souvenir de la grotte du port d'Ithaque, près de laquelle les Phéaciens déposèrent Ulysse endormi, se présente ici assez naturellement à la pensée : « En un lieu d'Ithaque est le port de Phorcys, vieillard de la mer ; deux promontoires escarpés, en formant le contour, le défendent de la fureur des grandes vagues et des vents sonores. Les vaisseaux qui en ont franchi l'entrée peuvent stationner sans amarres. A son extrémité s'élève un olivier touffu dont l'ombrage cache une grotte délicieuse, séjour sombre et caché des Naïades. Dans cet asile, rafraîchi par une fontaine intarissable, sont renfermées des urnes et des amphores de pierre. Les abeilles y déposent leur miel, et sur de grands métiers de roche, les nymphes tissent des toiles de pourpre d'un aspect admirable. Elle a deux portes : l'une, sous le souffle de Borée, est à l'usage des humains ; l'autre, du côté de Notos, est plus divine. Jamais homme n'entre là ; c'est le chemin des immortels (1). »

De la *grand'côte* sur la mer, la vue est vraiment admirable. « Si du haut de cette falaise, dit M. Monnier, nous nous arrêtons à contempler le spectacle qui s'offre à nos regards, comme il est majestueux ! En face, l'immense océan vivant et libre ; vers l'Orient, l'entrée de la Loire, ponctuée par deux sombres forteresses ; plus loin, le cap de Saint-Gildas avec sa crête de rochers ; enfin, dans le miroitement de l'horizon, Noirmoutier avec sa forêt d'yeuses et la fine pointe de son phare ; à l'Occident, dans le ciel bleu, monte une masse de

---

(1) *Odyssée*, chant XIII. Traduction Giguet.

granit : c'est le clocher du bourg de Batz, qui allonge son ombre démesurée sur les maisons du bourg et dans la plaine. »

Se rendre du Pouliguen au bourg de Batz par la falaise, c'est une magnifique promenade, mais c'est le chemin des écoliers. Une voie sensiblement plus courte (sans compter le chemin de fer), c'est la rue ou route du Croisic, qui traverse ledit bourg et vous mène droit devant l'église, dédiée à saint Guénolé. Outre son clocher de 60 mètres dont, dans toute la région, on ne peut, pour ainsi dire, éviter la vue imposante, cet édifice est un intéressant spécimen du dernier âge du gothique, avec de remarquables clefs de voûte. Tout près de là, en se dirigeant par une rue transversale du côté de la mer, on trouve les belles ruines de la grande chapelle de Notre-Dame-du-Mûrier, de la même époque. Cet édifice était encore intact en 1825, mais, cette année-là, une grande tempête, dit M. Monnier, « vint opérer des dégâts sérieux sous le toit de la grande église, et il n'y avait rien dans les caisses de la fabrique et de la commune pour faire face aux dépenses de la réparation... On se hâta de faire prendre la décision de découvrir la chapelle de Notre-Dame-du-Mûrier pour réparer le toit de l'église de Saint-Guénolé. Puis sans consulter l'autorité diocésaine et sans donner à l'opinion le temps de se prononcer trop carrément, on se mit de suite à l'œuvre. Inutile de dire que les vieilles ardoises ne purent être réemployées. Il fallait cependant bien tirer quelque ressource de cette chapelle ; on démolit alors sa charpente en bois de cèdre, et on la vendit par petits lots sur la place publique du bourg. » — O vandales ! vandales !

La petite plage ou, pour mieux dire, la petite grève, du bourg de Batz est pittoresquement encadrée, surplombée de rochers, battus quelquefois et même balayés par une mer avec le courroux de laquelle, en automne ou en hiver, il ne ferait pas bon de rire. Mgr Freppel qui, durant un de ses séjours à Saint-René, était venu, en compagnie de M. le chanoine Grimault, de qui nous tenons le fait, se promener sur les rochers de la grève de Batz et qui s'obstinait, en véritable Alsacien, à tenir ferme devant l'ennemi sur le siège de granit où il avait pris place, faillit de bien peu un jour à être emporté par une vague anticléricale. Non loin de la plage est un agréable jardin public, que l'on ne saurait pourtant comparer sans injustice au beau *bois* du Pouliguen.

Un séjour au bourg de Batz, où les dépenses soit de location, soit de vie courante, sont, croyons-nous, moins élevées, aurait bien son charme. La population indigène y est moins noyée qu'au Pouliguen dans l'affluence des étrangers ; elle a un cachet particulier et même des prétentions ethnographiques, d'ailleurs assez contestables : « Les habitants du bourg de Batz, écrit M. Élisée Reclus (1), disent ne pas appar-

---

(1) Cité par M. Paul Joanne, *La Loire*, 1884, p. 244.

tenir à la même race que les populations d'origine bretonne des villages environnants ; ils se croient de souche scandinave ou saxonne. Cependant cette tradition n'est probablement pas antérieure au siècle dernier, et ni l'aspect physique, ni le costume, ni la langue des paludiers de Batz n'indiquent une ligne de séparation nette entre eux et leurs voisins du plateau de Guérande ; dans les deux régions, on trouve à peu près en même nombre des hommes de haute taille, aux yeux bleus, à la chevelure blonde ; les anciens costumes, qui ont à peu près disparu, sauf la coiffe des femmes, étaient de même apparence générale, et la langue, fort rapprochée du Vannetais, était jadis bretonne pour les gens de Batz et de Guérande, ainsi que pour les habitants de toute la côte, jusqu'au dix-huitième siècle : actuellement il reste seulement dans les hameaux avoisinant Batz quatre cents personnes environ parlant l'ancien dialecte. Ce qui distinguait surtout les gens de Batz, c'était l'isolement dans lequel ils vivaient et le patriotisme local qui en était la conséquence. Naguère, il n'y avait pas d'exemple qu'un seul des jeunes hommes de Batz se mariât avec une fille des villages bretons des alentours. La pureté de la race était complète. Tous les habitants du bourg sont cousins les uns des autres, et les familles qui portent le même nom sont si nombreuses qu'il faut les distinguer par des sobriquets. »

L'un des avantages du séjour au bourg de Batz

c'est le voisinage du Croisic. De l'un à l'autre lieu, c'est une promenade ordinaire. Du Pouliguen, au contraire, l'espace commencerait à compter, surtout pour des jambes qui approchent de la cinquantaine. Par le chemin de fer, il est vrai, ce n'est plus qu'un pas. Aussi primes-nous le chemin de fer. A peine descendu de la gare, on se trouve tout juste au pied du Mont-Esprit, promenade publique en forme de colline et de labyrinthe, au sommet de laquelle on peut embrasser du regard l'aspect d'ensemble du Croisic et de sa région. On s'y trouve comme entre deux mers, à savoir l'océan et le *golfe du Trait,* avec une troisième et vaste perspective de marais salants. La sensation est forte et l'impression d'une mélancolie belle et sauvage. Nous redescendons et nous engageons sur les quais en longeant la curieuse et bien nommée *chambre des vases,* boueuse et malodorante à marée basse. L'aspect des quais du Croisic change du tout au tout selon la marée. A marée haute, baignés par une mer abondante, ils ont un caractère de noble et fière plénitude, qui devient, après le retrait des flots, une sorte de raideur un peu anguleuse. A droite, nous considérons le Mont-Lenigo, qui domine le Mail, et qui fait le pendant du Mont-Esprit. Nous contemplons, de loin, du même côté, sur la chaussée de Pembron, le grand hôpital maritime pour les enfants, desservi par les Sœurs de Saint-Vincent-de-Paul. Nous arrivons enfin, au bout du quai, à l'ancien établissement des bains de mer, maintenant occupé par les Frères hospitaliers de Saint-Jean-de-Dieu, qui le destinent spécialement aux jeunes garçons et aux jeunes gens, à partir de l'âge où on ne les recevrait plus à Pembron. La maison a d'ailleurs conservé, mais à titre d'annexe tout à fait distincte, un établissement hydrothérapique parfaitement installé et ouvert à tout le monde, sans pensionnaires toutefois. Les dignes hospitaliers auront peut-être lieu, et nous le souhaitons, de développer en divers sens l'œuvre qu'ils essaient là-bas : la santé méthodiquement rétablie par la mer.

Nous rebroussons chemin et allons visiter l'église, dédiée à Notre-Dame-de-Pitié et bâtie de 1494 à 1507, au moins pour l'ensemble, car le portail du nord date de 1528, et le clocher n'a été terminé qu'au dix-septième siècle. Nous y admirons, dans les compartiments de plusieurs clefs de voûtes, de curieuses peintures à personnages, dont une ou deux, la jumelle aidant, sont encore assez distinctes. Nous nous munissons ensuite d'un excellent repas à l'hôtel Guilloux, où nous nous renseignons éventuellement sur les conditions du séjour et de la vie au Croisic. Nous nous dirigeons après cela vers les plages maintenant les plus fréquentées par les « étrangers », à savoir la grève dite des Bonnes-Femmes et celle de l'établissement Valentin, le plus renommée. Mais quelle distance ! Un omnibus, il est vrai, fait un service régulier entre le bourg et la plage.

Mais nous ne pouvons nous faire à l'idée de courir ainsi tous les jours après l'Océan. Nous en concluons qu'à l'heure actuelle le séjour du Croisic est mieux approprié aux malades et aux touristes qu'aux simples baigneurs. Nous aurions encore de belles promenades à faire du côté de la Pointe du Croisic, de la Turballe, de Piriac, nous aurions à parcourir le rivage du golfe du Trait. Ce seront là des raisons pour revenir peut-être une autre fois, une autre année. Mais quant à aujourd'hui, nous nous en retournerons du côté de la gare, non sans jeter en passant un coup d'œil de satisfaction archéologique sur la chapelle dite du Crucifix, du quinzième siècle, d'où une généreuse et intelligente initiative est en train de faire disparaître les injures du temps.

Vous entendez bien que si vous êtes installé au Pouliguen, ce n'est pas tout d'avoir vu à gauche la Bôle et Pornichet, à droite le bourg de Batz et le Croisic. Vous ne sauriez raisonnablement vous dispenser d'aller visiter Guérande. On y accède très aisément par un petit bout de ligne ferrée qui part de la station d'Escoublac, voisine immédiate du Pouliguen. La principale curiosité de Guérande, tout le monde vous le dira, ce sont ses remparts, remarquable échantillon de l'architecture militaire du moyen âge, très bien conservés sous leur manteau de plantes grimpantes et encore flanqués de dix tours sur onze. Deux de ces tours appartiennent à la porte Saint-Michel, qui est comme une sorte de petit donjon, où est aujourd'hui installé l'hôtel de ville avec ses archives. Lesdites archives son bien maigres, surtout pour une ville aussi ancienne et d'un tel renom historique. Elles ont subi, hélas! à plusieurs reprises les terribles conséquences de nos discordes civiles et ne remontent pas aujourd'hui plus haut que la Révolution. Une partie de l'église Saint-Aubin est de la première et de la seconde, une autre partie de la dernière période du gothique : contraste qui intéresse et qui instruit l'archéologue. La petite chaire extérieure en pierre, située à droite du porche principal, est un remarquable détail à noter. On prêchait de là sur la place. Mais ce qu'il ne faut pas surtout négliger, ce sont les curieux chapiteaux romans à figures et scènes symboliques encore subsistant dans la nef. Ayez donc soin de vérifier de vos propres yeux — vous les trouverez exactes, car elles ont été fournies à l'auteur par M. Anthyme Saint-Paul — les indications suivantes de M. Paul Joanne : « Trois de ces chapiteaux, à gauche, offrent des sujets très curieux : deux personnages en scient un troisième étendu sur une roue; un patient étendu sur un gril sé débat dans d'affreuses contorsions au-dessus d'un feu ardent que deux bourreaux alimentent au moyen de forts soufflets; un criminel est dévoré par des monstres (1). » — En attendant l'heure du retour, nous allâmes jeter un coup d'œil sur les bâtiments de l'ancien couvent

---

(1) *La Loire*, p. 249.

des Usurlines, où est aujourd'hui installé un établissement ecclésiastique d'enseignement secondaire, qui nous a fait l'effet d'un fort agréable collège.

Pendant notre séjour à Guérande, une importante nouvelle avait circulé parmi les convives de la table d'hôte de l'hôtel Vincent, nouvelle qui, depuis plusieurs jours, causait parmi les « étrangers » de toute la région un certain émoi. Il devait y avoir le lendemain au village de Saillé un mariage et une noce avec les anciens costumes du pays. Saillé, voisin de Guérande, l'est encore plus du Pouliguen. Aussi, à l'heure indiquée, par la route départementale ou vicinale qui s'est frayé un passage à travers les marais salants, et qui était ce jour-là encombrée de piétons et de voitures, allâmes-nous grossir la foule de baigneurs accourus de toutes les stations environnantes et se pressant à la porte, prudemment fermée, de la chapelle qui remplace provisoirement l'église paroissiale de Saillé, une grande et belle église, en plein travail de reconstruction. Comme tout cortège qui se respecte, le cortège nuptial de Saillé se fit assez longtemps attendre. Enfin le voici qui arrive en chantant, précédé du joueur de biniou traditionnel. La mariée est charmante dans le costume de cérémonie, à la fois élégant et chaste, des Bretonnes d'autrefois. Le marié, qui peut-être, il est vrai, n'est pas du village, s'est affublé d'une redingote citadine et d'un chapeau rond de commis-voyageur; il a l'aspect lourd et gauche d'un paysan moderne endimanché, tandis que le père de la mariée et le garçon d'honneur, fidèles à l'antique usage, ont tout à fait l'air de grands seigneurs, avec leurs manteaux chevaleresques, leurs culottes courtes et leurs larges chapeaux relevés d'un côté. Dans le cortège, le mélange des deux systèmes produit un singulier bariolage, mais qui n'est pas à l'honneur des temps nouveaux.

A l'issue de la cérémonie religieuse, pendant laquelle la chapelle ne cessa d'être envahie par une foule continuellement renouvelée, la noce, saluée d'un coup de vieux fusil tiré par un manchot, alla d'abord se réconforter un peu dans une auberge, puis se mit presque aussitôt à former une danse, successivement recommencée sur plusieurs points du village, parmi lesquels une petite place au pied d'un grand calvaire. Cette danse est une ronde, où entre qui veut, et dont les pas sont simples et non sans grâce. La plupart des jeunes gens de Saillé y prirent part tour à tour. Les « étrangers », charmés de ces vieilles coutumes, témoignaient leur plaisir et leur sympathie, criaient : « Vive la mariée! » Elles s'en vont, ces vieilles coutumes, et leur chute totale ne paraît qu'assez faiblement retardée par l'intérêt archéologique qui commence à s'y attacher et que prouvait clairement l'affluence des spectateurs. Bientôt peut-être, pour s'en faire une idée, on ne pourra plus recourir qu'aux reliques des musées, aux tableaux des peintres, aux descriptions des historiens, des romanciers et des poètes, bientôt peut-être il n'y aura plus, soit à Saillé, soit au bourg de Batz, d'aussi beaux sujets de peinture ou de poésie que ces *Noces de Marie-Jeanne*, dont les traits pittoresques ont été naguère fidèlement et agréablement exprimés par M. Stéphane Halgan dans ses *Souvenirs bretons* :

Elle avait cependant une coiffe plissée,
Un tablier à fleurs aussi jaunes que l'or,
Une chaîne d'or pur autour du cou passée,
Des bas rouges à coins brodés, et puis encor
Une robe superbe à la jupe écarlate
Et des souliers de daim arrondis par les bouts.
La couronne enfermait sa brune chevelure,
Car les femmes de Batz croiraient vraiment pécher
En laissant voir à tous cette noire parure
Que, sous leurs courts bonnets, elles savent cacher...
Le marié n'avait, comme ceux de l'endroit,
Ni les quatre gilets bordés de hautes ganses,
Ni le grand chapeau rond relevé d'un côté
Par des velours tressés de diverses nuances,
Ni le petit manteau sur l'épaule jeté,
Manteau sombre et tombant, large de plusieurs aunes,
Qu'on ne met dans le bourg que les jours de gala,
Ni les bas de couleur, ni les beaux souliers jaunes...
Puis on alla former la ronde cadencée
Qui sur le grand chemin, saute en se déroulant,
Ronde aux pas saccadés et qui n'est bien dansée
Que depuis Escoublac jusques à Trescalan.
C'est devant le logis des parents que l'on danse
Sur un chant monotone et des airs du pays,
Et du biniou criard qui règle la cadence,
Les accords hasardeux sont toujours obéis (1).

(1) Citation empruntée au livre de M. Aristide Monnier, pp. 335, 336.

Nous nous en revînmes de Saillé, comme nous y étions venus, à travers les marais salants. Ce sont ces vastes étendues de plaines mouillées d'eau de mer en évaporation et produisant du sel au lieu de céréales et de fourrages qui, dans toute la contrée, forment l'horizon terrestre, le fond du tableau. C'est une perspective un peu morne, mais non sans grandeur, accentuée de distance en distance par la blancheur des *mulons*, amas de sel qui tiennent ici lieu des meules de blé ou de foin des paysages ordinaires, et par les silhouettes des *paludiers* et *paludières*, cultivateurs spéciaux de ces champs singuliers (1).

Nous retrouvâmes encore ces mêmes salines à Noirmoutier, où nous fîmes une excursion au moyen de l'un de ces bateaux à vapeur qui venaient faire escale au Pouliguen presque sous nos fenêtres. Mais ce ne fut pas naturellement ce qui attira le plus notre attention dans la vieille île vendéenne. La crique où l'on débarque, avec sa jolie grève et sa couronne d'arbres verts, est d'un aspect très attrayant. Très agréable aussi est la route à travers le bois de la Chaise, mêlé de pins et d'yeuses, semé de villas coquettes, sans cesse traversé par les ânes qui constituent le trait principal de la faune du pays, et qui réveillèrent dans notre esprit nos souvenirs des Sables-d'Olonne. Moins agréable est, au mois d'août,

(1) Sur les questions économiques relatives à l'industrie salicole dans la région du Pouliguen, nous renvoyons aux détails précis donnés par M. Monnier, p. 134 et suiv.

par le soleil de cet été 1893, la continuation de la route, dépourvue de tout ombrage, pour arriver à la ville chef-lieu. Moins agréable encore est à pareil jours l'encombrement des hôtels envahis par les passagers venus de Pornic, du Pouliguen et de Saint-Nazaire. Nous serions sans doute mort de faim, sans l'aimable protection d'une famille d'anciens négociants parisiens, déjà installée à l'une des tables prises d'assaut, et qui voulut bien nous faire part de ses conquêtes à la cuisine. Cependant les servantes se disputaient avec bruit.

Du moins pûmes-nous, à défaut de notre corps, repaître notre esprit d'aliments vraiment archéologiques. L'église nous ouvrit sa crypte du onzième siècle où l'on conserve un antique cénotaphe de saint Philbert. Mais surtout le château nous offrit un magnifique morceau, très bien conservé, d'architecture militaire et féodale. Ah ! le beau donjon ! les belles tours en poivrières ! Il nous manquait seulement, pour bien goûter un tel spectacle, la présence, les doctes commentaires de notre ami Joseph Berthelé, d'autant plus à souhaiter, à regretter, que nous étions là précisément en Poitou, sur son ancien domaine, auquel, quoique fixé maintenant à Montpellier, voué au Languedoc, il revient toujours, nous en sommes sûr, avec plaisir par la pensée.

L'impression générale qui résulte pour nous de notre séjour au Pouliguen est très favorable à cette jolie station et à la région qui l'environne. Il est probable que l'affluence des « étrangers » y augmentera plutôt que d'y diminuer, surtout si les habitants, par des exigences excessives, ne tuent pas la poule aux œufs d'or. Comme c'est là leur principale ressource, ils feront bien de la ménager. Cette affluence croissante, parmi ses avantages matériels, n'est pas, nous avons eu déjà l'occasion de le dire, sans inconvénients moraux. Toutes les côtes de Bretagne (l'intérieur aussi, hélas), sont certainement menacées, par cette cause et par d'autres, d'une contagion d'idées et de sentiments dangereux. Un bon préservatif existe au Pouliguen, pour les générations actuelles et pour les futures, dans la présence et le dévouement des Sœurs de la congrégation de Sainte-Marie d'Angers (1). C'est au noble clergé breton, sous la direction de ses évêques, qu'il appartient, par un apostolat aussi sage que zélé, vaillant et persuasif, d'une fermeté tempérée par le tact et par la prudence, c'est à lui surtout qu'il appartient de conserver à notre vieille et chère Armorique, tout en l'aidant à profiter de ce qu'il y a de vraiment bon dans les progrès matériels et intellectuels de notre époque, toutes ses qualités et ses vertus d'autrefois.

1893.

(1) Cf. dans le livre de M. Monnier les excellents chapitres vi et vii de la deuxième partie.

XI

PREMIER COUP D'ŒIL SUR LA PROVENCE.

Les lecteurs du *Monde* étant pour nous de vieux amis, nous ne craignons pas de leur faire des confidences familières. A propos d'un léger incident de notre séjour de 1893 au Pouliguen (Loire-Inférieure), nous leur avons fait part de nos origines méridionales et même de notre parenté, au moins nominale, avec un certain petit cap qui joue un certain petit rôle dans la Méditerranée. Ce n'est pas là, qu'on le sache, une prétention vaine. Ecoutez plutôt ce qu'écrivait en 1738, dans son *Grand Dictionnaire géographique et critique*, au mot *Toulon*, ce grave personnage, M. Bruzen La Martinière, « géographe de Sa Majesté catholique Philippe V, roi des Espagnes et des Indes » : — « La baye de Toulon, qui a de bons mouillages, est de l'autre côté du cap Sepet, environ deux milles vers l'Ouest-Nord-Ouest de la pointe de ce cap, et au dedans du cap, il y a une petite calanque entre deux grosses pointes, qu'on appelle communément le *Creux de Saint-George*, vis-à-vis duquel on mouille avec les galères par 8, 10, 12, 15 brasses d'eau, fond d'herbe vaseux, portant une amarre sur la pointe de l'Ouest, si l'on veut... Lorsqu'on va du cap Sepet à Saint-George ou à la grande rade, il faut prendre garde à une madrague qu'on met pendant l'été presque à moitié chemin, vis-à-vis d'une grosse pointe... Au Nord-Est du cap Sepet, environ à 4 ou 5 milles, est la pointe de Sainte-Marguerite, qui est fort escarpée. »

Est-ce sérieux, oui ou non? Nos prétentions ne sont-elles pas solidement appuyées par cette calanque, cette madrague et enfin cette pointe escarpée? Parmi les clients du conseil héraldique de France, en est-il beaucoup qui puissent produire des titres meilleurs? Les héros d'Homère se glorifient volontiers de descendre d'un fleuve. Sans être un héros, pourquoi ne descendrions-nous pas d'un cap? Nous saisissons cette occasion pour interdire formellement, sous peine d'amende, à tous atlas, manuels de géographie, itinéraires, guides, et autres écrits, conservateurs ou perturbateurs des traditions et légendes locales, nommément à la *Provence* de Paul Joanne, en ses éditions futures, de dénaturer le nom dudit cap sous l'orthographe abusive de cap *Cépet*, que nous enjoignons au ministère de la marine et à toutes autres autorités militaires et civiles qu'il appartiendra de corriger et faire corriger partout où besoin sera. Fortifié de l'autorité de Bruzen La Martinière, nous faisons même de formelles réserves contre l'accent aigu attribué à la première syllabe dudit nom dudit cap, quoique nos parents du Midi, par un phénomène, à là fois conservateur pour la prononciation et révolutionnaire pour l'orthographe, aient cru devoir accepter cette ponctuation pour eux-mêmes. L'addition de l'accent, passe encore, mais le changement de consonne, l'usurpation du C sur l'S, jamais, jamais. Nous sommes tous d'accord là-dessus pour protester avec anathème.

De la tirade qui précède, il suit que nous avons conservé des parents dans le Midi. Oui, certes, et même des parents assez proches. Mais depuis près d'un siècle que notre aïeul, quittant Brignoles, sa ville natale, était venu s'établir à Paris, la distance de temps et de lieu, sans compter les péripéties variées de l'existence des familles à notre époque tourmentée, avait effacé toutes relations et même toutes notions précises d'existence entre eux et nous. Nous savions pourtant, mais de façon vague, que notre aïeul avait eu un frère aîné établi médecin dans les Basses-Alpes, lequel avait dû laisser lui-même une postérité. Or donc, c'est cette postérité dont nous avons eu la joie de retrouver récemment la trace, par suite de l'aimable initiative (dénonçons-le) d'un religieux d'Aix, le R. P. Pralon, de la Compagnie de Jésus (1), qui voulut bien nous signaler et nous recommander le

---

(1) Le R. P. Pralon est passé depuis lors à la résidence de Lyon, où un nouveau et plus vaste champ est ouvert à son zèle pour la jeunesse chrétienne.

talent et les succès précoces d'un jeune étudiant remarquablement doué et qui portait le même nom que nous — le nom du cap. Les Jésuites n'en font jamais d'autres. Ils se plaisent à rapprocher les distances et à relier les familles. O Eugène Sue! Eugène Sue! De là, correspondance avec ledit étudiant, que nous nous faisons un devoir d'encourager dans les études juridiques, et même historiques et littéraires; rapprochement et comparaison des souvenirs et traditions de famille; ascension de l'échelle généalogique; discussion sur le cap et sur l'accent aigu; constatation évidente de la parenté; sympathie naissante et croissante. La voix du sang! la voix du sang! Bref, c'est là que nous en voulions venir par ce chemin un peu long, résolution de notre part de profiter de quelques jours de loisir dont nous pouvions disposer aux environs de Pâques dernier, pour aller jeter un premier coup d'œil sur la *terre de nos aïeux* (style Guilbert de Pixérécourt); remercier notre vénérable ami, le R. P. Pralon; nouer connaissance personnelle avec l'étudiant susmentionné et, par son intermédiaire, s'il y avait lieu, avec d'autres parents encore. Nous sommes persuadé qu'entre autres conséquences sociales des chemins de fer se produisent et se produiront beaucoup de rapprochements de ce genre. Quant au cap, notre vénérable ancêtre, nous fûmes, avouons-le, obligé, faute de temps, de remettre à une autre fois la visite que lui doit notre affection filiale.

Compagnie de Paris-Lyon-Méditerranée, nous

ferons l'éloge de tes *rapides*. C'est un grand agrément de pouvoir, comme d'un trait, gagner Marseille en une nuit et une matinée. Mais nous n'étions pas sans inquiétude sur l'encombrement possible, qui nous priverait du coin cher au voyageur qui veut voir. Nous montons dans un compartiment déjà envahi par une quantité extraordinaire de valises, sacs, couvertures, pardessus et autres objets divers, qui en retenaient toutes les places, et nous demandons d'une voix timide et morose à l'unique voyageur présent : « Est-ce que tout est pris? — Non, monsieur, nous répond avec l'accent de la Canebière, mais du ton le plus aimable, ledit occupant, prenez la place que vous voudrez, tout cela est à moi seul. » — Et nous eûmes sur-le-champ le coin désiré. — Compagnie de Paris-Lyon-Méditerranée, nous ferons l'éloge de ton matériel. Nous passâmes une fort bonne nuit, et notre compagnon de voyage une meilleure encore, car la nuit, en chemin de fer, chaque fois que nous roulons vers des pays plus ou moins éloignés de notre modeste foyer de la banlieue parisienne, nous sommes toujours en proie à une vague inquiétude, à une légère angoisse, comme en présence d'un avenir inconnu; tandis que notre excellent Marseillais, qui à la vérité retournait chez lui, semblait aussi à son aise que dans sa chambre à coucher.

Son amabilité ne fit d'ailleurs que se développer, bien loin de se démentir, et il se fit un devoir et un plaisir, le jour venu, de nous commenter les sites et le paysage, de nous expliquer, quand nous fûmes entrés dans cette région à lui familière, les traits distinctifs du ciel et de la terre provençale. Malheureusement, par une sorte d'esprit de contradiction, dont sans doute les éléments ne sont pas exempts, une forte brume se complut quelque temps à se développer sur le Rhône et à contrarier l'effet ordinaire du fameux soleil, dont les vrais enfants d'Avignon, d'Arles et de Marseille, quoiqu'il les brûle, ne sont guère moins fiers que du mistral, quoiqu'il les gèle. Notre compagnon de route nous déclara, il est vrai, qu'il n'avait jamais pu s'habituer à ce terrible fils des glaciers, dont il nous montrait la main puissante imprimée, pour ainsi dire, dans la courbure irrévocable des files souffreteuses d'arbres pliés par lui le long des grandes plaines sèches et des collines pierreuses. Il lui devait l'assaut de névralgies redoutables. Qui sait, pourtant, qui sait, au fond, s'il lui serait possible de s'en passer? Pour nous, qui avons eu occasion de le sentir, nous avouons qu'au fond il ne nous déplaît point. On est Provençal, ou on ne l'est pas. Nous interrogeâmes avec sollicitude notre complaisant *cicerone* sur la célèbre *Crau* au moment où la locomotive du rapide nous entraînait à travers ce poétique désert du pays d'Arles, et nous n'apprîmes pas sans quelque regret esthétique (on est artiste, ou on ne l'est pas) que la culture perfectionnée de notre temps gagnait de plus en plus de terrain dans cette solitude.

Voici l'approche de Marseille, signalée par

l'étang de Berre. Cela, un étang ! Mais c'est un lac, une mer, aux sites variés, grandioses, pleins de poésie et de majesté. Et l'on accuse les Marseillais d'exagération ! Si l'on se met à diminuer ainsi les choses, la Canebière ne sera bientôt plus qu'une ruelle et Marseille même qu'un village, ou tout au plus un chef-lieu de canton. Trop modestes enfants des Bouches-du-Rhône, arrêtez-vous dans cette voie. Mais nous sommes entrés en gare, après avoir joui déjà une ou deux fois de la perspective de la cité phocéenne, de son golfe immense et du château d'If. Notre compagnon de voyage paraît tout disposé à nous continuer jusque dans la ville même ses bons offices et ses renseignements affables. Mais, après l'avoir cordialement remercié, nous nous dérobons à son obligeance et descendons, tout ahuri par nos quatorze ou quinze heures de locomotion, sur le boulevard de la Gare. Notre résolution est prise. Nous ferons ce jour-là, tout seul, une première course hasardeuse à travers Marseille, et, le soir même, nous prendrons le train pour Aix. Nous recevons, dans cette première course, plusieurs impressions notables : la cathédrale toute neuve, et pourtant vraiment belle, avec ses murs d'aspect marbré, blancs et verts, et ses cinq dômes byzantins, dominant et sanctifiant l'incomparable mouvement des ports; ces ports eux-mêmes, avec leurs quais, avec leur fourmillement continuel et fécond, leur entrelacement, leur enchevêtrement agité d'hommes, de femmes, d'enfants, de voitures, d'omnibus, de tramways, de camions, de tonneaux, de ballots, de cordages, de barques, et leurs forêts de mâts de navires ; Saint-Victor, aux murailles noires et rongées par la mer, l'une des rares antiquités religieuses de Marseille, remontant au treizième siècle et se rattachant à une tradition plus ancienne encore ; les rues et les boulevards animés par une population aussi nombreuse, mais plus remuante, que les voies de Paris les plus fréquentées ; la Canebière enfin, oui, la Canebière, à l'aspect de laquelle cette définition parisienne se présenta spontanément à notre esprit : « C'est le boulevard Bonne-Nouvelle avec la mer au bout. » — Toutes ces impressions, nous devons le dire, étaient un peu gênées par la sensation très rapidement alternante de chaleur et de froid que nous ressentions en passant des endroits en proie au soleil à ceux où la fraîcheur de l'ombre était plus qu'entretenue par un quasi-mistral. Nous étions continuellement occupé à ôter et à remettre notre pardessus, opération d'autant plus délicate, que nous nous trouvions fort empêtré, tant par notre parapluie (objet tout parisien, presque hors d'usage en Provence) que par l'édition in-8° du guide Joanne que nous avions emportée avec nous, et que nous tremblions constamment de laisser tomber d'une de nos poches ou d'oublier sur une borne. Nous n'en partîmes pas moins sain et sauf pour Aix par le train du soir.

Nous fûmes accueilli à la gare d'Aix par l'étudiant susmentionné, Joseph Sepet (ou Sépet, s'il tient absolument à cet accent aigu), avec qui nous passâmes trois agréables journées dans l'ancienne capitale de la Provence, qui est un peu aujourd'hui, par rapport à Marseille, ce qu'est Versailles pour Paris, mais Versailles avec une très bonne Faculté de droit, une très bonne Faculté des lettres et plusieurs autres excellentes institutions d'instruction publique, sans compter le reste. Il va sans dire que nous accordâmes l'attention due par un ancien élève de l'École des chartes, à une cathédrale comme Saint-Sauveur, si curieuse par la juxtaposition de ses parties d'époques et de styles divers, et notamment par les colonnes antiques, débris d'un temple d'Apollon, qui soutiennent et décorent son baptistère, et aussi l'attention due à une bibliothèque comme la Méjanes. Mais, avouons-le, nous fûmes, pour cette fois, un peu distrait des monuments et curiosités par les personnes. Quelles charmantes heures écoulées, soit dans notre famille d'Aix, soit avec notre vénérable ami (il nous permettra bien de lui donner ce nom) le R. P. Pralon, à la résidence des Pères de la Compagnie de Jésus. Ce P. Pralon a au moins un trait commun avec le cardinal de Richelieu, quoi qu'il soit beaucoup moins terrible, c'est qu'il a été le fondateur d'une académie. L'académie Saint-Louis-de-Gonzague n'a pas sans doute la prétention de rivaliser avec l'Académie française, ni même avec celle des Inscriptions et belles-lettres ou des Sciences morales, mais elle a pourtant son petit et même son grand mérite à cause du bien qu'elle fait à ceux qui la composent et par ceux-ci à toute la jeunesse chrétienne d'Aix-en-Provence.

D'après le rapport officiel sur ses travaux de l'an dernier, « l'Académie Saint-Louis-de-Gonzague est un groupe d'étudiants intelligents et chrétiens, qui, sous une direction large, sûre et paternelle, se livrent à toutes sortes d'exercices propres à les aider à réussir dans leurs études. Ils forment une sorte de famille où l'intimité du bon ton est de règle et dont la camaraderie la plus franche fait le charme. — L'esprit qui l'anime se résume à ces convictions solides et à cette loyale pratique de l'Évangile, qui, avec l'aide de Notre-Dame, constituait jadis cette chevalerie sans peur et sans reproche des chrétiens dignes de leur baptême. Il se formule par ces deux mots, inscrits sur notre drapeau : « *Non duobus* » qui accentuent très clairement et nos tendances et notre ligne de conduite. — La religion est la base, le lien et la vie de l'amitié qui nous unit. Nous sommes plus que de simples camarades ; nous formons une société de frères et d'amis, qui n'ont qu'un seul et même cœur, parce que nous avons les mêmes idées, et que nous voulons la vérité sans mélange, la vérité qui est *une*, qui est ce Dieu même à qui seul nous demandons les joies de notre jeunesse... Parmi nous, les uns sont déjà avocats, étudiants en droit ou en lettres, les autres encore élèves de philosophie ou de rhétorique ; ceux-là viennent des collèges de la Compagnie de Jésus ou des Dominicains et des Marianites, ceux-ci des petits séminaires diocésains, voire même des lycées du gouvernement. N'importe, aucune dissidence : notre intimité est sans ombres.

« Vous pourriez vous en convaincre, si vous vouliez nous accompagner dans quelqu'une de nos excursions, ou vous mêler à nous dans quelque fête intime, comme cette année à un festin champêtre, à l'occasion du mariage de notre président, M. Joseph Milon. — Une fois par semaine, ordinairement le jeudi, nous prenons la clef des champs : ascensions de touristes, excursions accidentées, expéditions militaires, courses en bicyclette trouvent parmi nous d'ardents amateurs. Pas n'est besoin de dire que toujours règnent l'humour, l'entrain, la bonne gaieté française. — Quelques jours à l'avance, le préposé à la conduite de l'expédition affiche dans la salle de nos réunions le but, l'itinéraire et tous les renseignements désirables. L'académie part tout entière ; ce serait le cas de dire : comme un seul homme. — A la fin de juillet dernier, la campagne dura huit grands jours. Sac au dos, bâton ferré à la main, on visita successivement la Sainte-Baume, la Chartreuse de Montrieux, les ruines de celle de la Verne, Notre-Dame des Anges perdue au milieu du massif des Maures, Collobrières, avec ses forêts de châtaigniers, de pins et de chênes lièges, le littoral méditerranéen, la plage de Saint-Tropez, celle du Lavandou, la ville d'Hyères… bref, moult belles choses, et l'on fut enchanté. Le centre des opérations était la Mallière, ferme de notre ami

Charles Aubanel. Là, nous trouvions gracieusement mis à notre disposition : subsistances, munitions de bouche, moyens de transport, carrioles et mulets, des soins aux blessés et malades, car il y eut... des ampoules. — Une autre fois, ce fut à la fontaine de Vaucluse... Mais je m'oublie, ce n'est pas d'un club alpin que j'ai à vous entretenir, mais d'une *docte académie*.

« Comme le nom même de notre société l'indique, nous nous livrons à la culture intellectuelle, à l'étude, qui elle-même nous prépare à remplir la carrière assignée à chacun par la Providence. — Nous nous habituons, selon la progression de l'âge, à écrire, à parler, à prendre part à une discussion, à connaître les grandes questions qui préoccupent les esprits. Nous préparons nos armes pour le jour où ce sera notre tour d'entrer dans l'arène. — Pour vous exposer notre fonctionnement quant au travail, permettez-moi de vous faire assister à une de nos séances hebdomadaires. — Nous avons voulu être une « école d'application ». C'est pourquoi nos séances se divisent en deux parties bien distinctes.

« La première est littéraire et comprend des exercices que je pourrais appeler « la gymnastique » de l'art de la parole : exercices de diction, d'accent, de prononciation, de maintien, de gestes, exercices de style, de composition littéraire, etc. Une bonne diction est si appréciée aujourd'hui où la facilité des communications ne tolère plus les séparations, pas même celles de la prononciation d'une même langue. Nous nous donnons gratuitement des leçons mutuelles, tandis qu'ailleurs on paie jusqu'à 5 francs des leçons certainement moins profitables. — Nos exercices littéraires répondent à un « desideratum » maintes fois exprimé par nos maîtres de la Faculté, et rappelé récemment encore par M. Moreau, dans son rapport sur les concours de droit de 1891 : « Les compositions manquent de style, disait-il, nous ne saurions trop encourager nos étudiants à s'exercer pendant toute l'année à des compositions écrites. » Et le professeur insiste, tout en gémissant, sans espoir d'être plus écouté que ses prédécesseurs. Nous du moins, nous voulons suivre le conseil. A cet effet, chacun, à son tour, produit en séance d'académie son travail : discours, amplification, etc. Ses amis relèvent ensuite charitablement les défauts qu'ils croient avoir remarqués. Le président confirme ou rectifie l'observation, et veille à ce que la flatterie en soit exclue. — Par la variété des exercices qui nous occupent, nous justifions notre titre d'*académie* à la fois plus large et plus précis que celui de *conférence*.

« Dans la seconde partie de la séance, on traite une question philosophique, sociale, juridique, scientifique, littéraire ou historique. — Le conférencier a choisi librement son sujet; il commence par l'exposer. Ensuite deux contradicteurs désignés d'office et à l'avance, lui opposent leurs objections. La discussion s'engage; elle se fait avec vigueur sans doute, mais avec ordre et courtoisie... à la française. Le R. P. directeur ou le président résume les débats et fixe la conclusion. Toute question est résolue au *critérium* de la doctrine chrétienne lorsque l'Église s'est prononcée. Il est même de règle que lorsque nous discutons une question où notre foi est engagée, s'il arrive que le défenseur soit embarrassé, le contradicteur doit fournir lui-même la réponse à son objection.

« Sans avoir un cercle proprement dit, notre académie a un centre où les académiciens peuvent librement et à toute heure lire et converser. Ils s'y donnent rendez-vous. Une bibliothèque bien montée, des journaux irréprochables, des revues savantes sont à leur disposition en quantité considérable. Ils sont dus à la bienveillance de nos protecteurs qui veulent bien nous les fournir sans qu'il nous en coûte rien. Car tout est gratuit ici, et rien obligatoire. Ils sont nombreux, et ils sont éminents, nos protecteurs. Nous y comptons à la première place Monseigneur notre archevêque (1). Ne nous disait-il pas, le jour de la fête de saint François-Xavier, que de tous les vœux à lui offerts à cette occasion les nôtres lui étaient les plus chers? Nous voyons à nos séances solennelles, trois ou quatre fois l'an, le haut clergé et l'élite de la société aixoise. Mais nous sommes particulièrement encouragés par la faveur et même le con-

---

(1) S. G. Mgr Gouthe-Soulard, archevêque d'Aix.

cours actif de quelques-uns des professeurs les plus éminents de nos Facultés. »

Nous trouvons à la suite du rapport en question la « liste des principaux travaux lus et discutés dans l'académie » en l'année scolaire 1892-1893. Nous ne pensons pas que nos lecteurs nous sachent mauvais gré de la reproduire ici : « Du salaire, par M. Louis Boyer. — La République française et Léon XIII, par M. Joseph Testanier. — Le Droit de propriété, par M. Charles Aubanel. — De l'inégalité des conditions, par M. L. Fourcade. — Du prêt à intérêt, par M. Jules Contencin. — Le Conférencier. *Vir probus dicendi peritus*, par M. Joseph de Mazan. — Des fonctions du cerveau. Inanité des systèmes matérialistes, par M. Raphaël Vigne. — Le commencement d'un monde, par M. Joseph Guiran. — De la lecture des romans, par M. Charles Aubanel. — De l'influence du christianisme sur le droit civil romain (1), par M. Joseph Sepet (supprimons l'accent, c'est bien assez de lui avoir concédé une fois). — Du théâtre, par M. Louis Boyer. — De l'originalité de Racine dans *Andromaque*, par M. Victor Aubert. — De l'origine des sacrifices, par M. Joseph de Mazan. — Du Kulturkampf, par le R. P. Pralon. — Des syndicats agricoles, par M. Marius Arnaud, avocat, maire de Corbière. — De la narration dans

(1) Cette petite dissertation a été publiée dans la livraison du mois de juin 1893 de la *Revue de la jeunesse catholique*, organe de l'Association catholique de la jeunesse française.

l'oraison funèbre d'Henriette d'Angleterre, par M. Victor Aubert. — Une excursion à la fontaine de Vaucluse, par M. Charles Aubanel. — Des diverses attitudes de l'orateur, par M. Joseph Sepet. — Du rôle social du médecin chrétien, par M. Raphaël Vigne. — Des grèves, par M. Joseph de Mazan. — Ce monde prête-t-il plus à rire qu'à pleurer? par M. Victor Aubert. — Y a-t-il d'autres mondes habités que le nôtre? par M. Joseph Guiran. — Théorie des nationalités, par M. Fortuné Crevoisier. — La séparation de l'Église et de l'État, par M. Henri Urtin. — Rapport entre le rythme musical et le rythme littéraire, conférence contradictoire, par M. J. Gautier-Descottes et M. Henri Urtin. — De l'ouvrier italien dans le midi de la France, par M. Charles Aubanel. — Du sort fait en Provence aux petits propriétaires par la crise agricole actuelle, par M. Joseph Testanier. — De la nouvelle loi sur la presse, par M. Joseph Milon. — Influence des milieux sur l'homme, par M. Joseph Bompuy. »

Outre les récréations physiques et les travaux intellectuels, nous voyons par le même rapport que l'Académie Saint-Louis-de-Gonzague se consacre à des œuvres de prière et à des œuvres d'apostolat. C'est ainsi que ses membres font le catéchisme aux enfants des écoles *neutres*. « Chaque académicien reçoit deux néophytes qu'il prépare à la première communion; il continue, après ce grand jour, à leur faire le catéchisme de persévérance. — Enfin, le 8 février 1893, fête de saint Jean de Matha, étudiant et gloire de nos Facultés aixoises, l'Académie, profitant d'une rare loi de liberté, la loi de 1875 sur la liberté de l'enseignement supérieur, a fondé une *Université* d'un genre à part. — Nos académiciens ont inauguré pour les anciens élèves des écoles primaires, des cours du soir, ou plutôt des causeries familières sur des sujets pratiques. Il existe des chaires de comptabilité, de dessin, de législation usuelle, d'histoire, de langues vivantes, de déclamation et même de médecine. Ces conférences sont un excellent exercice de parole pour les jeunes professeurs et peuvent être d'une utilité réelle pour les élèves assidus. »

Le rapport dont nous venons de donner quelques extraits est l'œuvre de l'étudiant susmentionné, descendant du susdit cap. Ses jeunes confrères lui ont fait l'honneur de l'élever à la présidence de l'Académie pour l'année scolaire 1893-1894. Nous lui devons cette justice qu'il ne préside pas mal du tout. Nous l'avons, en effet, vu à l'œuvre dans une séance organisée en l'honneur de Jeanne d'Arc, à laquelle nous avons eu le plaisir d'assister, et où ont été examinés et discutés divers points relatifs à la carrière de l'héroïque vierge. Une pièce de vers a été lue aussi sur le même sujet, car on ne cultive pas seulement l'éloquence, l'histoire et les sciences morales et naturelles, mais encore la poésie, à l'Académie Saint-Louis-de-Gonzague. Et savez-vous qui était l'auteur de ces vers? C'était M. Joseph Guiran. Et

M. Joseph Guiran est le frère de M. Jean Guiran. Et M. Jean Guiran est le digne gendre de notre très docte et très spirituel collaborateur et ami Victor Fournel (1). Voilà comme on se retrouve en pays de connaissance! M. le professeur Audinet, de la Faculté de droit d'Aix, qui avait bien voulu accepter la présidence supérieure de la réunion, a clos la séance par un excellent discours, tout plein de réflexions judicieuses et de conseils vraiment paternels. Ne trouvez-vous pas que le cardinal de Richelieu — pardon! c'est le R. P. Pralon que nous voulons dire — a vraiment enrichi la vieille ville universitaire de Provence d'une institution à imiter? Nous ne regrettons certes pas d'avoir été mis à même de lui donner une bonne part de notre premier coup d'œil sur le « pays de nos aïeux ».

Nous ne saurions oublier non plus, parmi nos meilleurs souvenirs d'Aix, notre visite au vénéré M. Charles de Ribbe et les doux instants passés avec lui à remonter le cours des siècles et à évoquer l'image de ces anciennes mœurs, de cette ancienne société française et provençale qu'il connaît si bien. Hélas! comment n'a-t-il pas trouvé autour de lui, dans la jeune aristocratie d'Aix, dont nous aurions aussi voulu pouvoir constater la présence active à l'Académie Saint-Louis-de-Gonzague, comment n'a-t-il pas trouvé plus de disciples, plus d'imitateurs de son érudition et de ses précieuses

(1) Comme on le voit, ces lignes étaient écrites avant la mort prématurée de notre bien regretté ami.

recherches? O terrible oisiveté de la noblesse de France! C'est un très bon souvenir aussi pour nous que la connaissance personnelle nouée pendant notre séjour avec M. Pierre Lanéry d'Arc, dont la remarquable activité littéraire, soutenue de fortes études juridiques, est en état de produire, si elle se soumet avec patience et courage à la saine rigueur des méthodes vraiment scientifiques, des fruits de plus en plus dignes du nom qu'il porte. Ce jeune érudit venait d'achever, et nous saisissons cette occasion de signaler ou de rappeler à nos lecteurs, le vaste travail bibliographique consacré par lui à la gloire de la Pucelle (1).

Nous retournâmes d'Aix à Marseille, en compagnie de l'étudiant susmentionné, le président Joseph, qui devait nous servir d'introducteur auprès d'une seconde branche des descendants de notre vieux cap, représentant, elle aussi, la postérité masculine du frère aîné de notre grand'père. Excellente branche! Foyer vraiment patriarcal! Nous y trouvâmes notamment un jeune Esculape (ou Hippocrate, s'il le préfère), élève et lauréat de l'École de médecine de Marseille, ex-interne des hôpitaux, praticien déjà recherché, le docteur Paul Sepet (ou Sépet, s'il tient absolument à cet

---

(1) Le *Livre d'or de Jeanne d'Arc. Bibliographie raisonnée et analytique des ouvrages relatifs à Jeanne d'Arc.* Catalogue méthodique, descriptif et critique des principales études historiques, littéraires et artistiques, consacrées à la Pucelle d'Orléans depuis le XVe siècle jusqu'à nos jours, par Pierre Lanéry d'Arc. Aix-en-Provence, chez l'auteur; Paris, librairie Techener, in-4o de xxviii-1007 p.

accent aigu), dont son cousin d'Aix nous avait déjà signalé la vigueur d'intelligence et de volonté, attestée par l'énergie avec laquelle il avait, pour ainsi dire, emporté d'assaut études, examens, concours et grades, tant à Marseille même qu'à Montpellier, succès auxquels est venue tout récemment s'ajouter la sanction définitive de la Faculté de Paris. Ce médecin déjà encombré voulut bien dérober quelques heures à sa clientèle (il n'y avait pas de cas pressés) pour nous faire passer une seconde revue de sa chère cité. Quelle activité d'obligeance hospitalière! Faut-il l'avouer pourtant? Cette revision n'ajouta que quelques traits au tableau sommaire qu'avait tracé dans notre imagination la course hasardeuse et solitaire du premier jour. Cathédrale, ports, Saint-Victor, rues et boulevards fourmillants; le Prado, qui est comme un bois de Boulogne au bord de la mer; perspective du golfe et du château d'If, considérée d'auprès de l'École de médecine sous un assaut de mistral; fière et pieuse silhouette de Notre-Dame-de-la-Garde; tramways et omnibus sans nombre, dont un électrique et souterrain; trajet en barque et verve toute marseillaise du nocher; voilà encore pour nous, à l'heure qu'il est, l'image de Marseille. Ce n'est certes pas la faute de notre aimable docteur, si nous ne l'avons pas gardée plus ample et plus précise. Mais si, pourtant, c'est sa faute. C'est que notre attention était constamment détournée des objets à voir par notre conversation avec le parent qui nous les montrait et pour qui nous sentions notre sympathie croître d'heure en heure. La voix du sang! la voix du sang! Si ce jeune Hippocrate (ou Esculape, s'il le préfère) continue sa carrière, comme il l'a commencée, nous osons lui prédire qu'il pourrait bien rendre le nom de notre vieux cap célèbre dans l'art de soigner l'humanité souffrante et même dans l'art de la guérir. Cher docteur Paul, vous avez bien voulu marquer, par la dédicace de votre récente thèse, que vous vous honoriez un peu du vieux *chartiste*, votre cousin. Souffrez que lui aussi s'honore à son tour de vos jeunes et vaillants débuts.

Ces Marseillais voulaient à toute force nous retenir. Mais nous avions résolu, le président Joseph de retourner à Aix, et nous de partir pour Arles. Nous nous en tînmes l'un et l'autre à cette résolution farouche. Le lendemain matin, dès sept heures, nous débouchions donc de l'*Hôtel du Forum* d'Arles, où nous avions passé la nuit, et nous nous dirigions vers la place de Saint-Trophime. Visite du musée d'antiquités, rival de celui de Saint-Jean-de-Latran (voyez Joanne). Contemplation de l'admirable façade de Saint-Trophime, interrompue par un mistral absolument glacial, qui nous oblige à nous réfugier dans l'intérieur de la basilique, où, afin de nous réchauffer, nous nous plongeons dans une méditation archéologique et poétique (voir Joanne pour les détails). De là passage dans l'incomparable *cloître*. Visite au *théâtre antique*. (Joanne). Les *Arènes*, les mieux conservées ou restaurées avec celles de Nîmes, nous donnent une vive impression des mœurs du paganisme romain et de la civilisation impériale. (Pour les détails Joanne, Joanne, nous sommes aujourd'hui d'humeur expéditive.) Promenade aux *Aliscamps*, cette *via sacra* d'Arles, garnis de tombeaux (Joanne, toujours Joanne). Retour en ville où, sur le marché, nous considérons la belle physionomie esthétique et le costume imposant et gracieux de la population féminine, en train, pourtant hélas! ici comme partout ailleurs, de renoncer à ses vieux usages pour sacrifier aux modes de Paris. Déjeuner, départ pour la gare, embarquement pour Montpellier. Voilà, ou nous nous trompons fort, ce qui s'appelle être bref, précis, concis. Mais aussi tout cela n'est qu'un premier coup d'œil.

Or donc, nous nous embarquons pour Montpellier. Quelque lecteur malin se dit peut-être ici : « Voilà bien l'ignorance de ces journalistes, même quand ils ont passé par l'École des chartes ! Celui-ci croit que Montpellier est en Provence. » — Non, lecteur, non, nous savons très bien que « cette noble cité », comme dirait Prudhomme, est « une des perles du Languedoc ». Mais, pour aujourd'hui, nous l'annexons à la Provence, et non sans motif. Frappé en effet de la faible distance (en chemin de fer) qui la sépare d'Arles, d'une part, et de Tarascon, de l'autre, nous avions résolu d'y faire ce qu'on appelle « un crochet ». Notre ami Joseph Berthelé, ce foudroyant archéologue, dont nous avons naguère plusieurs fois signalé les exploits en Poitou, est maintenant fixé par ses fonctions dans ladite

« noble cité »; il est même devenu Languedocien de la tête aux pieds. « A Niort, on te regrette ; ici l'on t'accapare, » selon l'expression, ou à peu près, de Victor Hugo. Or, nous sachant à sa portée, il avait (par la pensée, c'est-à-dire par la poste), mis la main sur nous. Hypnotisé par l'impérieux appel de cet archiviste-paléographe, que pouvions-nous faire, sinon obéir à son amicale injonction ? Nous tombâmes donc sur lui juste à l'heure dite, à la gare de Montpellier, avec notre valise, notre parapluie et notre édition in-8° du guide Joanne, que nous recommandâmes spécialement à toute sa sollicitude.

« Montpellier, chef-lieu du département de l'Hérault, ville de 56,005 habitants, siège d'un évêché et du 16ᵉ corps d'armée, est bâti à 19ᵐ,50 d'altitude sur une colline, etc., etc. » Vous pouvez lire le reste dans Joanne (non plus *Provence*, mais *Cévennes*). Peut-être un jour (car nous en jurons par le Styx, serment redoutable aux dieux mêmes, nous retournerons en Provence et en Languedoc) peut-être un jour entrerons-nous dans la voie des descriptions détaillées. Mais, à ce premier coup d'œil, nous nous contentons de noter quelques impressions. La première ici fut celle de la séance de la Société archéologique de Montpellier où, à peine débarqué, nous entraîna l'infatigable érudit dont nous étions l'hôte. Quel aimable accueil ! Quelle docte et bienveillante compagnie ! On se sent tout de suite, sensation trop rare dans nos provinces, en pays vraiment intellectuel, où le culte de la science et des lettres groupe et rapproche dans une tolérance, un respect, une cordialité mutuelle, les esprits les plus divers. Cette impression ne fit que se confirmer en nous, durant notre bref séjour, tant par nos conversations avec notre ami, que par quelques relations qu'il nous fut donné d'avoir, par son entremise, avec le personnel si distingué des Facultés et autres établissements scientifiques. Montpellier est véritablement une ville *universitaire*, au meilleur sens de ce mot.

Le clergé, son évêque en tête, sait occuper son rang dans cette société lettrée. M⁹ʳ de Cabrières, dont la fermeté apostolique est bien connue, n'en est pas moins non seulement respecté, mais apprécié et aimé de tous. Il entretient, il pousse ses prêtres dans la voie des fortes études. Nous avons eu un excellent échantillon, qu'on nous passe le terme, du jeune clergé de cet heureux diocèse dans la personne du sous-archiviste diocésain, M. l'abbé Cassan, un élève, à distance, un futur émule languedocien de M. Charles de Ribbe. Nous ne voudrions pas dire que, dans certaines régions, dans certaines sphères, dans certaines classes ou couches de la population, au point de vue religieux, moral, social, Montpellier, hélas! soit sans ombres, sans fortes ombres. Mais, malgré des apparences parfois fâcheuses, résultant en partie de l'exubérance du tempérament méridional, l'esprit sectaire y règne, paraît-il, beaucoup moins qu'ailleurs et y rencontre même des résistances populaires. Enfin la population tout entière y est fière de ses établissements d'enseignement supérieur, et disposée, pour l'entretien et le développement des hautes études, à de véritables sacrifices. Après la vente de ses bons vins de l'Hérault, c'est à la prospérité de son Université qu'elle s'intéresse le plus.

Nous emportâmes encore de Montpellier une bien agréable impression, à la fois physique et archéologique, celle de notre course à Palavas, où se joignit à la vision et à la sensation, toujours si vives et si agréables, de la mer aux flots bleus et de ses grèves fortifiantes, l'image si intéressante de la cathédrale de l'antique Maguelone, restaurée par les soins d'un propriétaire intelligent, notre ancien condisciple, M. Fabrège, membre assidu de la Société archéologique, et qui met, comme on voit, l'archéologie en action. Cher Berthelé, au revoir, le temps passe vite et nous presse; il faut rentrer de Languedoc en Provence et de Provence en Parisis.

Nous ne connaissons jusqu'à présent de Tarascon que le buffet, dont il n'y a rien de particulier à dire. Mais nous devions au Palais des Papes de nous arrêter au moins quelques heures à Avignon. Notre visite à ce beau monument des anciens âges, en proie malheureusement, depuis de longues années, aux dégradations inévitables résultant de sa transformation, vraiment absurde, en caserne, fut rendue tout à fait facile, agréable et fructueuse par l'obligeance de notre docte confrère, M. Duhamel, archiviste du département de Vaucluse, qui connaît à fond, matériellement et historiquement, ce noble édifice, dont une partie du moins a été tirée des griffes impitoyables de l'administration militaire par l'installation récente du riche dépôt des archives. Que n'y met-on maintenant musée, bibliothèque, etc., et que ne construit-on pour nos chers troupiers une belle caserne ailleurs ? Sénateurs, députés, préfet, conseillers généraux et municipaux de Vaucluse et d'Avignon, voilà une grande œuvre à accomplir. Nous vous en serions, M. Duhamel et moi, sans compter tous les archéologues, artistes et touristes de France et d'Europe, et même d'Amérique, profondément reconnaissants (1). Après avoir agité cette question et quelques autres analogues, dans une conversation professionnelle, et aussi renouvelé ces vieux souvenirs du temps où nous étions jeunes, où nous nous rencontrions (nous sommes de promotions voisines) dans l'humble salle de travail de notre École des chartes, nous nous séparâmes après une poignée de mains cordiale, et le Parisien d'origine provençale reprit rapidement (Compagnie de Paris-Lyon-Méditerranée, nous ferons l'éloge de tes *rapides*) le chemin de son foyer de la banlieue parisienne. Nous y arrivâmes sans aucun encombre, avec tout notre petit attirail, n'ayant, nous en sommes fier, laissé ni égaré nulle part notre édition in-8° du guide Joanne ni même notre parapluie.

1894.

(1) M. Pourquery de Boisserin, député de Vaucluse et maire d'Avignon, s'est mis, depuis que nous écrivions ces lignes, à la tête de l'œuvre de restauration dont nous exprimions ici le vœu, et il a formulé des projets de réalisation pratique. Quelle que soit la différence de nos sentiments sur d'autres points, nous ne pouvons qu'applaudir à cette noble intention, à cette vaillante initiative.

XIII

UN MOIS A L'ILE TUDY.

Non, cela n'est pas vrai, les hommes de lettres ne sont pas des fainéants. Les personnes qui se l'imaginent sont dans l'erreur : elles n'ont jamais composé un livre ou même écrit un article. Je sais bien qu'il y a hommes de lettres et hommes de lettres. Mais je parle en ce moment des écrivains dignes de ce nom, de ceux qui font leur métier en conscience. Ainsi compris, croyez-moi, c'est un rude métier, et les jeunes gens, toujours pleins d'illusions, feront bien d'y réfléchir à deux fois avant de... Mais ne nous égarons point en de vains détours. La preuve que les hommes de lettres ne sont pas des fainéants, c'est qu'ils sont parfois très fatigués. Non seulement ils ont été obligés de peiner dur pour mettre sur pied leurs écrits; mais encore ils ont été souvent contraints de lire, voire d'analyser et d'apprécier les écrits des autres. Or, nous avons recueilli, de la bouche d'orateurs justement estimés, cet aveu ingénu, que ce n'était pour eux qu'un très médiocre agrément d'assister en simples auditeurs aux discours et même aux sermons d'autrui. Et cela s'explique fort aisément, car... Mais revenons à notre propos. Les hommes de lettres sont donc parfois très fatigués. Personne plus qu'eux n'aspire au moment des vacances, non, pas même les écoliers. Tel était précisément notre cas à la fin de juillet dernier. C'est l'époque où nous avons coutume de nous envoler avec joie loin de Paris et même de sa banlieue, quoiqu'il y ait dans la banlieue parisienne beaucoup de coins ravissants, des promenades, des séjours, des aspects qui... Au lieu de retomber dans les incidents, où notre pensée et notre plume ont vraiment une pente malheureuse, envolons-nous donc aujourd'hui par la mémoire, comme nous le fîmes alors par le fait, vers cette Bretagne, également pittoresque et hospitalière qui a déjà fourni plusieurs fois à nos nerfs et à notre plume fatigués de si agréables vacances, un si salubre, si fortifiant, si renouvelant changement d'air et de milieu : Erquy, Saint-Malo-Saint-Servan, Concarneau, le Pouliguen, et aujourd'hui Loctudy, ou plutôt l'Île Tudy, comme vous allez voir.

Avec votre permission, chers lecteurs, ou même sans votre permission, nous voici dans le train de Nantes à Brest. Nous sommes un peu las de la nuit passée dans le train de Paris à Nantes, qui nous a été rendue assez pénible, quoique possesseur d'un précieux coin, par les envahissements continuels de notre voisin de gauche qui, tout en dormant, usurpait continuellement sur notre territoire, ainsi que font parfois, dit-on, d'un champ à l'autre les paysans de Normandie... ou d'ailleurs. Mais notre lassitude se dissipe vite aux rayons d'un premier jour de voyage, rayons qu'une brume menaçante ne va pas tarder du reste à mettre en un triste état. Nous sommes tout joyeux de nous sentir emporté par la vapeur le long des côtes de notre cher Océan, à travers le Morbihan et le Finistère, et nous rappelons au passage nos souvenirs de Sainte-Anne d'Auray, puis d'Auray même, dont les environs sont si poétiques, et enfin de Rosporden, bourg au cidre puissant et amer. Notre trajet est d'ailleurs récréé par la présence de deux compagnons de voyage, qui sont montés à Nantes dans le même wagon que nous et notre famille. L'un est un jeune Breton, qui, fixé en Portugal, vient passer quelque temps parmi les siens aux environs de Quimper, et dont la conversation est assez agréable. Il a déposé à ses pieds un objet de dimension moyenne et de forme ronde qui excite notre curiosité.

« C'est un fourneau que vous avez là? lui demandons-nous.

— Mais non, nous répond-il, c'est un perroquet. »

Et de cette cage (l'objet rond était une cage), il tire, en effet, un naturel des Canaries, qui dès lors se met à batifoler, comme on dit, avec son maître et même avec les voisins de son maître, quoique gêné dans ses ébats par la courte chaîne qui fixe à sa prison son humeur volage. Tel était notre autre compagnon. Pour notre part, avouons-le, il ne nous charmait qu'à demi. Nous avons une méfiance instinctive pour les bêtes exotiques d'un caractère aussi agité et pourvues de becs de ce genre. Et puis, les journaux ont publié tant de faits divers sur les perruches infectieuses ! Il n'y a rien de plus nerveux que les hommes de lettres, excepté peut-être les femmes de lettres. Au contraire, cet oiseau remuant et vivicolore procurait à notre petite fille un bonheur sans mélange. Il faut savoir être heureux de la joie des enfants. N'importe, quand nous débarquâmes à Quimper, nous ne regrettâmes pas énormément le perroquet.

La petite ligne qui conduit de Quimper à Pont-l'Abbé ressemble beaucoup, par son allure, à celle qui mène de Rosporden à Concarneau. Elle tient de l'omnibus, et même du coche, plus que du *rapide*. Le train auquel nous confiâmes nos destinées ne les exposa pas par sa folle précipitation. Il ne se mit même en marche que quelques minutes après l'heure marquée sur l'*Indicateur*... pour son arrivée. Cependant l'aimable et digne M. Duhamel, propriétaire de l'*Hôtel du Lion d'Or*, de Pont-l'Abbé, et de l'*Hôtel des Bains*, de Loctudy, cousin d'un autre M. Duhamel, actif entrepreneur de *courriers* et de *roulage* (la distinction des deux Duhamel est un point historique et géographique sur lequel nous ne fûmes renseigné que plus tard) nous attendait gravement sans nous connaître, comme il attend volontiers tous les arrivants, à la gare de Pont-l'Abbé, en compagnie de l'un des omnibus de son parent. Pour le plus grand avantage des baigneurs et des touristes, peut-être aussi de l'*Hôtel des Bains*, un service de voitures, auquel n'a pas nui sans doute la parenté des deux Duhamel, a lieu deux fois par jour de Pont-l'Abbé à Loctudy et *vice versa*. Quand nous eûmes fait part de nos intentions à cet hôte de belle taille, au sourire bienveillant, il nous empila, nous et nos malles, parmi les personnes et les malles d'autrui, avec une bonne volonté sans égale et une adresse merveilleuse, et résolut, avec une aisance imperturbable et une ténacité toute bretonne, le difficile problème d'emboîter dans un tel contenant un pareil contenu. Et rien ne versa! Il n'y eut rupture ni de têtes, ni de jambes, ni de colis. Et ces petits chevaux bretons trottaient à faire honte aux paisibles locomotives des lignes transversales. Et nous étions juché sur un second siège en hauteur, qui surplombait pittoresquement le siège du cocher, tout garni de voyageurs. Et il y avait quantité de malles qui formaient un troisième étage au-dessus de nos têtes, et des colis horizontaux et verticaux, à droite, à gauche, en bas, partout. Et il pleuvait (a-t-il assez plu en cette année 1894!). Et nous avions notre parapluie ouvert. Et l'eau en dégouttait sur un monsieur décoré, placé à nos pieds, qui recevait cette averse de la meilleure grâce du monde. Et nous arrivâmes en cet équipage devant la grande mer, à la cale de Loctudy. Et nous mîmes pied à terre en face de l'*Hôtel des Bains*, où souriait devant sa porte l'aimable et digne Mᵐᵉ Duhamel, toute prête à nous accueillir nous et nos colis, toute prête même (notez bien ceci) à nous faciliter la recherche d'un domicile, même en dehors de son hôtel.

Nous cherchâmes donc ce domicile, comme nous le faisons tous les ans, pour un mois. Un mois de congé, c'est bien peu. Enfin, n'importe. Le parapluie toujours ouvert, nous allâmes en quête, à travers le bourg, aidé des renseignements obligeants de Mᵐᵉ Le Tanter, femme de M. Le Tanter, le respectable instituteur et secrétaire de la mairie de Loctudy, duquel, orné de nos insignes d'officier de l'instruction publique, qui nous aidèrent à nous faufiler dans sa bienveillance, nous étions allé demander le secours. Les agréables relations nouées par nous avec cette digne famille, très bien posée soit officiellement, soit populairement, dans ce coin du Finistère, sont — toutes opinions à part et en gardant chacun les nôtres — un des meilleurs souvenirs de nos vacances de 1894. Quant à notre recherche, elle fut absolument vaine. On loue peu et peu volontiers aux « étrangers » à Loctudy, et tout ce qui était louable (soit dit sans jeu de mots) en fait de logements était loué et occupé. Nous retournâmes tristement et l'oreille basse à l'*Hôtel des Bains,* où, pour nous consoler de notre déconvenue, nous dînâmes fort bien et ensuite dormîmes mieux encore.

Le lendemain matin (pas de très bonne heure), sur le sage conseil de Mᵐᵉ Duhamel, nous résolvons, nous accomplissons une expédition maritime. De Loctudy, nous nous transportons à l'île Tudy dans la barque du *passeur*. Un bon type, ce passeur, éloquent en breton, obscur en français, agile et indolent, serviable et brusque, avide et insoucieux, ne trouvant jamais sa recette suffisante, mais négligeant volontiers de la percevoir, toujours en mouvement et toujours en retard, ne partant jamais et arrivant toujours... ou presque toujours : au demeurant, un très brave homme. Un meilleur type encore, son matelot, dont le visage inénarrable, surmonté d'un prodigieux chapeau, montre continuellement dans un rire béant, qui serait effroyable sans une expression touchante de bonne et cordiale affabilité, des dents immenses, tout à fait semblables à des quartiers de roche d'un brun jaunâtre. Quoique assez rudoyé quelquefois par son patron et sans familiarité aucune, on doit le croire, avec l'opulence, cet étrange sous-passeur, silencieusement jovial, et que l'on pourrait à bon droit surnommer *l'homme qui rit*, semble, quand il fume sa pipe et même quand il ne la fume pas, parfaitement content de son sort. Sous les auspices de ces deux nochers celtiques, nous franchîmes donc le petit estuaire que forme l'embouchure de la rivière de Pont-l'Abbé, et nous prîmes terre à l'île Tudy.

Notre recherche d'un domicile ne tarda pas à être couronnée de succès. Nous conclûmes à cet effet un contrat loyal et verbal avec M. et Mme Laîné, qui tiennent le bureau de tabac de l'île et ont joint à cette fonction quasi administrative les commerces les plus variés, ce qui fait d'eux les grands négociants de ce petit groupe de population, où ils jouissent, à bon droit, de l'estime universelle. Mme Laîné, enfant du pays, qui s'est créé à elle-même, à force de labeur, d'ordre et d'économie, la notable situation qu'elle occupe, représente, sous le bonnet local auquel elle est demeurée fidèle, les meilleures qualités de la race bretonne. Sa principale lieutenante, Mlle Augustine Laîné, élève des religieuses de Pont-l'Abbé, est à la tête des pieuses chrétiennes de la paroisse et l'une des plus utiles auxiliaires du recteur. Son vigilant et impétueux époux, M. Laîné, homme versé dans la connaissance de plusieurs arts mécaniques, prompt à servir le tabac ou à verser la goutte à de continuels clients, porte sur sa physionomie, bien qu'il soit natif du Berry et compatriote de Jacques Cœur, dont il s'est plu à conserver l'image historique près de son foyer, une ressemblance tout à fait frappante avec la légendaire figure de l'enchanteur Merlin. Le domicile dont il dispose à notre profit nous ayant satisfait, nous ne pouvons nous empêcher de témoigner hautement notre joie, sur la cale de l'île, au digne capitaine Jehanno (d'autres écrivent Jéhanno, car cet accent aigu se fourre partout), qui se repose de ses anciens voyages au long cours en tenant, pour ses compatriotes et aussi pour les « étrangers », un commerce de boissons et de poissons, principalement de homards. Il aime à passer sur la cale ses heures de loisir, à contempler le vieil Océan et le mouvement des bateaux. Là il lie volontiers avec les nouveaux débarqués une conversation cordiale. Il nous prédit que nous nous trouverions très bien à l'île et que nous y jouirions « d'une nourriture rafraîchissante ». Plus tard il voulut bien nous présenter son futur gendre, un Parisien, l'un des meilleurs commis de M. Jaluzot. Nous crûmes respirer tout à coup l'air des boulevards, parmi les brises de la mer, quand nous serrâmes la main de cet heureux employé du *Printemps*.

Notre appartement, modeste, mais suffisamment confortable, a une échappée bien plaisante, quoique un peu étroite, sur la mer, c'est-à-dire sur l'embouchure de la rivière de Pont-l'Abbé, où nous voyons, à toute heure du jour, passer et repasser la barque du passeur et les bateaux de pêche aux voiles brunes. En face de nous, de l'autre côté de la rue, dans une maison qui est également la propriété de nos hôtes, habitent plusieurs honorables familles de Quimper, qui ont dû, comme nous, refluer de Loctudy sur l'île. Dans le petit jardin attenant à cette maison, les jeunes filles, le soir, forment ensemble, de leurs pas agiles et de leurs voix fraîches, des rondes animées sur les airs et les paroles de quelque ancienne chanson populaire. Un petit garçon de l'une de ces familles, dont il paraît l'enfant gâté, les cheveux bizarrement tressés en une longue natte pendant par derrière, comme une petite fille, joue avec une chèvre spécialement destinée à son usage, et qu'il se plaît à présenter aux enfants du pays, auxquels il dit d'une voix mélancolique et traînante : « C'est ma chèvre... elle donne du lait... elle s'appelle Kroumir... Je suis le fils de Mme Une telle... » et il ajoute sans aucune raison : « Hélas ! »

Il y a en tout cela du pittoresque et de l'agrément. Néanmoins notre installation n'est pas sans difficultés. Le capitaine Jehanno nous a promis une nourriture rafraîchissante. Mais les deux ou trois premiers jours, nous nous voyons menacés de n'avoir pas de nourriture du tout. Le boucher, M. Boënnec, habite Loctudy. C'est un personnage considérable, et une légende, répandue dans le pays, veut que sa viande soit recherchée, non seulement des gourmets de Pont-l'Abbé, mais encore de ceux de la capitale, non pas de Quimper, de Rennes ou de Nantes, entendez-le bien, mais de la grande capitale, de Paris lui-même. Cette légende nous trouve incrédule. Nous admettons toutefois, par expérience, que le veau, et encore plus le mouton, et encore plus le bœuf (ou la vache, mais peu importe) de M. Boënnec, d'ailleurs de très bonne qualité, sont recherchés à l'île Tudy. Ils y sont, en effet, très rares. M. Boënnec ne passe la mer avec sa marchandise qu'un jour par semaine. Les autres jours, il faut la passer soi-même ou par intermédiaire pour faire ses commandes, souvent infructueuses ou d'une exécution très irrégulière, soit parce que la boutique de M. Boënnec est vide (sans doute à cause de la gourmandise du Jockey-Club), soit parce que le même M. Boënnec a besoin, pour y satisfaire, de la collaboration un peu fantaisiste du passeur ou du facteur. Il y a bien le poisson qui abonde et qui est excellent. Mais il faut connaître les habitudes du pays, l'heure de l'arrivée des bateaux, les domiciles, nullement frappants, des intermédiaires. De même pour la volaille et les légumes. Une fois au courant, nous devons le dire, nous eûmes à fort bon compte (chers Tudiens, n'abusez pas de cet aveu) une alimentation aussi saine qu'agréable, mais qui n'avait d'ailleurs rien de spécialement rafraîchissant. Nous devons une mention particulière au cidre de M. Lainé. L'enchanteur Merlin, avec tous ses prestiges, ne pourrait créer une boisson meilleure que celle fournie par le jus de la pomme à l'honnêteté marchande et au goût exquis de M. Lainé. Digne monsieur Duhamel, de Loctudy et de Pont-l'Abbé, nous n'avons eu qu'à nous louer de la cuisine de vos deux hôtels; mais, pour le cidre, ah! croyez-nous, pour le cidre, vous êtes distancé, et de bien loin, par ce vaillant compatriote de Jacques Cœur, devenu celui du roi Gralon et de M. Boënnec.

Nous eûmes aussi quelque peine en ce qui concernait notre correspondance. Nous avions donné notre adresse *poste restante* à Pont-l'Abbé et, par un surcroît fâcheux de précaution, indiqué Loctudy comme point d'arrivée ultérieur. Fixé à l'île, qui n'a point de bureau spécial, pas plus que Loctudy d'ailleurs, nous essayâmes de préciser et de rectifier ces indications. Mais ce fut un peu la mer à boire. Les communications postales de l'île avec Pont-l'Abbé, surtout quand il s'agit d'*étrangers*, souffrent en effet d'une complexité bien dure pour les jambes du facteur rural, et bien pénible à débrouiller pour sa cervelle. Une démarche personnelle auprès de M. Plougoulm, l'honorable receveur de Pont-l'Abbé, dont la courtoisie fut parfaite, ne tarda pas d'ailleurs à mettre sur un pied régulier nos communications, un moment interrompues, avec l'univers... et le *Monde*, dont, à titre de vieux collaborateur, nous est fait l'envoi quotidien. On peut donc fort bien vivre, intellectuellement comme matériellement, dans notre chère petite île du Finistère. Nous avions emporté quelques livres, choisis pour la circonstance, qui nous aidèrent à supporter avec résignation les jours ou plutôt les heures de pluie, car, il faut être juste, nous eûmes à peine en un mois un ou deux jours entièrement gâtés par le mauvais temps.

Non, certes, considérée comme groupe de maisons et d'habitants, quoiqu'elle compte un millier d'âmes, elle n'est pas grande, notre petite île. On en a bientôt fait le tour et considéré les divers aspects de la mer, qui, sous la double forme de l'estuaire de Pont-l'Abbé et de l'anse de Bénodet, l'environne de ses ondes imposantes et charmantes, mais sans l'enclore tout à fait. Il faut bien l'avouer, en effet, l'île Tudy, en réalité, n'est plus depuis longtemps qu'une presqu'île. C'est ce qu'explique en termes techniques notre fidèle, notre assidu compagnon de voyage, de congé séjournant ou circulant, notre *vade-mecum* de main et de poche, le précieux Guide-Joanne. (*Bretagne*, édition 1892. — Si vous préférez Bædeker ou Conti, vous en êtes bien libres.) Joanne donc explique la chose en ces termes : « L'île Tudy (39 hectares, dont 4 seulement sont cultivés), réunie au nord au littoral par des dunes, forme une commune et une paroisse de 1,000 habitants, tous pêcheurs. L'église du seizième siècle, ainsi que la plupart des maisons, est entourée de quelques arbres (nous les avons cherchés en vain) et protégée par une digue de galets, par des dunes sablonneuses situées entre l'anse de Bénodet et les marais de Combrit, en partie livrés à l'agriculture et à la pisciculture. Ces marais sont traversés par une chaussée qui conduit au château du Cosquer. »

Au pied des dunes, au sud-ouest, s'étend, sur un parcours de plusieurs kilomètres, une magnifique grève, longeant le territoire de l'île et celui de Combrit et occupant la majeure partie de l'échancrure connue des géographes sous le nom d'anse de Bénodet. Le côté qui se rapporte à l'île y forme une excellente plage de bains, dont le sable doux et fin fait aux pieds comme un tapis de velours, pour descendre en pente douce dans l'onde forte et pure de l'Atlantique, agitée ici seulement dans les mauvais jours. On y manque un peu de vagues.

Mais quelle belle eau transparente! Il n'y a pas encore d'établissement organisé pour les baigneurs, mais seulement quelques cabines particulières. Sur notre réquisition, l'enchanteur Merlin, notre hôte, y dressa pour nous, non d'un coup de baguette, mais par les mains du sacristain, qui est en même temps menuisier, une tente digne d'un fils du désert, mais qui ne put survivre plus d'une demi-semaine aux assauts effrontés des fils (et même des filles) de l'île Tudy : charmants gamins, souriantes fillettes, mais enfants terribles! Après avoir tonné, tempêté, menacé ces bandits des foudres de notre courroux et de celui de la gendarmerie départementale, car, déplorable lacune! il n'y a point à l'île de garde champêtre, nous dûmes renoncer à notre humble cabine de toile et aviser à trouver mieux. Heureusement, en face de la plage, à côté d'une fabrique de conserves de sardines, se trouve une petite, mais riante maisonnette, occupée par deux sœurs, de condition modeste, bonnes et cordiales Bretonnes, Mmes Marie-Anne et Marie-Jeanne Geoffroy. Nous leur demandâmes un abri pour nous et notre famille, afin de pouvoir procéder, en toute sagesse et maturité, aux opérations d'usage avant et après le bain. Non seulement elles se prêtèrent de bonne grâce à cet arrangement, mais elles refusèrent de nous faire un prix, et, quand à la fin du mois nous leur remîmes un léger présent, elles résistaient à le prendre en disant que c'était trop. O chère vieille bonne foi, chère vieille hospitalité chrétienne et celtique, soyez saluées, soyez bénies!

Proclamons-le d'ailleurs avec gratitude, en dépit des méfaits (du reste sans aucune intention méchante) de ses petits corsaires, il n'y a pas de population plus souriante, plus aimable, plus complaisante pour les *étrangers* (ce qui n'est pas toujours le cas sur les côtes du Finistère) que la population maritime de l'île Tudy. Elle a d'ailleurs de grandes qualités. Elle aime, il est vrai, le plaisir ; mais elle aime aussi le travail. Les femmes y sont laborieuses et complètent vaillamment par de petits et industrieux commerces le gain, hélas ! trop mobile des hommes, qui sont tous pêcheurs. La principale ressource, c'est la sardine. Elle n'enrichit point les Tudiens, mais elle les fait vivre. Les ménages sont pauvres, mais non misérables. « Mes paroissiens, nous disait avec quelque fierté le recteur, ne sont pas riches, mais après tout ils se suffisent, et ce ne sont pas des mendiants. » Nous voudrions pouvoir dire que la religion y est en progrès. Du moins, à une époque si défavorable, avec tant d'efforts et de moyens de propagande mauvaise, la foi chrétienne est encore vivante à l'île Tudy. Les bateaux ne sortent point le dimanche, et les hommes (pas tous, mais un assez grand nombre) assistent à la messe, où l'on prêche en langue armoricaine, où l'on chante, aux moments licites, de touchants cantiques bretons. Les Sœurs du Saint-Esprit, qui tiennent l'école des filles, sont une grande sauvegarde, que Dieu veuille conserver à l'île ! Grâce à elles, grâce au vaillant recteur, rejeton sacerdotal des marins de Douarnenez, bien à sa place parmi ces autres marins, la pittoresque petite église, au clocher grêle, élancé, que l'on aperçoit de loin, soit de la grève, soit des marais de Combrit, ne sera jamais, espérons-le, veuve de ses Tudiens fidèles, demeurera toujours le centre et le vrai cœur du pays.

Une charmante promenade, dont nous ne nous privâmes point, c'est d'aller vers Combrit, non directement par la chaussée, route plate et nue, ennuyeuse et monotone, avec son interminable file de poteaux télégraphiques, mais par un onduleux sentier serpentant à travers les marais bridés de digues et d'écluses, par les prairies verdoyantes où ruminent les vaches laitières, et par les landes, que la bruyère colore et parfume. On longe de beaux champs de blé et de sarrasin; on passe tout près d'une ferme où l'on entend le bruit cadencé des machines qui battent le blé, tandis que de la porte un chien aboie énergiquement contre vous; puis, franchissant barrières et talus, on rejoint la route entre deux agréables bosquets de pins. On s'y repose, et l'on revient, ou, si l'on se sent de bonnes jambes, on continue sa promenade, qui devient presque une excursion, vers le bourg de Combrit, par le chemin dit de *la Clarté*. Bientôt on rencontre une chapelle et, sous de grands arbres, un beau calvaire, en face d'une métairie toute bruyante, tout animée des labeurs qui suivent la moisson. On tourne à gauche, et, par de frais ombrages, on se dirige vers le bourg, dont on découvre l'église après avoir tourné encore et cheminé quelques pas à gauche. Le bourg se compose d'une dizaine de maisons à peine, car la population de Combrit, qui dépasse deux mille habitants, est dispersée en hameaux ou en fermes isolées à travers les champs, les bois et les dunes de son vaste territoire. On peut ensuite, on doit, ce jour-là, en revenant sur ses pas, ou un autre jour, en tournant à droite lorsqu'on arrive au bourg, aller jeter un coup d'œil sur le château du Cosquer, reconstruit de nos jours dans le style de la Renaissance, et environné d'un parc superbe. Nous devons, au nom des touristes, un respectueux remerciement à Mᵐᵉ la comtesse de Palikao, veuve du célèbre général, pour le libre accès qu'elle veut bien leur laisser presque jusqu'au seuil de cette magnifique résidence, alors même qu'elle y habite. Nous ne serons au surplus qu'un écho de l'opinion locale en constatant ici que cette noble dame est pour le pays une vraie déléguée de la Providence.

Une autre excursion à recommander aux bonnes jambes, c'est une visite à Bénodet par Tudy-Combrit, d'où, par un chemin transversal, on gagne la chapelle de Sainte-Marine, ornée de très curieuses sculptures en bois représentant diverses figures et diverses scènes se rattachant à la vie et à la faune de la mer. Cette chapelle est située au bord de l'estuaire formé par l'embouchure de l'Odet, et Bénodet est à l'autre bord. Un passeur et un bac font un service régulier de l'une à l'autre rive. Sur Bénodet, écoutons Joanne : « *Bénodet*, petit village (soyez-en sûr,

Joanne, il deviendra grand, pourvu que Dieu lui prête vie) bordant la rive gauche de l'Odet (bac, 5 c.), donne son nom à la belle anse où cette rivière débouche dans l'Océan. Sa jolie petite église moderne a conservé un chœur du treizième siècle. Environné de belles habitations, Bénodet est fréquenté par les Quimperrois, qui se baignent sur une plage de sable en arc de cercle (grandes cabines) située en avant du petit fort, ou *batterie de Bénodet*. Deux phares, l'un à feu fixe rouge et haut de 10 mètres, l'autre à feu fixe blanc et haut de 17 mètres, signalent l'entrée de l'Odet. Il existe en outre un sémaphore sur la rive droite. » — Ce ne sont plus seulement les Quimperrois qui fréquentent la plage de Bénodet et la riante verdure qui la couronne; elle est en train de devenir, grâce aux facilités de circulation, une station recherchée de loin, même par les Parisiens et Parisiennes. C'étaient évidemment deux élégantes de Lutèce que nous avions vues, quelques jours auparavant, tandis que nous causions avec l'un des honorables vicaires de Combrit, circuler en vélocipèdes dans le bourg de ce nom, et que nous retrouvâmes sans étonnement à l'*Hôtel de Bénodet*, où elles étaient installées, et d'où elles faisaient rayonner sur les environs leur activité un peu fébrile et babillarde et leur éclat un peu forcé de toilette. Sans manquer de respect à ces brillantes compatriotes (nous sommes Parisien nous aussi, quoique d'origine provençale), nous jugeâmes plus intéressantes deux autres rencontres faites par nous, soit dans nos promenades sur la grève de Tudy-Combrit, soit dans notre excursion à Bénodet. L'une fut celle d'un jeune homme d'une vraie distinction, d'un air modeste et avenant, d'une conversation aisée et solide, M. Picquenar, de Quimper, étudiant en médecine à la Faculté de Rennes, dont nous avons conservé le meilleur souvenir. L'autre fut celle de M. Jean Certen, un gars doux et intelligent, d'une douzaine d'années, fils de l'honorable adjoint de Combrit, élève des bons frères établis dans cette paroisse, qui, sans aucune fausse honte, s'en allait pieds nus porter à l'*Hôtel de Bénodet* le beurre de la ferme paternelle, et qui nous donna des détails touchants sur l'existence quotidienne, sur l'admirable sobriété (nous parlons de la vie de tous les jours) de la vieille et solide race agricole de Bretagne. Si saint Tudy descendait du ciel pour visiter ces contrées, qu'il évangélisa naguère, il y retrouverait quelque chose encore du rude labeur de ses moines et de leurs vertus d'anachorètes. Que Dieu vous accompagne et vous protège, petit Jean Certen, vous et tous les vôtres, et surtout celui de vos aînés qui se destine au sacerdoce! Puisse son futur apostolat contribuer à conserver à votre race, tout en la corrigeant de ses défauts, car elle en a, toute sa vigueur, toute sa ténacité dans le bien, pour le plus grand avantage de l'Église et de la France!

Pour les bonnes jambes toujours, mais bien plaisant aussi, est le trajet pédestre de l'île Tudy à son chef-lieu de canton, Pont-l'Abbé, par Pennabeur (ou Pennaveur, je ne sais trop). Il faut choisir un jeudi, jour de marché. Le passeur, ce jour-là, change volontiers sa direction ordinaire et se rend à la cale dudit Pennabeur, au lieu d'aller à Loctudy, afin de transporter et de ramener les industrieuses ménagères de l'île, qui vont chercher à la ville un supplément de gain en y écoulant leurs denrées et marchandises : poissons, coquillages, fruits, légumes. De Pennabeur à Pont-l'Abbé, on passe par des chemins et des sites enchanteurs. Pont-l'Abbé même est une jolie petite ville, très animée le jeudi, jour où de toutes parts on y afflue, soit pour acheter, soit pour vendre. La riante cité bas-bretonne est vraiment alors le centre pittoresque du pays des *bigoudens*. On appelle ainsi ce canton à cause de la coiffure toute spéciale de sa population féminine, dont le costume entier est d'ailleurs très remarquable. La parole est à Joanne : « Le costume de Pont-l'Abbé a conservé un cachet antique entre tous les vieux costumes bretons. Les hommes (bien peu ont gardé le vêtement national) sont bizarrement habillés de plusieurs vestes de grandeur différente, dont la plus courte, garnie de franges, a une lisière sur laquelle se lisent parfois de graves sentences en laine de couleur. Les femmes ont une coiffure originale nommée *bigouden*, qui recouvre à peine le sommet de la tête, un large plastron teint de jaune et d'écarlate, d'éclatantes bordures et des manchettes aux mêmes couleurs. » — Pont-l'Abbé offre plusieurs monuments curieux à ses visiteurs : son vieux château, occupé aujourd'hui par la mairie et par la gendarmerie; sa vieille église surtout, ancienne chapelle d'un couvent de Carmes, datant de la fin du quatorzième siècle, restaurée au quinzième siècle et au seizième, et qui n'a que deux nefs dont l'une en bas côté, réunies par une série d'arcades gothiques dont le pilier central est originalement évidé au bas en arc surbaissé. Joanne a négligé ce détail, mais il est d'ailleurs exact à son ordinaire. « La façade ouest, dit-il, est ornée d'une belle rose. Des tombeaux sous arcades, avec écussons défigurés, renfermaient les restes des barons de Pont-l'Abbé, dont l'écu, d'or au lion de gueules, brille encore à la première fenêtre de la nef. La maîtresse vitre du chevet est moderne (rose de très grande dimension). — Au sud de l'église et bordant comme elle la rivière, s'étendent les bâtiments claustraux (du commencement du quinzième siècle) servant d'école. A côté, une petite promenade publique, dite *les Jardins*, plantée de haute futaie, s'étend jusqu'à la rivière. » — Il faut aussi aller visiter dans un faubourg, à l'entrée du pont, l'église abandonnée de Lambour, dont le clocher a conservé la marque de la colère du grand roi. Il fut, en effet, découronné de sa flèche, en 1673, par ordre de Louis XIV, pour punir les paysans des environs (qui tenaient beaucoup à leur clocher) à la suite d'une révolte contre l'impôt, récemment établi, du papier timbré. Nous ne nous rangeons pas parmi les détracteurs systématiques du grand roi, qui, parmi de bien graves fautes, fut un grand travailleur, un grand Français et même à la fin un grand chrétien ; mais nous supplions les gouvernants d'aujourd'hui et ceux de demain de ne pas l'imiter en de certaines choses. Il fit trop la guerre, il bâtit trop, il dépensa trop. De là un grand besoin de papier timbré. Or, pour le bonheur des peuples, quoi qu'en puisse penser l'Enregistrement, le papier timbré ne vaut pas les cloches.

Loctudy, cela va sans dire, est pour les habitants de l'île, qui ont constamment sous les yeux sa cale et ses rivages verdoyants, un lieu ordinaire de promenade, et, certes, Loctudy vaut qu'on s'y promène. On l'appelle à bon droit « le jardin du Finistère ». Son territoire forme comme une série de riants bosquets plantés au bord de l'Océan. L'église est un monument historique de haute valeur. Ecoutons Joanne : « Loctudy, bourg de 2,154 habitants, doit son nom et son existence à saint Tudy, abbé du cinquième siècle, qui édifia dans l'île voisine (la nôtre, s'il vous plaît) un monastère transféré après sa mort au lieu où est aujourd'hui l'église. Cette église fut suivant Albert le Grand, donnée, en 1187, aux Templiers établis à l'île Chevalier, et c'est de cette époque que date la construction de l'édifice actuel, l'un des plus curieux spécimens de l'architecture romane en Bretagne, dans laquelle se voient quelques vestiges d'un édifice du sixième ou du septième siècle. Toutes les colonnes sont ornées de chapiteaux variés et couverts d'ornements compliqués, mais d'un dessin assez barbare; on remarque les chapiteaux des quatre grosses colonnes derrière l'autel. Au-dessus du collatéral du chœur règne un *triforium* qui reçoit le jour par des fenêtres ou meurtrières. Le porche sud et quelques fenêtres du collatéral datent du quatorzième siècle; la façade et la flèche, de 1760. Le cimetière, où se dresse (derrière l'abside) un *menhir* haut de 3 mètres et portant une croix, renferme la chapelle Notre-Dame de Portzbihan. » Près du cimetière, d'un autre côté, est le presbytère qui, comme monument, n'a rien de remarquable, mais qui est resté dans notre souvenir à cause de la conversation que nous y eûmes avec le nouveau recteur, récemment encore aumônier de l'une des principales communautés de Morlaix, un prêtre tout plein d'intelligence et de zèle, l'esprit et le cœur ouverts aux idées de vaillant et sage apostolat.

La plage de Loctudy, continuée par celle dite de Langoz, ne saurait, selon nous, rivaliser avec notre plage de l'île. Mais, en revenant de la visiter, nous eûmes un tableau caractéristique de mœurs agricoles dans la jolie ferme du Couedigou, où nous étions entrés pour demander une tasse de lait. Nous vîmes là deux excellents échantillons de servante bretonnes : l'une toute jeune, simple et avenante, avec une distinction naturelle, dans son costume de travail, sous son petit *bigouden* ; l'autre, d'un âge déjà mûr, une sourde-muette aux yeux pétillant d'intelligence, tenant dans ses bras, avec une tendresse de nourrice, le dernier-né du logis, qui se faisait une joie de battre le tambour sur ses bonnes joues. Le luxe rustique du mobilier était frappant. Il éclatait surtout dans les belles boiseries luisantes, à riche armature de cuivre, des lits et des armoires, meubles très semblables dans le Finistère, où l'on se plaît à dormir dans des tiroirs ouvragés. La *salle* était un vrai salon agreste, avec sa magnifique horloge de chêne, digne des palais d'autrefois, son foyer faisant figure d'autel par sa surcharge d'images pieuses, et les nombreuses gravures, d'ailleurs peu artistiques, qui tapissaient les cloisons. Nous notâmes alors et nous notons ici, à titre de pure observation, sans prétendre en tirer aucune conséquence, deux de ces représentations figurées : l'une était un portrait en grand format du pape Léon XIII ; l'autre, l'image de M. Carnot, naguère président de la République, entouré, encadré sur la même feuille, genre d'Épinal, de quelques-uns des généraux les plus connus de notre armée, justement qualifiés de « défenseurs de la patrie » par la légende jointe à l'image. Quelques instants après, en nous promenant dans les alentours, nous rencontrâmes le jeune fermier de cette agréable métairie qui se délassait lui-même avec sa famille (c'était un dimanche) sous les frais ombrages de Loctudy.

Nous ne voulions pas quitter le pays sans faire une excursion pour laquelle nos jambes ne suffisaient plus, car Tréoulté-Penmarc'h, la ville ruinée des bords de l'Océan, aux rochers pittoresques et aux lames traîtresses, est distant de Loctudy d'un nombre respectable de kilomètres. Nous recourûmes donc à M. Boënnec, qui, si occupé qu'il puisse paraître par les exigences du canton de Pont-l'Abbé en fait de boucherie, et par celles mêmes du Jockey-Club, ne laisse pas, à l'occasion, de céder volontiers aux touristes, pour un prix modéré, son propre cheval, sa propre voiture et son principal employé, qui sert alors de cocher. Le bon et brave cocher breton que le vieux Mathieu Durand ! Il nous conduisit d'un trot égal et rapide au bout de notre excursion. C'est un spectacle saisissant, désolé, que celui de cette cité, jadis riche et populeuse, ravagée, écartelée, pour ainsi dire, au seizième siècle, par l'assaut furieux de l'Océan et des guerres civiles, et qui a l'aspect morne des solitudes peuplées de ruines. « Les ruines, dit Joanne, qui couvrent l'espace compris entre Penmarc'h et Kérity, prouvent que ces deux localités étaient anciennement réunies, ce qui donnait à la ville une grande étendue. C'est sans doute à ce vaste périmètre qu'il faut attribuer l'absence de toutes fortifications; mais, comme les habitants se trouvaient exposés aux invasions des pirates et des Anglais, chacun s'était retranché chez soi de manière à se mettre à l'abri d'un coup de main. On voit encore (et nous vîmes en effet) quelques-unes de ces grandes maisons (quinzième et seizième siècle), entourées d'un mur crénelé et à mâchicoulis et fortifiées par une tourelle surmontée d'un petit beffroi pour sonner l'alarme. Le grand nombre d'églises disséminées sur tout le territoire ne permet pas non plus de douter de la grandeur de l'ancienne ville et du nombre considérable de ses habitants. On en compte six : l'église paroissiale de Saint-Nonna, chef-lieu de l'ancienne paroisse de Tréoulté-Penmarc'h, et les chapelles plus ou moins importantes de Kérity, de Saint-Pierre, de Notre-Dame-de-la-Joie, de Saint-Fiacre et de Saint-Guénolé. »

Nous allâmes donc de chapelle en chapelle, de ruine en ruine, au bon trot du cheval de Mathieu Durand. Nous jetâmes un coup d'œil sur l'immense phare en construction qui, grâce à une libéralité vraiment princière, remplacera dans quelques années le phare actuel, lequel pourtant (comme dit Joanne) projette d'une altitude de 41 mètres à une distance de 22 milles sa lumière tournante, successeur lui-même d'un plus ancien phare qui occupait naguère, à cette place même, la vieille tour subsistante d'une commanderie de Templiers. Nous fîmes halte à Saint-Guénolé, dont nous contemplâmes à loisir l'imposante et massive chapelle en forme de tour carrée, de la fin du quinzième siècle. Nous nous rendîmes aux rochers qui forment la pointe de Penmarc'h, et nous contemplâmes avec émotion la croix de fer scellée à plat qui marque la place où, en octobre 1870, cinq personnes, une dame et ses enfants, furent soudainement saisies et entraînées par une lame, tandis que le malheureux père, sans se douter du terrible accident, se promenait à quelques pas. Dans une sorte de cabane maritime et rustique, surplombant ce lieu funèbre, habite l'été une dame originale, qui, paraît-il, est écrivain, et que nous vîmes à sa fenêtre, d'où son regard peut s'étendre à loisir sur la vaste étendue des flots. Quelques jeunes *bigoudens*, employées aux fabriques de conserves de sardines, principale industrie de Penmarc'h, mais qui se trouvaient alors de loisir, nous guidèrent avec beaucoup de bonne grâce, nous et notre famille, dans le parcours et l'examen des rochers. Elles nous en firent remarquer un, qui a vraiment l'aspect d'un moine, adossé dans l'attitude de la méditation en face de l'infini de la mer et du ciel. Cependant Mathieu Durand se tenait debout à côté de nous sur les rochers, avec un air de bonhomie calme, son fouet à la main. Nous voulûmes lui faire part des avantages de notre lorgnette marine. Il la prit sans enthousiasme, et plaçant les verres jumeaux à la hauteur de son regard en fermant un œil : « Je ne vois rien, nous dit-il, mais c'est que je ne regarde que d'*un-z-yeu*. » Il ne laissa pas de témoigner ensuite quelque étonnement et quelque plaisir, quand nous eûmes rectifié son point de vue et dirigé son regard sur un bateau qui voguait à quelque distance. « Je vois très bien ce qu'ils font, » nous dit-il, mais il nous rendit notre instrument optique sans aucun regret de s'en séparer.

Nous avions réservé pour le retour, et nous accomplîmes la visite détaillée de la principale église de Penmarc'h, Saint-Nonna, qui date du seizième siècle.

« C'est, dit Joanne, un édifice gothique, s'élevant au milieu même du bourg. La façade est précédée d'une cheminée au bas du collatéral droit; d'une grosse tour carrée, accompagnée d'un joli porche à deux arcades (à droite), avec des navires sculptés sur la grande façade ogivale du portail (1508). Un petit clocher à flèche, très original, s'élève au centre de l'édifice. A l'intérieur, on remarque : à gauche du maître-autel, un grand tableau votif, où figurent de nombreuses personnes agenouillées au premier plan, parmi lesquelles, à gauche, Louis XIII enfant (au fond, tempête et procession du vœu de Louis XIII entrant à l'église Saint-Nonna); à l'entrée du chœur, les statues colossales de la Vierge et de saint Corentin, sur deux beaux piédestaux gothiques du quinzième siècle en kersanton; en bas du collatéral gauche, des fonts baptismaux en granit avec des animaux fantastiques; de beaux restes de vitraux, surtout à l'abside. »

Joanne (il ne faut pas lui en vouloir, il donne tant de détails intéressants) a omis un trait archéologique assez important : c'est l'étrange abondance de figures grotesques, demi-symboliques, demi-satiriques, qui, principalement sous forme de gargouilles, décorent bizarrement, comme une sorte de série caricaturale, le pourtour extérieur de l'édifice, et nous ont paru refléter l'esprit sourdement gouailleur et un peu sceptique des temps extrêmes du moyen âge agonisant, tandis qu'à l'horizon montait déjà l'esprit nouveau, hélas! trop païen, de la Renaissance. Nous dûmes la juste attention accordée par nous à ces figures à un enfant du pays, dont la physionomie n'était pas disons-le, sans analogie avec elles, et qui, comme un petit gnome, rôde constamment alentour, guettant les sous des étrangers, qu'il gagne bien d'ailleurs, et qu'il poursuit, armé des renseignements de son œil exercé, de portail en portail, de gargouille en gargouille, parmi les tombes du cimetière. Bon gnome, merci!

Nous voici remontés dans le véhicule de Mathieu Durand. Au grand trot, car il se fait tard, nous parcourons de nouveau la route aux longs kilomètres, bordée de bois frais et fiers et de belles landes parfumées, tandis que le soleil nous envoie obliquement ses rayons d'or moins ardents et que l'air peu à peu se teint de la lumière apaisée du crépuscule, et nous regagnons, par Quélarn et Plobannalec, le bourg, puis la cale de Loctudy. Nous jouissons dans la barque du passeur d'un magnifique effet de lumière expirante, dans le ciel et dans la mer, et nous rentrons avec joie dans notre petite île, à laquelle déjà, car un mois passe vite, nous nous disposons à dire adieu.

Adieu donc, au revoir, fille hospitalière de saint

Tudy, petite île bretonne et française, nid de bons pêcheurs, pépinière de vaillants marins, dont la flottille aux ailes brunes va scrutant jour et nuit les ondes poissonneuses. Puisses-tu prospérer matériellement sans moralement déchoir, et devenir un peu plus riche sans être pour cela moins fidèle! Que Dieu te bénisse et te protège, Dieu, ses anges et ses saints, et entre tous ton patron, le grand moine celtique du cinquième siècle, et au-dessus de lui, la grande patronne de l'Armorique, sainte Anne, sous son beau vocable d'Auray, et, au-dessus encore, la fille de sainte Anne, reine des cœurs bretons, toute-puissante sur le cœur de son divin Fils, Marie, mère de Dieu, étoile immaculée de l'Océan!

1894-1895.

XIV

PENPOUL EN SAINT-POL-DE-LÉON.

On ne se lasse point de la Bretagne. C'est en Bretagne encore que nous voulons passer, cette année (1895), notre cher mois d'août. Le 31 juillet, à 8 heures du soir, heure officielle, en fait (eu égard à l'encombrement des trains et des voyageurs, attesté par un effroyable amoncellement de bagages sur le quai du départ) vers 8 heures 1/2, heure réelle, quoique inexacte, le train de Brest nous emporta, nous et notre famille, loin de la gare Montparnasse. Bonsoir, honorable vieille gare, amie quotidienne de nous autres, ruraux de la banlieue rive gauche, bonsoir. Nous ne nous reverrons plus de quelque temps.

Nous traversons la Beauce, le Perche, le Maine, emportés, à travers l'espace et les ténèbres, par le vol puissant et régulier de ce cheval de feu qu'avait prévu et prédit Roger Bacon. Nous entrons en Bretagne; nous dépassons Vitré; nous voici à Rennes. La hautaine cité aristocratique et parlementaire mériterait bien une visite détaillée, d'autant plus qu'elle a pour bibliothécaire notre docte confrère et vieil ami Alphonse Vétault, auteur justement couronné d'un beau livre sur *Charlemagne*. Mais, quoi! nous avons résolu (d'ailleurs, nos billets dits de *bains de mer* le veulent ainsi) de ne nous arrêter que sur la côte. En passant à Lamballe (il fait jour maintenant), nous donnons un souvenir au doux pays d'Erquy, où nous conduisit naguère l'omnibus, que nous voudrions pouvoir appeler *quadrige* (mais il n'avait que deux chevaux) de l'homérique Vigilant. En passant à Saint-Brieuc, nous notons qu'il nous y faudra bientôt revenir pour certaine affaire qui nous intéresse. Nous y revînmes en effet, mais absorbé par ladite affaire, nous ne pûmes jeter sur cette ville qu'un bien rapide coup d'œil. Ce qui est demeuré gravé dans notre mémoire, c'est l'admirable perspective dont l'on jouit du jardin qui entoure le Palais-de-Justice. — Rassurez-vous, l'affaire qui nous appelait à Saint-Brieuc était d'ordre civil et non criminel; nous n'y étions Dieu merci! ni accusé, ni avocat, ni témoin, ni juré, ni gendarme, ni huissier, ni même plaideur. — Quelle vue sur la tour de Cesson et sur la mer! — Nous te verrons, Guingamp, en un autre voyage. Toi, Morlaix, nous te réservons pour une excursion à faire en celui-ci même. Mais, pour aujourd'hui, nous nous contentons de passer de l'un des quais de ta gare à l'autre, car nous allons quitter la ligne de Brest pour prendre celle de Roscoff? Allons-nous donc à Roscoff? Non pas, nous descendons à Saint-Pol-de-Léon.

Ventre affamé n'a point d'oreilles. Voyageur fatigué n'a point d'yeux. Dès la gare même de Saint-Pol s'offre à nos regards le Creizker, une merveille. Il ne s'agit pas de merveille. Il s'agit d'un domicile, non à Saint-Pol même, mais à Penpoul, à un kilomètre de la ville, au bord de la mer. Nous le voulons tout de suite. Nous franchissons le kilomètre, nous sommes à Penpoul, nous réclamons le domicile. En voici un qui est vacant. Mais le propriétaire, un négociant de Saint-Pol, en garde la clef par devers lui. Bon! Un messager de bonne volonté va la requérir. Bien! La clef arrive (pas tout de suite) avec un jeune homme, fils dudit négociant, l'un portant l'autre. Très bien! Quel est le prix de ce domicile? La clef à cet égard est muette, et le jeune homme n'en sait pas plus qu'elle. Il nous invite à en aller conférer avec son père, à un kilomètre. Ah! non, nous nous y refusons avec énergie. Nous nous séparons du jeune homme et de sa clef. Nous reprenons notre recherche avec quelque angoisse. Une dame du pays, obligeante mais un peu narquoise, nous donne du haut de sa fenêtre, entre autres renseignements, le conseil de nous loger plutôt à Roscoff, c'est-à-dire à 6 kilomètres. Nous la remercions de ses bons avis, mais nous ne les suivons pas. Nous nous logerons à Penpoul. Notre persévérance est récompensée. Nous ne tardons pas à conclure avec une excellente et digne veuve, Mme Le Godec, un pacte loyal qui nous constitue pour un mois son locataire. Voilà notre famille en train de s'installer. Nous retournons fièrement chercher notre bagage, laissé à la gare de Saint-Pol. Plus d'omnibus devant cette gare! Nous frétons une charrette qui se trouve là par bonheur et que, par reconnaissance, bien qu'à un seul cheval, nous n'hésiterons pas, cette fois, à qualifier de *quadrige*. Sous la conduite d'un vieux et aimable charretier breton, nous revenons dans cet équipage avec tout notre attirail (malle, valise, paniers, parapluies) et, tel qu'un César romain, nous faisons dans Penpoul une entrée triomphale.

Modeste, mais agréable logis, celui que nous occupons, tant au rez-de-chaussée qu'au premier étage du débit de boissons de Mᵐᵉ Le Godec. De nos fenêtres, un peu de jolie vue sur la mer, sur la gracieuse anse de Penpoul. Dans la toute petite cour, en bas, où est un puits, à côté d'un champ d'artichauts, agréable vue encore sur les hauts clochers de Saint-Pol. On est bien ici, très bien. A la vérité pour les bains, auxquels nous tenons, il ne faut pas songer à une cabine. Sans doute, il y en a quelques-unes là-bas, sur les grèves. Mais les unes sont à des particuliers, les autres sont la propriété de l'*Hôtel de France*, de Saint-Pol, qui ne les ouvre qu'à ses hôtes, lesquels d'ailleurs n'en usent guère, car, pendant notre séjour, nous ne les vîmes que fermées. Mais que nous importe? Notre logis même nous servira de cabine. Nous n'avons pas besoin, pour nous baigner, d'aller aux grèves. L'eau, là tout près, est excellente, au bas de l'un des petits escaliers du port. Nous ne sommes pas de ces tritons qui batifolent indéfiniment dans l'onde amère. Nous nous y plongeons régulièrement, méthodiquement, médicalement. En quelques minutes, la tâche est faite et le bain pris. Esculape dit que c'est la bonne manière. Or, nous ne sommes pas Molière pour contredire Esculape.

Le petit port de Penpoul avec ses cales minuscules et ses jetées lilliputiennes est une charmante miniature. Il occupe à peu près le milieu d'une anse, elle-même pas bien grande, mais plus charmante encore ; largement inondée à marée haute, à marée basse, presque entièrement à sec : double aspect, double agrément. Développons-y notre marche et notre vue. A gauche d'abord, en partant de notre logis, nous trouvons une suite de grèves où l'on peut, assis sur les pliants qu'on a soin d'emporter (excellente invention, quand ils sont bien construits et ne s'effrondent pas brusquement sous votre poids), goûter les senteurs de l'air et de l'onde salées, en changeant de temps en temps de place pour dégourdir ses jambes et sa rêverie, tandis que les enfants, pieds nus, font des édifices et forteresses de sable ou, traînant dans les flaques les filets *ad hoc* emmanchés d'un long bois, pêchent les crevettes oubliées par le reflux. Ces grèves sont surplombées par la belle butte de *la garenne* avec sa lande couverte de bruyères, ses sentiers pierreux, ses champs en culture, sa ferme en activité, où, après la moisson, la batteuse mécanique, mue par ses forts chevaux, produit au loin l'effet d'un bourdonnement d'abeilles géantes. Au sommet de la garenne est le *champ de la rive*, petite esplanade semée de grosses pierres granitiques, et où l'on jouit d'un admirable panorama : par ici la mer, semée au loin d'îlots et de rochers; l'église et le bourg de Carantec, qui semblent dans ces parages poursuivre partout et appeler vos yeux; l'entrée de la rade de Morlaix où se dessine au soleil la fière épaisseur, les tours basses et rondes du château du Taureau; et là-bas, du moins pour les regards armés d'une lunette marine, et de plus bien renseignés, les Côtes-du-Nord, dit-on, jusqu'à Perros-Guirrec; de l'autre côté, tout près devant vous, à deux pas, la vieille ville bretonne et catholique, Saint-Pol-de-Léon, étagée sur sa légère éminence, dressant au ciel avec fierté, mais avec grâce, les magnifiques tours de sa cathédrale et la flèche incomparable de son Creizker.

En face des grèves qui se succèdent aux pieds un peu abrupts de la Garenne, on aperçoit l'île Sainte-Anne avec son unique maison revêtue d'une épaisse ceinture de murailles qui lui donnent l'air d'une forteresse. Cette petite île, à marée basse, fait, pour ainsi dire, partie des grèves de l'anse de Penpoul, et, même à marée haute, une étroite chaussée la joint au rivage et la transforme en presqu'île. Entre cette chaussée et les petites grèves s'ouvre un chemin que l'on croirait d'abord conduire dans la campagne, mais, après quelques pas, on se trouve soudain en face de la grande mer, sur la grande et imposante *grève du Man*, dont le vaste hémicycle s'étend à gauche, au loin, jusqu'à un petit promontoire voisin de Roscoff, dont il dérobe la vue, mais dont il porte le sémaphore. A droite, sur deux buttes verdoyantes, assez semblables aux *mottes* où s'élevèrent, aux temps barbares, les premiers donjons féodaux, deux imposants groupes de rochers, de figure cyclopéenne, attirent et captivent les regards. Un autre groupe s'étend et s'étage en formes variées jusqu'à la mer même. En se plaçant sur la grève à quelque distance dans un certain point de perspective, on croit voir un jeune homme, un jeune géant assis, le visage penché sur un livre, avec une tortue à droite à ses pieds, et, au-dessus de sa tête, un peu à droite aussi, un lion retournant sa tête puissante. Qui sait la place qu'ont pu tenir de telles illusions poétiques de la vue dans les créations mythologiques des anciens Grecs? Quelles charmantes heures d'après-midi nous avons passées en famille sur cette grève du Man, aux brises si fraîches, en compagnie de la *Geneviève* de Lamartine et de la *Ruth* de Mistress Gaskell, un des chefs-d'œuvre, selon nous, du roman anglais contemporain (1).

Voilà où nous ont conduit nos pas à gauche de notre logis. Mais prenons maintenant à droite. En suivant de ce côté l'anse de Penpoul, on arrive

---

(1) Il va sans dire toutefois que nous n'entendons pas en recommander ici indistinctement la lecture, c'est-à-dire avant un certain âge et sans certaines conditions.

bientôt à un très agréable et très commode petit bosquet, attenant à une ferme. A l'ombre de ce bosquet, nous avons goûté de bien bonnes heures, dans la matinée, en compagnie, non pas comme l'après-midi, sur la grève du Man, de récits poétiques ou romanesques, mais de la récente, de l'excellente *Histoire de la littérature française au dix-septième siècle* du R. P. Longhaye, de la Compagnie de Jésus (1), évoquant devant nous ces figures, ces génies toujours vivants, toujours jeunes, qui firent à Louis XIV un si noble cortège de gloire, et font encore aujourd'hui l'une des plus vraies, des plus durables couronnes de la patrie française : Malherbe, Pascal, Corneille, Bossuet, Bourdaloue, La Fontaine, Molière, Boileau, Racine, Fénelon, etc., etc.; en compagnie aussi (contraste non sans charme) des bonnes génisses aux grands yeux qui paissaient derrière nous le gazon du petit bois. A côté de ce bosquet s'ouvre une longue allée ombragée, bien agréable dans les ardeurs du soleil, qui conduit (par le chemin des écoliers) sur la route de Saint-Pol, dans le voisinage du cimetière. Cette allée longe le mur du parc vraiment seigneurial attenant au château genre Louis XIII de M. le comte de Guébriant. En poursuivant sa marche le long de l'anse de Penpoul, on admire bientôt une des belles perspectives de cette demeure. Ouverte par une pièce d'eau marine, qu'alimente et contient une écluse construite en un

---

(1) Librairie Victor Retaux, 4 vol. in-8°.

parapet de pierre, qui continue pour vous le chemin du rivage, devenu circulaire, cette perspective se prolonge en d'imposantes pelouses, d'amples, fraîches et fières futaies. Elle n'est pas la seule curiosité, la seule beauté de cette remarquable résidence, dont la clôture n'est nullement infranchissable, dont les abords sont gracieusement permis aux touristes par ses nobles hôtes. Nous regrettons pour notre part, de n'avoir pas connu plus tôt, et mieux mis à profit cette permission. C'est être d'ailleurs le simple écho des habitants du pays que de constater la popularité dont jouit dans toute la région cette famille au nom historique et aux sentiments dignes de ce nom. L'héritier du chef actuel, vénérable vieillard, n'a pas cru déroger, mais, au contraire, honorer ce même nom, en y ajoutant, par le suffrage des électeurs, le titre de maire de Saint-Pol. C'est un exemple que nous voudrions voir plus souvent suivi, là où cela leur serait possible, par les membres de notre aristocratie française vieille ou nouvelle. Son rôle social, si elle le veut bien, si elle sait s'y prendre, n'est peut-être pas aussi entièrement achevé chez nous que le prétend l'un des plus mauvais instincts d'une démocratie défiante et jalouse, qui n'a pourtant d'avenir salutaire qu'en marchant de bas en haut, non de haut en bas.

Le château dépassé, en suivant toujours la même voie, on arrive au fond de l'anse de Penpoul, et si l'on contourne ce fond, on pourra gagner, de l'autre côté de l'anse, le territoire, le hameau de Kérigou.

Mais il est plus court et plus simple de s'y rendre transversalement, diagonalement de Penpoul, à marée basse, par une petite chaussée et un petit pont de gros cailloux. Il y a dans Kérigou, deux fois baigné par la mer, de bons lieux de promenade. On y remarque notamment dans un joli site ombragé une chapelle abandonnée, dont la clef est conservée par une bonne paysanne, habitant une maison voisine, et qui, naguère nourrice dans la famille de Guébriant, a connu la vie et les habitudes parisiennes et ne paraît les regretter en aucune manière. « Un grand ennui pour moi à Paris, nous disait-elle, c'était d'être obligée par le médecin, comme nourrice, de ne boire que du vin ou de la bière. Maintenant au moins, ici, je puis boire de l'eau. »

Tels sont les environs immédiats de Penpoul; mais occupons-nous un peu de Penpoul même. Joanne assure que le hameau a conservé des maisons du seizième siècle. Nous ne le contredirons pas, bien que nous n'en ayons pas été frappé. Dépendant de Saint-Pol au point de vue religieux comme au point de vue civil, Penpoul n'a point d'église, ni même de chapelle, mais seulement un calvaire. Nous avons déjà parlé de son gentil petit port. Sa population se compose de pêcheurs et de cultivateurs. Son sol fertile porte de très beau blé. Mais l'empire est aux artichauts. Les artichauts, voilà la richesse du pays. Il n'est pas d'ailleurs aussi facile qu'on le croirait de s'en procurer, car la récolte est toujours vendue d'avance et sur pied à de gros négociants, que par analogie on peut appeler commissionnaires, et qui ne cèdent pas volontiers leur marchandise au détail. Il faut avouer d'ailleurs qu'au sujet des vivres, les étrangers, surtout les Parisiens, dans les premiers jours, sont quelque peu désorientés. Les habitudes du pays sont tout à fait *végétariennes*. Pythagore s'y serait trouvé dans son vrai milieu. Les boucheries de Saint-Pol ne tuent et ne vendent, pour ainsi dire, que par acquit de conscience. Il faut s'y prendre d'avance pour obtenir (et encore!) tel ou tel morceau. Mais au bout de quelque temps, on s'organise, on s'acclimate, on se trouve fort bien. Excellent poisson, tout humide encore de la mer (ici Pythagore fait la grimace, mais tant pis pour lui!), excellents légumes (même des artichauts, quand on a des protections), excellents œufs, et quel beurre! quel laitage! Il y a aussi la volaille, mais nous n'oserions pas, d'après notre expérience, porter aux nues sa valeur gastronomique. Il nous a semblé que, surtout rôtie, elle ne se laissait pas toujours manger sans quelque peu de résistance. On ne peut pas tout avoir. La boisson ordinaire du pays n'est pas le cidre, mais l'eau. (Ici Pythagore reprend son aimable sourire.) Mais chez l'honorable M. Bozellec ou tel autre de ses concurrents de Saint-Pol, vous trouvez de très bon vin, à prix raisonnable. Quant à l'eau-de-vie, hélas! hélas! pauvres chers Bretons! il n'y en a que trop.

La population de Penpoul nous a paru profondément honnête et, en même temps, ce qui, dit-on, n'est pas une qualité commune à tous les Bretons, très obligeante, très aimable, très souriante aux *étrangers*, en un mot, vraiment sympathique. Nous en avons eu tout d'abord un avantageux spécimen dans la personne de notre respectable hôtesse, Mᵐᵉ Le Godec, très justement estimée dans le pays, et sachant, paraît-il, faire au besoin d'une main ferme la police de son débit de boissons. Veuve et grand'mère, c'est d'une main plus indulgente (nous sommes en vacances) qu'elle conduit trois de ses petits-enfants, remis à ses soins. Voici MM. Ange et Hippolyte Le Godec, douze et dix ans. Ange est un diable, mais un bon diable. Hippolyte aussi. Ils se livrent au logis, près du logis, loin du logis, « dans les rochers », comme ils disent, à toutes sortes de jeux et de gourmades fraternelles. Ils nous sourient, quand ils nous voient, de leur bon et intelligent regard, de leur franc sourire. Hippolyte nous désigne un jour son frère aîné par cette appellation plus respectueuse en apparence qu'en réalité : *Monsieur-t-Ange*. Ce raffinement grammatical, où se mêle une pointe d'ironie, ne saurait nous étonner de la part d'un futur instituteur. Telle est en effet, lui-même nous le déclare, la vocation d'Hippolyte. Ange, lui, veut être marin. L'un et l'autre se montrent plus cordiaux que chevaleresques dans leurs rapports avec leur cousine, Mˡˡᵉ Jannik Caroff, fille d'un honorable boucher de Saint-Pol, qui tantôt partage au logis leurs jeux sous l'œil de sa bonne grand'-

mère, tantôt, assise à la porte, exécute avec calme et persévérance toutes sortes de jolis ouvrages, à l'aide de ces longs et minces *serpentins* en papier de couleurs diverses, comme on en voit tant à Paris maintenant le mardi gras ou le jour de la mi-carême. Les serpentins, constatons-le, jouissent à Penpoul d'une grande vogue.

Autre type excellent de la population penpouloise et léonoise : notre voisine, la bonne fermière Annette, dont le logis est tout contigu au nôtre. Quelle excellente et vaillante femme, et comme elle est pourvue d'un bon et brave mari ! Hélas ! pas d'héritiers directs ! Mais beaucoup de neveux et nièces, pour qui l'on veut travailler, comme si c'étaient des enfants. Le labeur d'Annette est perpétuel, effrayant. Les mauvaises langues prétendent qu'à ce point de vue, par rapport à la population féminine, sa conduite est plutôt un modèle qu'un échantillon, et que la paresse, absolument bannie de chez elle, se retrouverait assez aisément ailleurs, à Penpoul, à Saint-Pol et aux environs. Laissons dire les mauvaises langues, et sans chercher le mal, notons le bien là où nous le rencontrons. L'une des nièces d'Annette, Marie-Yvonne, du hameau de la Madeleine, tout récemment mariée, a été à notre service pendant notre séjour là-bas, et nous sentîmes, en nous disant adieu, qu'un lien s'était établi entre les deux familles, que Parisiens et Léonois ne se considéraient plus tout à fait comme des étrangers. Marie-Yvonne et son mari, ses deux frères et sa jeune sœur vivent patriarcalement sous le toit paternel dans la rude et saine simplicité de l'existence agricole. Quel franc et aimable accueil nous y fut fait par la mère de famille, sœur de la bonne Annette, dont elle semble, physiquement et moralement, une seconde épreuve! Le plus jeune garçon, Yves, âgé de quatorze ans, demeura néanmoins quasi terrifié de notre visite, parce que, comme c'est lui qui, le soir, fait en famille la lecture quotidienne dans la *Vie des Saints* en langue bretonne, sa mère lui demanda (ce qu'elle ne put d'ailleurs obtenir) de nous donner un échantillon de son talent de lecteur. Il cacha désespérément sa tête entre ses bras et, à notre seconde visite, ayant aperçu à temps le monsieur, la dame et la demoiselle de Paris, il se hissa précipitamment dans le grenier par l'échelle *ad hoc*, et abrita ainsi sa timidité effarouchée dans une forteresse inexpugnable. « *Il ne veut pas,* nous dit à ce propos Marie-Yvonne d'un ton de conviction résignée, *le restant est nul.* » Croyez-le bien, Yves, nous ne vous gardons pas rancune. Cette timidité un peu entêtée vaut mieux, certes, que l'effronterie qui trop souvent dépare, à votre âge, la verve parisienne des gamins de nos faubourgs.

Perpoul étant une dépendance non seulement administrative, mais naturelle et coutumière de Saint-Pol, il va sans dire que les habitants de la ville ne manquent pas de profiter des agréments de cette annexe maritime. Plusieurs familles urbaines y ont des maisons ou des pied-à-terre. Nous eûmes sujet de distinguer parmi elles la très honorable, très nombreuse et très sympathique famille Coursin, propriétaire de notre propriétaire. Nous avons aussi conservé le souvenir des enfants, nombreux aussi, d'une autre famille de citadins léonois. Nous apercevions de notre fenêtre tantôt l'un, tantôt l'autre, en train d'arborer, en guise de pavillons ou de flammes, au sommet d'un joli petit kiosque, sans aucune intention révolutionnaire, de longs et minces serpentins rouges. Un autre souvenir, fort agréable, est celui des relations ou conversations passagères, nouées par nous avec quelques *étrangers*, comme nous en villégiature en ce joli coin : un ancien négociant de Vendôme, un ancien commissaire de la marine de Brest. Il y avait, en diverses maisons, d'autres familles, d'aspect même assez somptueux, venues de régions diverses, et notamment de Paris, à en juger par le langage. Nous avons encore, pour ainsi dire, dans les yeux un groupe de jeunes gens et de jeunes filles que nous trouvions presque toujours, quand nous traversions le petit quai du petit port, en train de faire là, le matin, tout à leur aise, sans craindre la foule, leur régulière partie de *crocket*.

Qui dit Penpoul, dit Saint-Pol-de-Léon, et ce n'est ni pour la ville, ni pour le hameau un mince avantage. La transition habituelle de l'un à l'autre se fait en longeant le mur du remarquable cimetière qui leur est commun. Ce cimetière (écoutez Joanne) est « entouré d'ossuaires élevés en 1500, et orné au centre d'un *chemin de croix* monumental en granit de Kersanton, sculpté sur les parois d'un vaste hémicycle d'ordre toscan (don, ajouterons-nous, de la famille de Guébriant). Les *ossuaires*, adossés aux murs d'enceinte, sont de petits monuments en granit (3^m,50 à 3^m,80 de longueur sur 80 centimètres de largeur), abritant de petites châsses de bois qui renferment des crânes. La chapelle du cimetière, du quinzième siècle (à l'exception, remarque le scrupuleux Joanne, de la façade ouest et du collatéral nord) est l'ancienne église paroissiale de Saint-Pierre. » C'est dans cette chapelle, ou dans cette église, que nous allions presque toujours entendre la messe le dimanche. Cette messe est dite, à une heure matinale, à l'usage d'une congrégation de la Sainte-Vierge, composée de citadins et d'agriculteurs, ceux-ci dans le costume national, qui expriment ensemble, aux moments indiqués de l'office, leur foi et leur piété par des cantiques en langue bretonne.

En remontant la rue qui aboutit au cimetière, où elle se joint à la route descendant vers Penpoul et vers la mer, on arrive bientôt devant l'entrée du *collège de Léon*, qui n'est certes pas le premier venu parmi les établissements d'enseignement secondaire bretons; qui a un beau passé et un présent digne de ce passé. Son organisation actuelle en fait un type original. Il est en effet, quoique *communal*, c'est-à-dire officiel et ressortissant au ministère de l'instruction publique, toujours dirigé par un *principal* ecclésiastique, et le corps enseignant est mixte, ecclésiastique et laïque.

Les résultats de ce système sont, de l'avis de tous, excellents, et les succès universitaires du collège de Léon témoignent hautement en faveur de ce bon accord de l'Église et de l'État. Puisse une entente semblable, sous les formes diverses qu'elle comporte, s'établir ou se rétablir en France dans tout le domaine scolaire et dans tous les autres domaines, sur le solide fondement de la justice pour tous et d'une droite et sage liberté! Ce n'est sûrement pas le Saint-Siège qui y fait obstacle. Mais ne nous engageons pas, pour aujourd'hui, dans ces délicates questions. Bornons-nous à constater que Saint-Pol-de-Léon, au point de vue de l'instruction, est une ville remarquablement bien partagée. Outre son beau collège et ses écoles communales, elle possède un grand établissement libre d'enseignement primaire, tenu par les excellents frères de l'ordre fondé par l'abbé Jean de Lamennais. Un de nos bons souvenirs est la conversation que nous eûmes un jour, sur la grève du Man, avec l'un de ces vaillants et dévoués serviteurs de l'instruction et de l'éducation chrétienne, le digne frère Sylvestre. Les Ursulines ont à Saint-Pol une maison d'instruction secondaire pour les jeunes filles, à laquelle est annexée, selon un usage très digne de louange, une école primaire gratuite. Une autre école primaire est tenue par les bonnes Sœurs du Saint-Esprit. Voilà, certes, des garanties comme il n'y en a pas, hélas! partout, pour la formation intellectuelle et surtout morale des générations futures.

Les collégiens de Saint-Pol sont vraiment privilégiés. Non seulement ils jouissent des avantages moraux, intellectuels, pratiques, tenant à l'organisation particulière de leur collège, et des avantages physiques de sa situation dans un si bon et si sain climat, si proche de la mer, mais encore savez-vous quelle est leur chapelle? Rien moins que le Creizker, c'est-à-dire (maintenant que nous sommes *casés*, nous pouvons en jouir à notre aise) une des merveilles archéologiques de la Bretagne, et de toute la France. Vous en trouverez dans Joanne une suffisante analyse. Mais ce n'est rien d'en lire la description, il faut le voir, le considérer, le contempler à loisir. Il faut en recevoir, en saisir par les yeux et par l'esprit l'impression vive. C'est une des fleurs les plus richement épanouies de l'art gothique à son déclin. Le porche nord est tout envahi, tout recouvert par une végétation inextricable et charmante de figurines et de feuillages de pierre. Les six splendides fenêtres de la façade sud remplissent le regard et l'âme d'un flamboiement lumineux. Le clocher, l'incomparable clocher, puissamment établi, entre la nef et le chœur, sur ses quatre piliers quadrangulaires aux colonnettes fasciculées, lance au loin dans le ciel, à une hauteur de près de 80 mètres, l'étonnante, l'effrayante élégance de sa flèche découpée à jour. De la seconde plate-forme, où l'on parvient, en toute sécurité d'ailleurs, par de pittoresques et anguleux escaliers noirs, où deux personnes ne pourraient monter de front, on a un beau panorama sur toute la région environnante. Cette ascension se fait sous la conduite du concierge du collège, vieux et fidèle serviteur du double édifice, scolaire et religieux, dont il a la garde, et avec lequel, en digne Breton bretonnant, il s'est, de corps et de cœur, pour ainsi dire, tout identifié. Un autre agréable spectacle, mais de plein pied, est celui qu'offre presque toujours, du moins en été, le porche sud du Creizker. Sous sa gracieuse voûte se plaisent à s'abriter, tranquillement assises par terre, un groupe de petites Léonoises, avec leur gentille coiffure locale, qui jouent et conversent et font comme pendant aux volées d'oiseaux qui se perchent aux étages supérieurs, et de temps en temps prennent leur essor des galeries et des clochetons. Au temps où l'on achevait la façade sud du Creizker, dans la seconde moitié du quinzième siècle, ce n'étaient pas seulement, sous les porches ou même dans les nefs des églises de Paris, les petites, mais les grandes filles, les jeunes et les vieilles femmes, qui formaient des groupes analogues, mais moins candides, et dont le poète Villon a vanté les langues affilées :

>Quoy qu'on tient belles langagières
>Florentines, Véniciennes,
>Assez pour estre messagières,
>Et mesmement les anciennes ;
>Mais, soient Lombardes, Rommaines,
>Génevoises, à mes périlz,
>Pimontoises, Savoisiennes,
>Il n'est bon bec que de Paris...
>
>Regarde m'en deux, trois assises
>Sur le bas du ply de leurs robes,

> En ces moustiers, en ces églises;
> Tyre toy près, et ne te hobes (1);
> Tu trouveras là que Macrobes
> Ne fist oncques tels jugemens;
> Entens : quelque chose en desrobes;
> Ce sont très beaulx enseignemens.

La façade occidentale du Creizker, ornée d'une admirable rosace, s'ouvre sur la rue même qui conduit à la cathédrale, autre merveille. Empruntons à l'exact Joanne le dessin général de ce superbe édifice, dont, sur la place située au bout de cette rue, se déploie devant nos yeux la masse imposante et originale. « L'ancienne cathédrale, dit-il, qui a le mérite fort rare d'avoir été complètement terminée au moyen âge, date de trois époques : une partie du transept, au nord, remonte à l'époque romane ; la nef est tout entière du treizième siècle et du commencement du quatorzième... Le style ogival (disons plutôt *gothique*) normand règne presque pur dans tout l'édifice ; il se présente dans la nef avec ses dispositions les plus heureuses. La façade ouest se compose de deux portes géminées au centre, précédées d'un petit porche que couronne une terrasse à balustrade destinée aux bénédictions épiscopales. Les deux clochers, hauts de 55 mètres, sont surmontés de magnifiques flèches en pierre, percées de rosaces et accompagnées de clochetons. Une petite porte, dite *porte des Lépreux*, s'ouvre sur la face ouest de la tour sud, plus ancienne que la tour nord. Sur la croisée des

---

(1) Ne te remue, ne te bouge.

transepts s'élève un petit clocher octogonal avec pyramide. Le porche latéral sud, dit *porte des catéchumènes*, est une œuvre simple et élégante du milieu du treizième siècle. La porte intérieure n'est que du quinzième siècle. Entre ce porche et le transept s'étend une large chapelle du quatorzième siècle, la seule qui ait été pratiquée après coup dans la nef. — A l'intérieur, restauré de nos jours (clefs de voûte armoriées; murs garnis d'arcades ou enfeux, dont quelques-uns avec épitaphes et écussons; restes de peintures à la détrempe), la nef, longue de 7 travées, n'a que 16 mètres de hauteur; mais elle possède, comme toutes les basiliques ogivales (disons plutôt *gothiques*), un *triforium* et un *clerestory*. Le mur terminal sud est percé d'une magnifique rose (vitraux modernes) surmontée, à l'extérieur, de la *fenêtre* dite *de l'excommunication*. Le chœur, fort large, présente des dispositions de plan assez singulières. L'abside centrale est entourée d'un faux rond-point avec chapelle carrée sur l'axe. »

Nous vous laisserons le soin de lire dans Joanne lui-même la description exacte et précise de tout ce qui s'offre, dans la cathédrale de Saint-Pol, à la curiosité, à l'admiration des visiteurs. Mais nous noterons deux choses qui nous ont particulièrement frappé. Ce sont d'abord les châsses ou boîtes funèbres renfermant des crânes de défunts, qui sont rangées au sommet du mur où s'adossent les soixante stalles du chœur. Cette race armoricaine recherche plutôt qu'elle ne fuit l'idée de la mort.

C'est qu'elle y joint toujours celle de l'immortalité. Ce sont ensuite et surtout les tombeaux d'évêques qui se trouvent dans le pourtour du même chœur. Deux surtout sont remarquables et font un intéressant contraste : celui de Guillaume de Kersauson, mort en 1327, et dont la figure austère et fine, d'aspect ascétique et mystique, est un très intéressant spécimen de l'art chrétien du moyen âge, et celui de François Visdelou, ancien prédicateur d'Anne d'Autriche, évêque de Léon de 1661 à 1671, dont l'effigie, magnifique morceau d'art classique français, dû au ciseau de Nicolas La Colonge, est toute souriante et vivante, un peu trop même pour un tombeau, et respire en plein la grande époque à laquelle appartenaient le modèle et l'artiste. On croirait voir Mascaron recevant, sur son lit de repos, les félicitations de ses amis après quelque long et beau sermon. Nous ne pouvions nous lasser de contempler cette statue qui ressuscitait, pour ainsi dire, devant nos yeux le temps de la jeunesse de Louis XIV.

Sortons pourtant, gagnons la grande porte de la cathédrale, suivi de près à travers la nef par deux petites Bretonnes, qui, presque à chacune de nos visites, soit dans cet édifice, soit au Creizker, ou de nos promenades dans les rues environnantes, apparaissent soudain devant ou derrière nous, et s'attachent quelque temps à nos talons. L'une d'elles surtout, la petite Anna, mérite une mention particulière. C'est une frêle et chétive enfant, borgne, la pauvre fille ! à figure résignée et souriante, portant quelquefois dans ses bras une toute petite sœur, et dont l'obstination douce à demander et attendre un sou lasserait la résolution la plus inflexible. Hélas! ce sou, mon Dieu! ne le lui refusez pas, du moins une fois sur trois. Elle appartient réellement à une très nombreuse et pauvre famille. Mais, si vous la questionnez, comme elle sait mal le français, elle s'embrouille de la plus naïve et plus curieuse façon dans le compte et l'âge de ses frères et sœurs. « Quel âge as-tu? — Treize ans. — Combien êtes-vous d'enfants? — Huit. — Combien y en a-t-il de plus jeunes que toi? — Cinq. — Et de plus âgés? — Six. — Quel âge a l'aîné? — Cinq ans! » — Nous exagérons peut-être un peu les termes de ce singulier dialogue, mais nous ne l'inventons point. Pauvre petite Anna! Elle fait partie intégrante et originale de nos souvenirs de Saint-Pol.

C'est sur la place de la cathédrale, en plein air, que se tient le marché, une ou deux fois par semaine. Les halles qui s'ouvrent au fond de cette place sont à peu près exclusivement réservées au commerce des grains. A côté se montre le jardin public, fort beau et fort ombragé. Plus à gauche, enveloppant et masquant le flanc nord de la cathédrale, l'ancien palais épiscopal est devenu l'Hôtel-de-Ville. Nous y avons fait connaissance avec le jeune et distingué secrétaire de la mairie, qui est en même temps l'archiviste municipal, M. G. Henry. Pas d'archives anciennes; à la Révolution, elles ont toutes été transportées à Quimper. C'est là qu'il faudrait aller chercher, à la préfecture et à l'évêché, les éléments d'une histoire exacte et critique de Saint-Pol-de-Léon, de sa cathédrale, de son Creizker. Cette histoire, à l'heure présente, n'existe pas. Pour la période révolutionnaire, l'Hôtel-de-Ville possède, au contraire, une série complète de registres d'un grand intérêt. Mettant à profit ces documents, M. Henry préparait, lorsque nous lui fîmes visite, la publication d'un volume dont les historiens de cette époque pourront tirer, nous le croyons, un sérieux profit. Quand de tels travaux sont accomplis avec l'intelligence et la diligence nécessaires, quand on y trouve comme il nous a paru que ce serait ici le cas, des textes et non des phrases, des faits et non de vaines déclamations, on ne saurait trop remercier, trop encourager les auteurs.

Après avoir serré la main de M. Henry, si nous retournons sur nos pas, et ayant considéré une fois de plus la façade occidentale et le magnifique flanc sud de la cathédrale, si nous prenons une rue à droite, à l'angle de laquelle, derrière cet édifice, Joanne signale « une ancienne maison prébendale des premières années du seizième siècle, qui offre de jolis détails (1) », nous arriverons bientôt à l'hospice dit des *vieux prêtres*, où

---

(1) Une jolie maison à tourelle, située dans la grande rue, non loin de la place de la cathédrale, et occupée par un horloger, M. Godec, serait, selon cet estimable commerçant, qui fit à votre curiosité un très gracieux accueil, la plus ancienne de Saint-Pol.

vivent en commun de vénérables ecclésiastiques dont les forces se sont usées au service de Dieu et du prochain. A cet hospice appartient maintenant la chapelle Saint-Joseph, dont la jolie flèche fait modestement, mais utilement, sa partie, avec les grandes tours de la cathédrale et le prestigieux clocher du Creizker, dans l'admirable concert architectonique de la vieille et noble cité.

Joanne, nous l'avons vu, rend bonne et exacte justice aux monuments religieux et artistiques qui la décorent. Mais (nous ne saurions nous en taire) il se montre étrangement dur dans son appréciation générale de l'aspect intérieur de Saint-Pol. « Lorsqu'on pénètre à l'intérieur, on ne voit, dit-il, que rues silencieuses, promenades et places désertes. Saint-Pol se concentre entre ses églises, les murs de clôture de ses couvents ou de ses jardins et ses places, glaciales l'hiver, torrides l'été, et où nul arbre ne vient tempérer la violence du vent, ni les rayons du soleil. » — Excellent Joanne, quand vous avez écrit ces lignes élégantes, mais sévères, vous aviez eu, ce n'est pas douteux, trop chaud ou trop froid, et votre digestion s'était mal faite. Pour nous, notre impression a été tout autre. Les rues, les places, les promenades de Saint-Pol, silencieuses, si vous voulez (le silence a bien ses charmes, par contraste avec le boulevard Montmartre ou la Canebière), mais pas si généralement désertes que cela, nous ont beaucoup plu. Pour les grands murs, nous ne dirons pas des couvents (il n'y a pas tant de couvents que vous paraissez le croire), mais des vieux manoirs de l'aristocratie léonoise, l'aspect en est, il est vrai, un peu austère, mais imposant et pittoresque. D'ailleurs, Joanne, remarquez-le bien, ces grands murs ont précisément, ne vous en déplaise, l'avantage de rompre la violence du vent, l'hiver, et d'offrir aux passants, l'été, par la projection de leurs vastes ombres, un abri contre l'ardeur du soleil. Cette ardeur n'a, du reste, ici rien de tropical. Que nous parlez-vous de température torride ou glaciale? Il n'y a guère en France de climat plus modéré, moins extrême, que celui du doux pays léonois. En ce qui concerne la glace notamment, on n'en voit guère de durable à Saint-Pol que dans les hivers d'une rigueur exceptionnelle. On y a, retenez ceci, beaucoup moins froid qu'à Paris. Nous avons recueilli là-dessus un témoignage tout à fait irréfragable, celui d'un honorable négociant, d'origine méridionale, languedocienne, comme il nous l'a déclaré lui-même et comme son accent l'indiquait assez, et qui, de plus (que répondrez-vous à cela?) est commissionnaire en artichauts. Qui saura mieux que lui s'il gèle ou non? Eh bien, Joanne, mon ami, voilà votre clou rivé. Sans rancune d'ailleurs, car vous n'en êtes pas moins un excellent guide.

Les éléments divers de la population de Saint-Pol pourraient fournir le sujet d'une analyse intéressante. Mais nous ne nous sentons pas à cet égard suffisamment renseigné, et nous nous bornerons à quelques indications sommaires.

La vieille noblesse du pays y est représentée par un bon nombre de familles, occupant héréditairement les austères manoirs dont nous parlions à l'instant. Distinguons parmi elles les noms qui ne sont pas chers seulement aux oreilles bretonnes, des Kerdrel et des Kermenguy. Le premier avait pour nous, ancien élève de l'École des Chartes, un son particulièrement agréable, en nous rappelant un de nos *anciens* les plus justement respectés et aimés : M. le sénateur Audren de Kerdrel, qui d'ailleurs, lui, n'habite point Saint-Pol, mais, à quelque distance, le château de Cleder. La haute bourgeoisie est surtout, croyons-nous, représentée par les grands commerçants, entre lesquels brillent d'un notable éclat les commissionnaires en artichauts (1). La moyenne et la petite bourgeoisie sont formées par les moyens et petits commerçants ou fabricants. La cordonnerie notamment (les Parisiens eux-mêmes en apprécient les produits) nous y a paru assez florissante. Les artisans et les ouvriers viennent ensuite. Est-il utile de noter qu'ils ne sont pas millionnaires? N'importe, tout nous dispose à croire que la pauvreté léonoise, même aux plus tristes degrés, est encore bien préférable à certaines misères pari-

---

(1) C'est par analogie, répétons-le, que nous employons ici le mot *commissionnaires*. Les négociants dont il s'agit achètent en effet et revendent en gros pour leur compte propre.

siennes. Une bonne moitié enfin de la population est agricole et rurale et se répartit entre les hameaux annexes ou les fermes isolées du territoire de Saint-Pol. Sans entrer trop avant, pour aujourd'hui, sur le terrain délicat des appréciations religieuses, morales, et sociales, et surtout en laissant de côté la politique, nous nous contenterons de constater avec joie l'esprit profondément chrétien et conservateur de l'ensemble, tant urbain que rural, de cette bonne et aimable population léonoise. Les tentatives contraires ont échoué, Dieu merci! contre la solidité de sa foi et de ses mœurs traditionnelles. Cette heureuse situation se maintiendra, en dépit d'un certain libéralisme voltairien dont nous avons çà et là reconnu le souffle fâcheux, naguère attisé, croyons-nous, par des influences mauvaises, si les bonnes influences, qui dominent encore dans la vieille ville épiscopale, comprennent de plus en plus combien il est utile en tout temps, et indispensable dans le nôtre, de joindre à la fermeté vraiment catholique des principes et au culte raisonnable des traditions, le sens et le désir du progrès, non seulement religieux et moral, mais intellectuel et même matériel. Qu'est-ce autre chose, après tout, que le vrai progrès, sinon la tradition elle-même, continuée, corrigée et améliorée; appropriée, en un mot, sous telle ou telle forme, aux besoins et aux sentiments nouveaux de chacune des époques, qui sont, pour ainsi dire, les étapes successives, tantôt meilleures et tantôt pires, de l'humanité sur la terre?

L'un des principaux agréments offerts aux baigneurs fixés à Roscoff, station en renom, c'est la visite de Saint-Pol. Nous ne regrettons aucunement, pour notre part, d'avoir adopté Penpoul, c'est-à-dire Saint-Pol, pour notre séjour, et considéré seulement Roscoff comme un but engageant d'excursion. La promenade est aisée, soit qu'on use du chemin de fer, soit qu'on se contente de ses jambes, soit enfin, ce qui est le mieux, que l'on combine ces deux moyens de locomotion, employant l'un pour l'aller et l'autre pour le retour. Il y a encore d'autres systèmes : les voitures, les chevaux et les vélocipèdes, que nous n'entendons nullement blâmer. Les vélocipèdes, au mois d'août, sillonnent assidûment la belle route d'une ville à l'autre, route sans aucune ombre, mais constamment rafraîchie (elle traverse une petite presqu'île) par la brise d'une triple mer. Les curiosités de Roscoff, il faut l'avouer, ne sont pas sans nombre. A cet égard, nous vous confions sans crainte, cher lecteur, aux indications du bon Joanne. Nous avons vu le fameux figuier ; il a éprouvé les rigueurs (tout à fait exceptionnelles dans ce climat) du dernier hiver, mais c'est encore un bien extraordinaire et bien vigoureux vieillard. Les vingt-cinq centimes (par personne) qu'en coûte l'abord ne sont pas à regretter. L'église Notre-Dame de Croaz-Baz n'est pas sans doute à dédaigner. Mais

Saint-Pol rend difficile. Le véritable attrait de Roscoff, ce sont le port et la plage où l'on ressent une vive, une forte, une fraîche impression marine. L'île de Batz, dont la vue et l'accès sont un des plaisirs des baigneurs, a tout à fait changé d'aspect depuis la description de Joanne (1892). Elle s'est couverte de maisons neuves et tend, pour ainsi dire, les bras aux *étrangers*. Nous ne l'avons vue, quant à nous, qu'à travers la mer.

Notre principale excursion de plaisir, cette année, a été dirigée sur Morlaix, où nous avons passé une journée très agréable. Notre ami Joanne nous y a guidé, vous y guiderait à merveille, sauf pourtant un point, dont il n'est nullement responsable : l'extravagante habitude que prennent maintenant partout les municipalités de changer les noms anciens et historiques des rues, alors même qu'aucun avantage pratique ne peut résulter de ces changements. La physionomie générale de la vieille cité, à étages pittoresques, à superpositions brusques et escarpées, est à présent dominée tout entière par son viaduc, justement célèbre; c'est l'un des cas où l'art utilitaire des ponts et chaussées s'est élevé, nous l'en louons du fond du cœur, à un bel effet d'esthétique. Cet aspect général, ainsi marqué du sceau de la vie moderne, puisqu'on voit rouler les locomotives au-dessus des toits et des clochers, reporte d'ailleurs la pensée en plein moyen âge, par le grand nombre de pignons en façade sur les rues, dont quelques-unes font revivre pour ainsi dire, sous nos yeux, comme le fait la rue du Jerzual à Dinan, les villes d'autrefois. Le lit et le parapet du Jarlot, sur la place de Viarmes, avec les lavoirs et les antiques maisons qui bordent ce petit cours d'eau, ont aussi un cachet qui n'est pas banal.

Il est douloureux de penser que la belle église gothique de l'ancien couvent des Dominicains, où sont installés maintenant le musée et la bibliothèque municipale, n'a pas été à cette occasion l'objet d'une restauration intelligente. Elle a été en effet horriblement défigurée par l'étage factice créé nous ne savons quand ni pourquoi, et approprié à la nouvelle destination, à laquelle il fallait du moins consacrer l'église entière. La partie inférieure de l'édifice n'est plus, hélas! qu'un hideux hangar. Réparez ce vandalisme, ô municipalité, réparez-le au plus tôt. Cela vaudra mieux que de changer le nom des rues. Vous devriez aussi vous préoccuper davantage de ces trésors de bois sculpté que vous ont légués vos ancêtres et que l'on appelle la *maison de la duchesse Anne* et la *maison Pouliguen* (sans compter les autres), avec leurs vivantes figures, chefs-d'œuvre de l'art français du quinzième siècle. Il est pitoyable de penser que la seconde (la première, quoique propriété privée, est en condition meilleure) sert de domicile multiple à de simples locataires, et est par conséquent nécessairement exposée à des risques déplorables. Vous en devriez traiter avec le propriétaire et vous parer aux yeux des étrangers et touristes de ce joyau d'archéologie. Le propriétaire lui-même (si ses moyens le lui permettent) devrait en prendre plus de souci. Quand on pense qu'il y a une cuisine avec ses fourneaux juste en face des merveilleuses boiseries de cet admirable escalier, tout comparable à un manuscrit illustré par Jean Fouquet!... L'effroi, l'indignation nous saisissent, hâtons-nous de nous éloigner, d'arpenter les rues, d'aller consoler notre cœur d'antiquaire, là-bas, au pied du viaduc, dans l'église paroissiale de Sainte-Mélanie. C'est un bien précieux échantillon, bien gardé, lui, ce nous semble, du dernier âge du gothique, continué, mais avec une surcharge de bouffonnerie demi-sceptique, par le premier âge de la Renaissance. Les grotesques figures de moines, sculptées sur les poutres du comble de la nef, sont un curieux témoignage du singulier éclat d'esprit de cette époque de transition, et nous ont rappelé les étrangetés analogues remarquées par nous, l'an dernier, sur les murailles de Saint-Nonna de Penmarc'h. Le port et les quais de Morlaix, quoique l'aspect en soit tout moderne, ne sont pourtant pas à négliger.

Avons-nous épuisé, durant notre mois, les promenades, les excursions à faire dans les alentours, prochains ou éloignés, de Saint-Pol-de Léon? En aucune manière. Il nous resterait à voir dans le voisinage, entre autres sites ou monuments, la baie de Santec, les grèves et l'île de Siec, le château de Keruzoret; un peu plus loin, sur le chemin de fer départemental de Morlaix à

Carhaix, le beau paysage de Huelgoat et Carhaix même ; plus loin encore, sur la grande ligne, en arrière Guingamp, déjà noté ; en avant Brest, oui, Brest, sans compter Landerneau... et le surplus. N'est-ce pas de quoi nous inviter à un nouveau séjour auquel nous attirent assez déjà par eux-mêmes les agréments de Saint-Pol-de-Léon et de notre cher petit Penpoul? Sans aucun doute. Quand donc y reviendrons-nous? Un jour ou l'autre. Les côtes de Bretagne sont étendues, et celles de France le sont plus encore.

1895.

XV

REIMS. — L'INAUGURATION DU JUBILÉ NATIONAL.

Parmi nos grandes lignes de chemins de fer, rayonnant de Paris sur la province et sur l'étranger, la ligne de l'Est n'est certainement pas celle que nous avons le plus fréquentée. Nous ne l'avons guère un peu sérieusement parcourue qu'une fois, et avec bien peu d'arrêts, en 1886, au retour d'une excursion assez étendue en Belgique, en Allemagne, en Alsace, dont nous regrettons bien de n'avoir pas songé à fixer par écrit les impressions et les souvenirs. En ce qui concerne spécialement la ligne dont il s'agit, ces souvenirs se réduisent à l'aspect majestueux et vraiment ducal, mais un peu froid, de la noble cité de Nancy, et à la vive émotion de notre visite et de notre séjour à Domremy, le cher et gracieux petit village, à jamais grand dans l'histoire comme le berceau de Jeanne d'Arc.

Une occasion nouvelle, après dix années, une occasion de premier ordre s'est présentée à nous de faire plus ample connaissance avec ce réseau par une visite, bien courte à la vérité, mais bien émouvante aussi, à l'un de ses points les plus importants. Collaborateur du volume publié sur l'initiative et sur les auspices de S. Ém. le cardinal Langénieux, à l'occasion du quatorzième centenaire du baptême de Clovis : *La France chrétienne dans l'histoire* (1), nous fûmes honoré à ce titre d'une lettre de M. l'abbé Landrieux, vicaire général de Reims, nous invitant, de la part de Son Éminence, aux offices solennels d'inauguration du *jubilé national* accordé à la France, en raison de ce grand anniversaire, par S. S. Léon XIII. Ces offices devaient être célébrés le lundi de Pâques, 6 avril. Nous nous fîmes un devoir de nous y rendre.

De bon matin donc, au jour indiqué, nous quittâmes notre domicile de la banlieue de Paris (Ouest, rive gauche), et débarquâmes d'abord (sans effraction du grand vitrail) sur la place de Rennes, devant notre vieille amie, la gare Montparnasse. Comme nous n'étions pas poussé par l'heure, nous fîmes un judicieux usage de la combinaison exprimée par cette formule toute parisienne : Montparnasse-Ménilmontant-Montrouge-Gare-de-l'Est (correspondance au Châtelet) et arrivâmes non seulement à temps, mais avec une large avance, dans la salle non des pas perdus, mais des pas pressés, de l'édifice bien connu qui déploie sa façade

---

(1) Paris, Firmin-Didot, 1896, gr. in-8º de 700 p., illustré de 100 gravures.

sur la place de Strasbourg en haut du boulevard, Sébastopol.

Nous aimons à louer les Compagnies quand elles le méritent. La création de la ligne de Paris à Reims par la Ferté-Milon a été une très heureuse idée de la Compagnie de l'Est, qui abrège singulièrement le voyage, et va permettre aux invités parisiens de Son Éminence d'arriver à temps pour la messe pontificale. Nous partons donc par le *rapide* de 8 h. 20. Déjà nous voici à Meaux, dont nous apercevons la cathédrale, et un jeune homme bien élevé, ferré sur ses classiques, qui se trouve dans notre compartiment, évoque avec raison le souvenir de Bossuet. Une remarque naît alors dans notre esprit. Ce nom seul ne témoigne-t-il pas éloquemment de l'union étroite qui s'est établie à travers les siècles entre la France et l'Église et dont nous allons célébrer l'inauguration par Clovis en 496? Pour bien étudier, pour bien comprendre les chefs-d'œuvre de notre littérature, il faut avoir dans l'esprit, et même dans le cœur, les enseignements, les traditions, quoiqu'on en dise intellectuellement et moralement *irremplaçables*, de la doctrine catholique. C'est ce dont témoigne encore le nom de Racine, qui se présente à notre pensée au moment où le *rapide*, qui vole au but sans s'arrêter, traverse la Ferté-Milon. Son essor enflammé nous conduit à Fismes. Mais le battement de ses ailes de feu continue sans cesse. Il n'est pas 10 h. 1/2, et déjà nous sommes à Reims.

Ici notre timidité native aurait pu nous jouer un

mauvais tour. Elle commence heureusement à décroître en raison inverse du nombre croissant des années, qui nous avertissent de façons diverses qu'à cinquante ans passés on n'a plus trop de temps ni de forces à perdre. Descendu de notre compartiment, nous apercevons sur le quai le groupe des membres de l'Institut qui ont répondu à l'appel de Son Éminence. Saisi d'une émotion respectueuse, nous hésitons, nous humble bibliothécaire, à nous y joindre. Si cette hésitation se prolonge, nous allons certainement, en ce qui nous concerne, faillir au programme et demeurer fort embarrassé. Nous nous armons de résolution, et, recourant à l'intermédiaire de notre éminent et bien cher ami, M. Anatole de Barthélemy, dont nous venons de reconnaître dans le terrible groupe l'aimable et souriante physionomie, nous nous faisons présenter à M. l'abbé Landrieux, chargé de recevoir et de guider les invités de Son Éminence. Nous montons, nous aussi, intrépidement dans les voitures de l'archevêché, et nous avons, durant le court trajet de la gare au palais archiépiscopal, le plaisir de faire la connaissance de l'un de nos confrères les plus distingués de la presse parisienne, M. Eugène Tavernier, rédacteur de l'*Univers*, à qui a été confiée l'honorable mission d'historiographe (1).

---

(1) Le compte rendu de M. Tavernier a paru dans l'*Univers* du mercredi 8 avril. Nous nous en sommes aidé pour la rédaction de ces souvenirs.

Les invités sont aussitôt conduits, par une communication latérale, du palais aux fauteuils disposés pour eux, dans le sanctuaire de l'auguste basilique. A ce rang d'honneur, nous ne nous sentons pas précisément à notre aise et tenons nos regards assidûment fixés sur le vénérable M. Wallon, qui préside, pour ainsi dire, ce petit sénat d'un jour, et dont nous nous proposons d'imiter tous les mouvements. Excellent modèle par la dignité simple, religieuse et même pieuse de son attitude ! Pour la cathédrale elle-même, ce monument sublime de la foi et de l'art français, en pareille occurrence, on le conçoit, nous la *sentons*, mais nous ne la voyons pas. Tâchons pourtant aujourd'hui, en appelant l'histoire à notre aide, d'éclairer cette sensation, ce sentiment, de quelque vision d'esprit. Demandons à un archéologue de premier mérite, M. Anthyme Saint-Paul, par l'intermédiaire de notre vieil ami Joanne (1), de fournir à notre imagination quelques matériaux précis.

« La basilique où saint Remi baptisa Clovis fut remplacée au neuvième siècle par une nouvelle église « dont les coupoles dorées tombaient en ruine » vers le commencement du onzième siècle, au témoignage d'Adalbéron, évêque de Laon. Une église romane, très probablement construite pendant le onzième siècle, fut incendiée elle-même en 1211. Dès 1212, l'archevêque Albéric Humbert se trouvait en état de commencer les travaux d'un

(1) *La Champagne et l'Ardenne*, 1895, p. 15 et suiv.

monument gigantesque et de les pousser si vivement qu'en une vingtaine d'années, selon le chroniqueur Albéric de Trois-Fontaines, tout était terminé. Il ne s'agit évidemment que du chœur, et encore celui-ci ne fut-il inauguré qu'en 1241. La nef était alors sans doute fort avancée. Toutefois, vers 1260, il fallut démolir la façade occidentale commencée, pour le prolongement de la nef, reconnue trop courte pour la foule qui l'occupait aux cérémonies du sacre. Quelques débris de cette première façade sembleraient avoir été encastrés dans le portail actuel de droite, où ils sont reconnaissables. En 1295, il y eut un arrêt dans les travaux, et la municipalité rémoise supprima la subvention annuelle qu'elle avait accordée jusqu'alors. La façade actuelle était peut-être alors terminée, sauf les tours, qui paraissent n'avoir été exécutées que pendant le quatorzième siècle, et n'avoir reçu leurs flèches que vers 1400.

« La façade occidentale est le morceau capital de Notre-Dame de Reims et l'une des œuvres les plus achevées du moyen âge... Des trois portes, celle du centre a seule un trumeau; mais toutes ont leurs statues et leurs statuettes. Les principaux sujets figurés sont : *Porte centrale* : au trumeau la *Vierge* (au socle *Adam* et *Eve*); aux jambages, des personnages ayant pris part à son histoire ; aux chambranles les *Mois* et les *Saisons;* aux voussures, des *Bienheureux;* au galbe, le *Couronnement de la Vierge*. — *Porte gauche* : aux jambages, de saints évêques de Reims; aux chambranles, les *Sciences* et les *Arts*; au linteau, la *Conversion de saint Paul*; aux voussures, les personnages de la *Passion*; au galbe, le *Crucifiement*. — *Porte droite* : le *Jugement dernier*, à part le linteau, consacré à l'*Histoire de saint Paul.* — L'ensemble des trois portes est encadré latéralement par deux arcades aveugles remplies aussi de sculptures complétant celles des portes adjacentes : à gauche, l'*Invention de la sainte Croix*; à droite, des scènes de l'*Apocalypse* se rapportant à la fin du monde. »

« La grande *rose*, en forme de roue, comprend douze rayons principaux et autant de rayons secondaires. Elle est encadrée par une arcade en ogive qui, par une exception peut-être unique à cette place, offre, comme une porte, des statues aux jambages et des statuettes à l'archivolte (*Histoire de David et de Salomon*); il y a aussi des statues engagées dans le mur à l'extrados de l'arcade. Dans les niches des quatre contreforts, établis au même niveau et sur le même dessin que les niches des arcs-boutants, sont des statues d'*Apôtres*.

« La *Galerie des Rois*, qui se continue derrière les deux tours, est consacrée aux rois de France. Le groupe des statues du centre forme bien distinctement le sujet du *Baptême de Clovis*; *Charlemagne* et *Pépin le Bref* se reconnaissent derrière la tour du nord...

« Le croisillon nord présente deux portes inégales ornées de statues : la plus grande, divisée par un trumeau, est ornée des statues des principaux évêques de Reims et de celles de *Clovis* et de *sainte Eutrope*. Le tympan est consacré à *l'histoire de saint Nicaise et de saint Remi*. La porte latérale de gauche représente, dans le tympan, le *Jugement dernier*. Parmi les statues de cette belle porte, celle du *Christ bénissant*, qui est connu sous le nom de *Beau-Dieu*, est vraiment admirable. Dans l'encadrement de la rose, sont figurés *Adam* et *Eve*, statues d'une grandeur colossale; et, en petites figures, la *Création*, la *Chute*, le *Meurtre d'Abel*, l'*Invention des premiers métiers*. Au-dessus, une galerie de sept statues représente des *prophètes*. Le grand fronton, qui ne date que du seizième siècle, figure l'*Annonciation*.

« Au bas de la rose du croisillon sud, qui est aussi fort belle, on voit les statues de l'*Église* et de la *Synagogue*. Autour de la rose apparaissent les *Prophètes* et les *Apôtres*, et, au fronton, couronné par un *sagittaire*, l'*Assomption*.

« Autrefois le transept était flanqué de quatre *tours* moins fortes que celles de la façade. Elles ont été rasées jusqu'à la hauteur du grand comble à la suite de l'incendie de 1481, qui consuma leurs belles pyramides en plomb.

« Le *clocher de l'Ange*, sur le chœur, élégante pyramide de bois et de plomb, haute de 18 mètres, est entouré, à sa base, de huit statues ou cariatides gigantesques, dans l'attitude du supplice. Elle doit son nom à un ange en cuivre, haut de deux mètres qui la couronnait et qui a été enlevé en 1861.

« L'intérieur a 138^m,70 de longueur sur 30^m,13 de largeur et 49^m,45 au transept. La hauteur des grandes voûtes est de 38 mètres. La nef comprend huit travées, outre celle de la façade; le transept est lui-même accompagné de bas côtés. Cinq chapelles rayonnantes entourent le chœur, divisé en deux parties. Un triforium règne au-dessus des bas côtés. Les chapiteaux des grosses colonnes, cantonnées de colonnettes, qui soutiennent les arcades de la nef, présentent une flore variée, traitée avec luxe et imitée de la nature. Des statues d'anges s'abritent sous les dais qui couronnent les contreforts, à la naissance des arcs-boutants.

« Les statues ont été prodiguées à l'intérieur comme à l'extérieur. On en compte cent vingt-deux au pourtour des portes seulement (cinquante-quatre pour la grande et trente-quatre pour chacune des deux autres); il faut y ajouter le *Martyre de saint Nicaise,* qui couronne le pourtour de la porte du milieu.

« On remarque surtout les *vitraux* (treizième siècle) et les tapisseries... » Mais, pour les uns et pour les autres, et pour beaucoup d'autres détails, qui ne seraient pas ici à leur place, nous renvoyons à Joanne, à Anthyme Saint-Paul, à Viollet-le-Duc, et à tous les ouvrages spéciaux. Nous demanderons une impression d'ensemble, à la fois vivante et idéale, à l'un des chapitres les plus justement remarqués de la *France chrétienne dans l'histoire,* le beau morceau d'art et de poésie intitulé : *L'Art chrétien au moyen âge,* par M. André Pératé. Nous lui déroberons la page suivante afin d'en orner ces souvenirs :

« La cathédrale gothique est un être vivant qui développe avec rythme l'harmonieuse majesté de ses membres. Elle est puissante, libre, immense comme le peuple qu'elle attire par les larges baies de son portail. Sa façade exprime et résume toute la pensée de l'architecture chrétienne. Fortement enracinée au sol, elle élève ses assises de pierre, où s'entr'ouvrent des fenêtres toujours plus aiguës; d'étage en étage, le fardeau s'allège, et voici que du sommet des tours s'élancent des flèches pour s'enfoncer au ciel. Mais trop souvent l'essor gigantesque se brise, et les tours découronnées marquent la limite de cet art trop sublime pour embrasser jamais tout son idéal. Où trouver l'œuvre surhumaine, la cathédrale dont toutes les parties donnent à l'âme la sensation heureuse de l'absolue perfection, la plénitude de l'amour? Mais, rejoignant par la pensée tant de beautés éparses et lointaines, il est aisé de construire l'édifice idéal, la cathédrale du treizième siècle. La façade de Notre-Dame de Paris mêle peut-être à l'élan de sa prière une force trop humaine de raison et de bon sens, affirmée par les robustes lignes horizontales qui la coupent en étages; Amiens est plus ému, plus ardent, avec l'ombre profonde de ses vastes porches, ses galeries à jour, les baies aériennes de ses tours inachevées; Reims enfin, si l'on peut oublier le couronnement mesquin et trop récent de ses clochers, ravit l'âme par la hardiesse des longues fenêtres qui s'élancent de la forêt touffue du portail pour préparer une ascension dans les nues. Il manque à ces grands corps agenouillés la prière des bras tendus au ciel, les clochers en pyramides infinies, tantôt nus et rigides, comme à Vendôme et à Chartres, ou peu à peu fleuris d'une légère dentelle, comme à Senlis, à Caen, à Bordeaux, et entraînant dans leurs montées des clochetons, des galbes, des pinacles, au frêle et délicat profil.

« Puis l'énorme vaisseau s'allonge, et partout, de leurs épaules vigoureuses et de leurs mains tendues, les contreforts en maintiennent l'équilibre; de nouvelles façades, aux extrémités du transept, superposent leurs galeries sculptées et leurs tympans où s'ouvre l'œil des rosaces; au-dessus du chœur, à la croisée du toit, une mince flèche accompagne fièrement la masse des clochers, et le chevet s'arrondit dans l'ombre et la lumière toujours mouvantes des arcs-boutants.

« A l'intérieur, la grande inspiration chrétienne parle plus profondément. L'obscurité du seuil, la mystérieuse immensité saisissent l'âme et la détachent du tumulte de la vie; elle s'élève, et voici qu'elle oublie la terre et monte à l'infini. Les faisceaux de colonnes d'un jet ont jailli vers la voûte qui se perd, qui se fond dans la lueur des hauts vitraux. La longue, l'étroite nef monte toute vers la lumière; et ce n'est plus seulement la science qui soutient ces parois irréelles, on sent que c'est l'amour, et que cette cathédrale n'est qu'une œuvre d'amour. Toujours plus haut dans la lumière, à Chartres, à Paris, à Bourges, à Reims, à Amiens, où l'équilibre est si parfait que l'émotion demeure sereine et douce; à Beauvais, l'essor devient fou, l'équilibre se rompt, les voûtes, dressées à 50 mètres, s'écroulent.

« La cathédrale est faite par le peuple, et pour le peuple. Elle abrite sa vie, ses joies, ses deuils, ses espérances, elle l'accueille familièrement, elle lui ouvre le ciel. Ses basses nefs offrent aux âmes solitaires l'isolement de leurs chapelles et leurs multiples dévotions; sa nef centrale appelle le torrent de la foule. Elle secourt ses fidèles dans la mort; elle leur offre le repos et le silence de ses cryptes. Elle ne les défend pas seulement du démon qui les guette; elle les protège contre le voisin brutal; elle devient forteresse, elle se hérisse de créneaux pour repousser les attaques barbares; ainsi à Albi, à Narbonne, à Béziers, aux Saintes-Maries.

« Ce n'est pas tout que d'exalter l'âme populaire; la cathédrale l'instruit. Par ses sculptures, ses peintures, ses vitraux, elle lui enseigne ce qu'il faut croire, ce qu'il faut espérer et craindre. Sur ses verrières resplendiront les mystères du ciel et la gloire des saints; sur sa façade se déploient la divine tragédie et la comédie humaine. Autour de son portail, un et triple comme la Trinité, s'agite un peuple de statues. Le Christ-Roi siège au tympan, et alentour se déroulent en saisissantes figures les joies et les terreurs du Jugement dernier. Plus haut est rappelée la faute des premiers parents, et la longue série des patriarches et des prophètes prépare la venue du Rédempteur. A droite et à gauche, voici la vie de la Vierge et du saint protecteur de la cité; les allégories des vertus, les paraboles de l'Évangile sont traduites en de petites scènes très simples et naïves. Chaque grande cathédrale a ses sujets préférés et son cycle pieux : à Chartres, c'est la vie du Christ; à Paris, l'histoire de la Vierge; à Amiens, l'Ancien Testament; à Reims, la légende de saint Nicaise; à Bourges, et à Paris encore, celle de saint Étienne. En contraste avec l'exemple divin, la libre fantaisie des sculpteurs a groupé les tentations et les passions humaines; les vices grouillent en figures monstrueuses diaboliquement grimaçantes, qui se tordent en gargouilles, et vomissent l'eau des orages autour de la maison de Dieu. »

La cathédrale de Reims est un des principaux centres de l'histoire de France; bien plus, par le baptême de Clovis, elle en fut le point de départ. De l'édifice actuel, qui appartient essentiellement au treizième siècle, il est aisé, à travers les âges, de remonter par la pensée à la basilique du cinquième siècle, qui fut le théâtre de ce grand événement providentiel. Écoutons sur ce point un docte religieux, le R. P. Jubaru, de la Compagnie de Jésus, qui, dans la remarquable étude, récemment publiée par lui (1), sur le lieu précis du baptême du roi franc, nous décrit en ces termes, par une reconstitution ingénieuse et vraisemblable, à l'aide des écrivains et des poètes de l'époque, cette église gallo-romaine :

« A l'emplacement de la cathédrale actuelle, mais sur un bien moindre espace, s'élevait l'église principale, dédiée par saint Nicaise à la Vierge Marie. Aujourd'hui encore, nous pouvons nous faire une idée assez exacte de ses dimensions. L'autel, situé dans l'abside qui terminait la nef, a été religieusement maintenu à sa place primitive, et la vénération des fidèles a consacré l'endroit où saint Nicaise est tombé sous le fer des Vandales, au seuil de la basilique.

« Ces deux points de repère nous indiquent la longueur de l'édifice. C'est précisément la longueur assignée par Grégoire de Tours à deux des plus grandes églises de l'époque : cent cinquante à cent soixante pieds. Probablement la basilique de Reims avait aussi la même largeur de soixante pieds en rapport avec sa longueur.

« Très inférieures en proportions aux immenses cathédrales du moyen âge, leurs devancières, au temps de saint Remi, l'emportaient par l'éclat et la richesse de l'ornementation.

(1) *Études religieuses*, 15 février 1896. — Il faut lire sur le même sujet l'excellente dissertation de notre très distingué confrère et ami, M. Louis Demaison, archiviste de la ville de Reims, publiée en appendice au *Clovis* de M. Godefroid Kurth.

« La nef était divisée en galeries par deux colonnades de marbre superposées ; dans les caissons dorés du plafond se jouaient des animaux fantastiques ; les murs disparaissaient sous les peintures représentant de longues files de saints ou des scènes de l'Ancien et du Nouveau Testament. Dans l'abside, derrière l'autel surmonté d'un *ciborium* de métal précieux, au-dessus de la chaire archiépiscopale et des sièges des prêtres, étaient encastrées des inscriptions métriques dues aux poètes de renom, et la majestueuse figure du Christ entouré des apôtres se détachait sur le fond d'or des mosaïques aux bordures « nuancées « comme le plumage du paon ». « Les murs, sous « le poli luisant des incrustations et des peintures « à l'encaustique, semblaient avoir une clarté à « eux », « de toute part jaillissait une lumière « dorée » : « on eût dit que le jour lui-même était « emprisonné dans le temple ».

« Au dehors, l'édifice avait ses toits couverts de lames d'étain avec des ornements de bronze doré ; un fronton assez simple, mais souvent décoré de mosaïque, dominait l'*atrium*, parvis carré entouré de portiques qui précédait la nef de l'église et faisait partie intégrante du lieu saint.

« Extérieurement à l'*atrium*, quelquefois aussi dans son enceinte, s'élevait un petit édifice indifféremment circulaire, hexagone, octogone ou en forme de croix grecque ; il était destiné aux cérémonies du baptême.

« En Gaule, les fouilles montrent que ces baptistères affectaient plus souvent la forme octogonale... Au centre de l'édicule du baptistère se trouvait une piscine, aussi appelée fonts, qu'entourait une margelle à triple degré. Parfois l'eau s'y déversait de la bouche d'un cerf d'airain, symbole du néophyte altéré de l'onde vivifiante; suspendue au milieu, une colombe d'or ou d'argent « rappelait la vertu de l'Esprit saint animant « l'eau baptismale ». Une ou plusieurs petites absides formaient retrait dans les murs; là se trouvait l'autel dédié à saint Jean-Baptiste ou plus rarement au saint Sauveur lui-même, comme au baptistère de Latran. Les plus grandes piscines étaient entourées de colonnes supportant la coupole du dôme, le pavé orné de mosaïques symboliques, et les murailles couvertes de peintures retraçant des scènes relatives au baptême.

« Tel devait être l'ancien baptistère de Reims au cinquième siècle... »

C'est là que, le 25 décembre 496, la France chrétienne prit naissance. « Le sanctuaire, écrit M. Godefroid Kurth (1), avait revêtu ses plus opulentes parures pour cette fête sans précédent.

---

(1) *Le Baptême de Clovis, ses conséquences pour les Francs et pour l'Eglise;* chapitre II de la *France chrétienne dans l'histoire.* — Ce chapitre est un très intéressant, mais très bref résumé du bel ouvrage du même auteur, l'une des œuvres les plus remarquables de la science catholique à notre époque : *Clovis,* par Godefroid Kurth, professeur à l'Université de Liège. Tours, Alfred Mame et fils, 1896, in-4°, orné de 8 compositions en héliogravure et 130 gravures sur bois.

Des voiles d'or et des draperies brodées flottaient du haut de ses lambris, des parfums précieux embaumaient son atmosphère, des cierges sans nombre y faisaient briller un jour merveilleux, dont les nuages de l'encens adoucissaient l'éclat. Il s'écoula alors une heure qui valut des siècles pour la nation dont l'élite se pressait dans les murs trop étroits du temple, car cette heure ouvrait au peuple franc les portes d'un long et splendide avenir de foi catholique et de civilisation : « Courbez doucement la tête, Sicambre, dit « le pontife au roi pendant que celui-ci descendait « dans la cuve baptismale, adorez ce que vous « avez brûlé, et brûlez ce que vous avez adoré. » Puis, lui faisant plonger par trois fois la tête sous les ondes régénératrices, il le baptisa au nom du Père, du Fils et de l'Esprit saint.

« Après Clovis, trois mille guerriers, comprenant sans doute les principaux chefs de son armée et la totalité de sa bande royale, reçurent à leur tour le sacrement qui faisait d'eux des chrétiens. Les deux sœurs du roi furent également associées à la conversion de leur glorieux frère : l'une d'elles, Alboflède, qui était encore païenne, reçut le baptême; l'autre, Lanthilde, qui professait l'arianisme, abjura l'hérésie et fut confirmée selon le rite catholique. C'est ainsi que, comme s'exprime un contemporain, la naissance du peuple franc coïncidait avec la naissance du Christ lui-même. »

A dater de ce grand jour, Reims, ses pontifes

et sa basilique ne cessent plus guère, à travers les âges, d'avoir un lien étroit avec la vie et les destinées françaises. Le fondateur de la seconde dynastie franque, Pépin le Bref s'y rencontre avec le Pape Étienne III, et y resserre l'alliance contractée par lui avec le Saint-Siège, dans la personne des papes Zacharie et Étienne II. Charlemagne s'y rencontre avec Léon III, Charlemagne, qui a étendu à l'occident tout entier l'œuvre de Clovis, et fondé la chrétienté, cette grande forme sociale, à la fois nationale et internationale, du christianisme. C'est là son œuvre durable, dont l'unité de son empire, trop vaste pour ses successeurs, n'a été que le premier moule politique et militaire. Ce moule se brise et dans la dissolution de cet empire, comme l'a si bien dit S. Ém. le cardinal Langénieux, résumant deux des chapitres de l'ouvrage publié sous ses auspices (1), « l'archevêque de Reims, Hincmar, tout en restant fidèle aux princes carolingiens qu'il conseille et qu'il aime, renoncera le premier à l'idée impériale et travaillera à fonder un royaume de France. Un siècle plus tard, Adalbéron et Gerbert compléteront son œuvre en assurant au nouveau royaume, même au prix de durs sacrifices, une

---

(1) *La France chrétienne dans l'histoire.* Introduction. — Livre III, chapitres I. *Hincmar, archevêque de Reims,* par M. Paul Fournier, professeur à la Faculté de droit de Grenoble. II. *Adalbéron, l'Eglise de Reims et l'avènement de la dynastie capétienne,* par l'auteur même de ce récit.

dynastie nationale, qui identifiera, neuf siècles durant, ses destinées avec celles de la France. »

C'est à cette époque que la ville et la basilique du baptême de Clovis deviennent le lieu ordinaire et consacré, sinon tout à fait exclusif, du sacre et du couronnement des rois *très chrétiens* de France (1). C'est là que, par l'énergique habileté de sa mère, saint Louis, encore enfant, reçoit, en dépit de la révolte de ses barons, le diadème qu'il sanctifiera, pour ainsi dire, en y ajoutant l'auréole de sa céleste vertu ; le sceptre, qu'il tiendra d'une main si juste et si ferme, et dont la majesté pacifique fera respecter et aimer des nations la grandeur française (2). C'est là que Jeanne d'Arc, suscitée par Dieu lui-même, restaurera et consacrera de nouveau, selon le rite antique et national, cette grandeur abaissée presque jusqu'à l'esclavage, et renouera, en faisant couronner Charles VII, le fil d'or, à demi brisé, de la tradition de Clovis, de Charlemagne et de saint Louis (3). Qu'il nous soit permis de nous arrêter

---

(1) *La France chrétienne dans l'histoire* contient une remarquable étude de M. Noël Valois intitulée : *Le Roi très chrétien*, où il a recherché l'origine et la valeur exacte de ce titre donné à nos rois.

(2) Voyez le beau chapitre dû à M. Wallon dans le livre précité : *Saint Louis; grandeur de la France au treizième siècle.*

(3) Le chapitre sur *Jeanne d'Arc* dans le même ouvrage est dû à l'éminent historien de Charles VII, M. le marquis de Beaucourt, directeur de la *Revue des questions historiques.*

quelque peu à ce point culminant de la carrière de l'héroïque vierge et de reproduire ici le tableau, que nous avons essayé de tracer naguère (1) de ce jour divin de notre histoire, qui fait comme l'immortel pendant de la date immortelle dont nous célébrons cette année l'anniversaire.

« Le samedi 16 juillet, l'armée campait à Septsaulx, à quatre lieues de Reims. Charles s'était logé dans un château qui avait été donné aux archevêques comme résidence d'été. Il y reçut la députation des Rémois, qui venaient lui apporter la soumission de la ville à certaines conditions, immédiatement accordées. Regnault de Chartres, qui n'avait pu encore prendre possession de son siège archiépiscopal, fit le premier son entrée dans la ville, dès le matin. Le soir, après dîner, le roi y entra à son tour, accompagné de la Pucelle; tous deux furent accueillis avec enthousiasme. L'archevêque, le corps municipal, toutes les confréries et corporations de la ville, bannières déployées, et une foule immense de peuple s'étaient portés à la rencontre du cortège, qui fut salué par ce beau cri de nos ancêtres, exprimant en même temps leur joie et leur reconnaissance envers Dieu : « Noël! noël! »

« Il fut convenu que la cérémonie du sacre aurait lieu le lendemain dimanche, 17 juillet 1429, et toute la nuit on fit diligence, afin que tout fût prêt

---

(1) Dans notre livre sur *Jeanne d'Arc*. Tours, Alfred Mame et fils.

le matin. Les vêtements de cérémonie qui servaient d'ordinaire au sacre des rois de France étant déposés à l'abbaye de Saint-Denis-lès-Paris, on ne pouvait les avoir; mais on s'en procura d'autres à Reims même, et la cérémonie fut aussi magnifique, disent les témoins oculaires, que si l'on eût mis une année entière à la préparer.

« L'abbé de Saint-Remi, gardien-né de la sainte ampoule, ne devait la délivrer qu'avec un certain cérémonial. Les seigneurs de Rais, de Boussac, de Sainte-Sévère, de Graville, l'amiral de France, Louis de Culan, furent désignés par le roi pour l'aller chercher. Ils jurèrent publiquement de conduire et de ramener sûrement, après la cérémonie, le précieux dépôt. L'abbé, vêtu de ses habits sacerdotaux, porta solennellement la fiole sous un dais, jusqu'au portail de l'église Saint-Remi, où l'archevêque en grand costume, la mitre en tête et la crosse en main, accompagné de ses chanoines, vint la recevoir. A son tour, il la porta processionnellement à Notre-Dame de Reims, suivi des seigneurs de l'escorte, qui pénétrèrent dans la cathédrale à cheval, tenant en main leurs bannières, et ne mirent pied à terre qu'à l'entrée du chœur.

« La cérémonie dura cinq heures, de neuf heures du matin à deux heures de l'après-midi. Le duc d'Alençon, le comte de Clermont, le comte de Vendôme, André et Guy de Laval, Georges de la Trémoille, vêtus d'habits royaux, représentaient les pairs de France laïques; trois pairs ecclésiastiques, l'archevêque-duc de Reims, l'évêque-duc de Laon et l'évêque-comte de Châlons étaient présents; les autres furent suppléés par les évêques de Séez et d'Orléans, et un autre prélat. Le sire d'Albret, faisant fonction de connétable, tenait l'épée. Le roi prêta les serments accoutumés; puis le duc d'Alençon le créa chevalier. Lorsqu'on lui mit la couronne sur la tête, après l'onction sainte, l'assistance tressaillit de joie, et un grand cri s'éleva dans l'église : « Noël! Noël! » En même temps, les trompettes sonnèrent avec tant de force, que l'on put croire que les hautes voûtes de la basilique allaient se fendre. Après le sacre, le roi nomma comte le jeune Guy de Laval, et le sire de Rais maréchal de France.

« Durant toute la cérémonie, la Pucelle se tint auprès du roi, son étendard à la main. Quand Charles eut été sacré et couronné, Jeanne se prosterna devant lui, embrassa ses genoux, baisa ses pieds et pleurant à chaudes larmes : « Gentil roi, dit-elle, maintenant est exécuté le plaisir de Dieu, qui voulait que vous vinssiez à Reims recevoir votre digne sacre, montrant ainsi que vous êtes le vrai roi, celui auquel le royaume doit appartenir. »

« L'héroïque enfant, soutenue par la divine Providence, avait brisé tous les obstacles, et maintenant une joie pure inondait son âme; car, quoi qu'il dût advenir désormais, le point essentiel de sa mission était atteint : le dauphin Charles de France était le roi légitime, le lieutenant de Dieu sur la terre; les Anglais étaient confondus, et la patrie était sauvée. Fasse Dieu que la France n'oublie jamais ce triomphe de la Pucelle, signe visible de la protection du Ciel et des grands desseins que la Providence a toujours eus sur nous! »

Reims, depuis lors, est demeuré plus que jamais la cité du sacre, où, tour à tour, sont venus s'agenouiller devant Dieu, devant Jésus-Christ, la longue et glorieuse lignée des rois fils de saint Louis et successeurs de Charles VII. Henri IV pourtant fut sacré à Chartres, parce que Reims était aux mains de la Ligue. Mais ce n'est pas là un déshonneur pour la ville royale. La Ligue a sauvé la foi de la France et ses destinées chrétiennes. Elle a contraint le Béarnais, en lui barrant le chemin d'un trône essentiellement catholique, à reconnaître son erreur et à reprendre la tradition de Clovis, de Charlemagne et de saint Louis, la religion de Jeanne d'Arc. Elle l'a, pour ainsi dire, forcé, selon la pensée de Sixte-Quint, à devenir un des plus grands rois de notre histoire (1). Louis XIII a repris le chemin de la cathédrale de Reims, où l'ont suivi Louis XIV, Louis XV et Louis XVI, hélas! Louis XVI, dont la main trop scrupuleuse a laissé échapper ce sceptre que, dès le premier instant, il avait jugé trop lourd, mais dont l'héroïque bonté, obstinée à épargner à tout prix le sang de son peuple, a offert à Dieu le

---

(1) Cf. le beau travail du P. P. Baudrillart : *La France catholique en face du protestantisme au XVIe siècle; la Papauté et la conversion d'Henri IV*, dans le livre dont la direction lui avait été confiée par le cardinal Langénieux, et dont cette direction, aussi aimable qu'intelligente, a fait l'unité et le succès.

sien pour le salut de la France. Le dernier sacre qu'ait vu Reims a été celui de Charles X, qu'une erreur fatale de jugement, sinon sur les conditions, du moins sur les vrais moyens pratiques de l'accord à établir entre l'ancienne France et la France nouvelle, a reconduit mourir sur la terre étrangère, mais qui a légué à la patrie cette terre d'Afrique, où semblent s'ouvrir pour notre race de hautes et longues perspectives, glorieux champ de bataille des princes, des généraux, des soldats français de notre époque, glorieux champ d'action du grand cardinal qui a si vaillamment arboré la croix sur ce vieux et nouveau continent (1).

Il est naturel à nous, ancien rédacteur de l'*Union*, et qui d'ailleurs ne sommes point un homme politique, de passer encore plus avant, de donner en cette cathédrale, en cette fête commémorative, une place dans notre pensée à deux illustres défunts, dont l'âme, de près ou de loin, se serait associée, avec une patriotique émotion, disons mieux, s'associe à un tel anniversaire: Henri, comte de Chambord, et Philippe, comte de Paris : Henri, comte de Chambord, qui, s'il n'a point effectivement occupé le trône, dont il a paru un instant si près, a régné du moins sur bien des cœurs, et, pour notre part, a été le souverain élu de notre jeunesse; Philippe, comte de Paris, ce

---

(1) Voyez dans le même ouvrage : *Le Cardinal Lavigerie, son œuvre chrétienne et française en Afrique*, par S. Ém. le cardinal Perraud, de l'Académie française.

prince si profondément honnête et sensé, si vraiment, si solidement chrétien, et, en même temps, si instruit, si pénétré des besoins de son époque, et dont la grandeur, pour ainsi dire, latente a si royalement éclaté sur son lit de mort (1). Insondables desseins de la Providence! Quel sera l'avenir de notre pays? Dans quelle proportion, sous quelle forme se fera chez nous l'alliance indispensable de la tradition et du progrès? A l'heure trouble où nous sommes, c'est encore le secret de Dieu. Nous

(1) Qu'il nous soit permis de reproduire ici les lignes par lesquelles nous terminions la *chronique* de la *Revue des questions historiques* du 1er octobre 1894. « Monsieur le comte de Paris, dont la mort, précédée d'une héroïque agonie, est survenue après l'achèvement de la présente chronique, appartenait à nos études par son livre, justement estimé en Europe et aux Etats-Unis, *Histoire de la guerre civile en Amérique*. Mais ce n'est pas là le seul ni même le principal motif qui nous engage à mentionner ici ce douloureux événement. Sans entrer dans l'examen des éventualités politiques de l'avenir, dont le secret appartient à Dieu; pleinement soumis d'ailleurs, il l'a dit déjà et il le répète, aux exhortations comme aux enseignements du Saint-Siège, le chroniqueur qui tient en ce moment la plume, et qui a salué naguère, à cette place même, le grand acte accompli le 5 août 1873, se doit à lui-même, à ses sentiments intimes aussi bien qu'aux traditions de la *Revue*, de s'incliner avec un pieux respect devant la mémoire du prince dont cet acte demeurera l'honneur. Au reste, la foi et les vertus chrétiennes de ce prince, la ferme élévation de son patriotisme, ses éminentes qualités d'esprit et de cœur sont aujourd'hui reconnues, proclamées, admirées par toutes les âmes élevées, sans distinction de partis. Monsieur le comte de Paris a été un digne fils de saint Louis et de Henri IV, un digne chef de cette auguste maison, intimement unie depuis plus de mille ans à notre histoire, et dont le nom est le nom même de la France. »

croyons, quant à nous, que l'avenir sera aux plus sages et aux plus vaillants. Mais quels que puissent être sur ce point obscur et délicat nos sentiments, nos désirs, nos conjectures diverses, puissions-nous conserver du moins, tous tant que nous sommes, chrétiens et Français, avec le culte de toutes les nobles traditions, de tous les grands souvenirs, avec un dévouement inébranlable à l'Église et au Saint-Siège, les vertus de foi et d'espérance !

Dans l'auguste cathédrale, l'office pontifical a commencé. Une foule empressée, huit mille personnes environ, répondant aux appels joyeux, aux voix sonores des deux bourdons, en ont rempli la vaste enceinte. Le sanctuaire est orné d'une décoration riche et sobre. Les colonnes de l'arrière-chœur portent des faisceaux de drapeaux groupant ensemble les couleurs pontificales et les couleurs françaises. Douze cartouches, qui les supportent, représentent les écussons des douze évêchés suffragants de Reims au temps de saint Remi et qu'on appelait *les douze étoiles de Reims*. Retenu au lit, quoique Dieu merci ! entré en convalescence, par les prescriptions impérieuses de son médecin, gardien vigilant d'une vie si précieuse, S. Ém. le cardinal a la douleur d'être absent. C'est Mgr Duval, évêque de Soissons, premier suffragant de Reims, qui officie, entouré de son chapitre et des principaux membres de son clergé. On admire les magnifiques ornements d'or, provenant du sacre de Charles X, dont sont revêtus les vingt prêtres qui assistent à l'autel le vénérable pontife. Derrière l'autel, les élèves du grand séminaire de Reims, revêtus de leurs blancs surplis, apparaissent, rangés en bataillons sacrés. Dans les stalles du chœur, où les dignitaires du diocèse de Soissons se sont fraternellement réunis au clergé de Reims, on remarque le costume des chanoines de la métropole, identique, en vertu d'un indult du Saint-Siège, à celui des chanoines de Saint-Pierre de Rome : la *cappa* violette et un timbre de moire rouge, avec la croix pectorale suspendue à un ruban violet. La liturgie catholique déploie la splendeur imposante et nécessaire de ses pompes pleines de vie, d'histoire et d'art, que colorent, pour ainsi dire, les sonorités harmonieuses et puissantes de la musique de Gounod (*messe* dite *du Sacré-Cœur*), interprétée par la maîtrise qui sous la direction de son chef, M. Dazy, occupe, avec l'adjonction d'un habile orchestre de volontaires de l'art, une certaine partie de la nef. L'orgue répand à flots la religieuse pensée du maître par les mains d'un artiste éminent de Reims, M. Grison.

Après l'office, une trentaine d'invités se réunissent dans les salons du palais archiépiscopal, lui-même monument historique, auquel nous pouvons donner à peine en passant un coup d'œil, mais dont notre ami Joanne nous décrit, après coup, les beautés. Nous lui renvoyons nos lecteurs. A l'archevêché, nous nous retrouvons en présence du terrible groupe des membres de l'Institut. Eh bien, ce groupe n'est pas terrible du tout. Le vénérable

M. Wallon est aussi simple et aimable dans un salon qu'il est simple et pieux dans une église. Ce n'est pas d'ailleurs la première fois que nous avons l'honneur de l'approcher. La gracieuse aménité de M. le comte Henri Delaborde, secrétaire perpétuel de l'Académie des beaux-arts, est assez connue, et nous ne sommes pas non plus pour lui tout à fait un inconnu, puisque nous avons naguère, il y a une vingtaine d'années, guidé les tout premiers pas du vicomte François Delaborde, son fils, notre excellent confrère et ami, dans la carrière de l'érudition, qu'il parcourt d'un pas si sûr (1). Il y a presque trente ans que M. Anatole de Barthélemy nous honore de sa bienveillante amitié. Il y a plus de trente ans que nous avons été à l'École des Chartes l'élève de M. le comte de Mas-Latrie, qui ne l'a pas oublié. M. Emile Senart, pour qui l'Inde antique n'a rien de mystérieux, a gardé en conquérant ces secrets des hauts âges, celui de l'amabilité et de la gaîté française, comme nous l'avons déjà éprouvé en nous rencontrant avec lui chez notre ami commun, M. Ferdinand Levé. Nous n'avons pas l'honneur de connaître M. Schlumberger, président actuel de l'Académie des inscriptions et belles-lettres, mais l'aspect de cet archéologue éminent n'a rien de particulièrement redoutable. A ces membres de l'Institut s'est joint un membre de

---

(1) M. François Delaborde a donné à la *France chrétienne dans l'histoire* un excellent chapitre : *L'Eglise et les sources de notre histoire*.

la haute société française, M. le comte Boulay de la Meurthe, auteur des remarquables études sur le Concordat dont il a fait profiter la *France chrétienne dans l'histoire*. Mais nous sommes son collègue au conseil de la Société d'histoire contemporaine. Décidément, l'effroi serait de mauvais goût. Nous sentons notre timidité peu à peu s'évanouir.

En dépit de son médecin (ces Esculapes aussi seraient trop heureux si on leur obéissait toujours au pied de la lettre), Son Éminence a voulu quitter un instant son lit pour venir souhaiter la bienvenue à ses invités et les assurer de sa convalescence. Mgr l'évêque de Soissons les a conduits ensuite dans la salle à manger où un déjeuner était préparé, dont le vénérable prélat a fait les honneurs avec la la digne sœur du cardinal, son ange gardien, Mlle Langénieux. Nous nous trouvions placé à côté de Mgr Cauly, prélat romain, l'un des vicaires généraux de Son Éminence, archéologue distingué, auteur d'une intéressante monographie sur le *collège des Bons-Enfants* devenu aujourd'hui le lycée de Reims. Son aimable conversation n'est pas pour nous le moins agréable souvenir emporté de l'archevêché. A la fin du repas, Mgr Duval a prononcé quelques paroles élevées et cordiales, puis il a donné la parole à M. l'abbé Landrieux, chargé par Son Éminence de lire en son nom l'allocution suivante (1) :

---

(1) Nous empruntons le texte publié par l'*Univers* à la suite du compte rendu de M. Eugène Tavernier.

« Retenu par la maladie et privé de la joie d'être en ce moment au milieu de vous, je ne veux point renoncer au plaisir de vous souhaiter la bienvenue et de vous exprimer toute ma gratitude pour l'accueil que vous avez fait a mon invitation.

« Vous avez accepté, Monseigneur, de présider avec votre vénérable chapitre et les principaux dignitaires de votre clergé, à l'ouverture solennelle de notre jubilé : soyons-en remercié.

« Soissons avait été trop intimement lié aux événements de 496 pour n'être pas convié, dès la première heure, aux solennités du centenaire.

« Que de souvenirs en effet, Monseigneur, nous pouvons évoquer en commun dans ces lointains de l'histoire, pour encadrer l'acte providentiel d'où est sortie la France chrétienne !

« C'est à Reims que le vainqueur de Tolbiac est venu chercher le baptême, mais n'est-ce pas Soissons qui l'y avait préparé ?

« L'Église ne sépare jamais de Clovis sainte Clotilde et saint Remi, ses anges tutélaires : saint Remi, don du Laonnois, est à nous; mais on peut bien dire que Clotilde à cette époque vous appartenait; car si le « vieux château d'albâtre », palais des gouverneurs romains, où s'installa Clovis après Syagrius, a vu la scène tragique du vase de Soissons, il a vu aussi les fêtes plus pacifiques du mariage royal, l'apostolat discret, la prière de l'épouse et de la sainte; puis sa douleur et ses craintes quand mourut dans ses bras le jeune prince baptisé.

« C'est dans les vertus de Clotilde que Clovis a connu et aimé la loi évangélique avant de la pratiquer. Sa conversion n'a pas été une détermination soudaine et imprévue. Depuis longtemps, avant de se manifester sur le champ de bataille en une heure de détresse, la grâce avait travaillé le cœur du roi franc dans l'intimité de son foyer, à Soissons.

« Il appartenait donc, pour toutes ces raisons, Monseigneur, au successeur de saint Principe, frère de notre grand évêque et premier témoin des bénédictions que Dieu, en ce temps-là, réservait à la France, de ramener solennellement, en cette circonstance, au baptistère de Reims, l'Église de Soissons et de Laon, et de resserrer ainsi, après tant de siècles, sur le tombeau de saint Remi, des liens de fraternelle amitié qu'il avait formés de ses mains.

« Autour de vous, Monseigneur, je salue avec une particulière reconnaissance ces Messieurs, membres de l'Institut de France, représentants officiels de la pensée et du savoir, dont la présence apporte, au nom de la science, à l'idée chrétienne et patriotique de notre centenaire, un hommage singulièrement apprécié.

« S'il m'avait été possible de les rassembler tous, j'aurais aimé voir, ici encore, une élite d'hommes éminents, les auteurs de la *France chrétienne dans l'histoire*, qui m'ont aidé à préciser et à mettre en relief devant l'opinion publique, dans le monde intellectuel surtout, le sens historique et traditionnel de l'œuvre nationale de 1896, si bien caractérisé déjà par le Jubilé sur le terrain religieux.

« Ils ont affirmé avec l'autorité que donnent à cet ouvrage leur notoriété et leur compétence, la vocation de la France et la loi de son histoire, ils ont attesté par la logique et l'évidence des faits que notre pays a été choisi pour faire dans le monde les gestes de Dieu et que ses destinées — quatorze siècles d'expérience le proclament — sont intimement liées à sa mission providentielle.

« Plus que jamais, Messieurs, la France a besoin d'entendre et de méditer ces enseignements du passé, non point pour revenir en arrière, mais pour reprendre conscience d'elle-même et s'arracher aux influences néfastes qui, en la détachant de Dieu, l'ont fait sortir de ses voies traditionnelles.

« On a parlé de politique à propos de ce centenaire : nous n'avons que faire ici de la politique, car la question capitale aujourd'hui n'est pas de savoir si le régime gouvernemental chez nous s'appelle république, empire ou monarchie, mais si le pouvoir, si le peuple, si la nation s'obstinera plus longtemps dans cette apostasie officielle qui nous entraîne à la ruine.

« Nous voulons espérer, Messieurs, qu'en cette année jubilaire, une prière vraiment nationale nous obtiendra les bénédictions du ciel et que la France chrétienne, régénérée en ses formes sociales nouvelles, reprendra bientôt la tâche historique que nos pères ont si glorieusement accomplie durant de longs siècles, au nom du Christ qui aime les Francs. »

Comme doyen des membres présents de l'Institut, M. le sénateur Wallon a exprimé en quelques mots les remerciements, les sentiments, les vœux de ses confrères et de tous les invités, puis on s'est levé de table, et on est rentré dans les salons, où une vive et aimable causerie s'est engagée par groupes variés de convives. Là nous avons ressenti de nouveau, près des dignes archiprêtres de Vervins et de Laon, avec qui nous conversâmes, un sentiment éprouvé par nous dès notre enfance en la compagnie du prêtre, à la mémoire bénie duquel nous avons dédié notre livre sur *Jeanne d'Arc;* bien souvent ravivé depuis dans notre âme, et que nous éprouvions tout récemment encore, à l'occasion d'un douloureux anniversaire de famille, dans nos rapports avec le vaillant et aimable clergé de Douai : la sympathie vraiment invincible que s'attirent, de la part de tous ceux qui les peuvent voir d'un peu près, les qualités d'esprit et de cœur de nos chers ecclésiastiques, séculiers ou réguliers, du vieux et chrétien pays de France.

Mais l'heure des vêpres est venue. Les voitures de l'archevêché (nous nous habituons à ces grandeurs) sont prêtes à nous conduire à l'église Saint-Remi, où se transportent, pour l'office pontifical de l'après-midi, le clergé et les fidèles. L'antique église abbatiale est la digne sœur, la sœur aînée, de la cathédrale actuelle. C'est un des plus beaux, des plus précieux spécimens de l'art roman et de l'art gothique primitif. Ce n'était d'abord, nous apprend notre ami Joanne, toujours aidé d'Anthyme Saint-Paul, qu'une chapelle dédiée à saint Christophe. « Le corps de saint Remi y ayant été déposé en l'an 600, elle prit le nom de ce saint. Une nouvelle église fut bâtie par Tilpin (ou Turpin) et Hincmar. Airard, abbé de saint Remi, en commença une troisième en 1015, une des premières qui furent construites en *grand appareil*, mais son plan, trop vaste, ne put être continué. Thierry jeta, en 1041, les fondements de l'église actuelle, consacrée le 2 octobre 1049 par le pape Léon IX, qui le lendemain y ouvrit un concile. Le célèbre Pierre de Celles, plus tard évêque de Chartres, bâtit de 1162 à 1181 le rond-point, le portail et les deux travées contiguës. Sous Jean Canart, en 1388, on couvrit de plomb la toiture, et le petit clocher fut construit. Enfin Robert de Lenoncourt éleva le transept sud en 1481. Les diverses parties de l'église actuelle appartiennent à deux époques : l'abside, les deux premières travées de la nef, ainsi que toutes les voûtes et le revêtement général sont dus à Pierre de Celles; le clocher sud, la petite chapelle adossée au côté sud du bras du midi de la croix, les murs de la grande nef, ceux des bras de la croix, ainsi que les grandes arcades et les piliers du transept et de la nef sont l'œuvre de Thierry (1041-1049). Les voûtes de la nef ont été refaites de nos jours en matériaux légers. La longueur de l'édifice est de 110 mètres, sa largeur est de 24 mètres, et sa hauteur à peu près égale. — La façade est d'une ordonnance tout à fait particulière, due en partie aux restaurations modernes. Les clochers sont bâtis hors d'œuvre, ce qui donne à ce frontispice une grande largeur; ils paraissent un peu plus anciens et sont couronnés de flèches en charpente. — Le croisillon sud, en partie du style ogival flamboyant, — (Quicherat repousse ce terme *ogival* (1) et veut qu'on dise *gothique*) — est percé d'un beau portail surmonté d'une rose et qui sert d'entrée principale. »

Sous le calme imposant de ces voûtes séculaires, l'office commence, présidé, comme le matin, par Mgr de Soissons, auquel s'est joint un évêque missionnaire, membre de cette intrépide légion civilisatrice, qui s'appelle la Compagnie de Jésus. Après les vêpres solennelles, le clergé et ses invités sont conduits au banc d'œuvre, et Mgr Péchenard, prélat romain, l'un des vicaires généraux de Son Éminence, monte en chaire. Il est chargé du sermon d'inauguration du jubilé et se montre digne de cet honneur par le zèle de sa foi et les

---

(1) Sur la question relative aux termes *ogival* et *gothique*, voyez l'étude de M. Lecoy de la Marche, dans son livre intitulé : *A travers l'histoire de France*, (Téqui, in-12), deuxième partie, chap. XII, et la *Revue catholique des revues françaises et étrangères* (Lethielleux, éditeur), première année, n° 22, p. 810 et suiv.

fortes qualités de son éloquence. La partie morale de son discours est soutenue d'une doctrine solide, précise, vraiment édifiante. La partie historique est animée d'un beau souffle. Pourtant, ajoutons en toute franchise, pour faire la preuve de notre attention et la part de la critique, que nous avons cru remarquer çà et là, au point de vue littéraire, quelques traits, quelques fleurs d'une rhétorique un peu trop pompeuse, et, à un autre point de vue, un peu de généreuse illusion dans l'appréciation du mouvement démocratique contemporain, un peu d'excès aussi dans certaines assertions relatives à la substitution de ce que l'éloquent prélat croit devoir être l'avenir à ce qu'il rejette, avec quelque dureté et trop de hâte, ce nous semble, dans le domaine du passé.

Le salut solennel fait monter vers Dieu l'élan des cœurs et la ferveur des prières. Il doit être suivi de la procession de la châsse de saint Remi. Mais le chemin de fer, qui n'attend pas, oblige les invités parisiens à se priver de cette magnifique et touchante cérémonie. Nous voici encore dans une voiture de l'archevêché, où les hasards de la dispersion nous font (véritable excès d'honneur!) le compagnon de MM. Wallon, Delaborde et de Mas-Latrie. Nous foulons aux pieds toute crainte et jouissons tranquillement de cette bonne occasion. La verte vieillesse du vénérable sénateur (il est né en 1812), se plaint d'avoir un peu trop roulé carrosse; il aurait voulu marcher davantage et mieux voir la ville, qui a notablement grandi depuis sa dernière visite. Cette visite, faite il y a vingt ans (ce n'est pas de lui que nous tenons cela, mais de Mgr Cauly), fut singulièrement heureuse et féconde en bons résultats. M. Wallon était alors ministre, et c'est grâce à lui que l'Assemblée nationale (celle de 1871) accorda d'importants crédits pour les travaux de réparation de l'auguste cathédrale. Il aurait peut-être aujourd'hui moins d'influence. Quoi qu'il en soit, il égaie aimablement notre route en nous rapportant quelqu'une des bouffonneries dirigées par Henri Rochefort contre le Sénat. Il est particulièrement réjoui de l'épithète de *bêtes chauves* (pour *bêtes fauves*) appliquée par ce pamphlétaire aux membres de notre chambre haute. Si tous nos sénateurs les supportent avec autant de calme et de bonne humeur que M. Wallon, les traits de Rochefort sont bien émoussés d'avance.

Mais nous sommes arrivés à la gare, et là, nous nous séparons de ces Messieurs, car, comme il convenait à notre modeste situation et à notre modeste bourse, nous avions pris les secondes (aller et retour). Un train qui n'a rien de rapide, hélas! nous débarque à Paris aux environs de dix heures. Encombrement manifeste des tramways. Nous renonçons à la combinaison Gare-de-l'Est-Montrouge-Ménilmontant-Montparnasse, et nous n'hésitons pas à *fréter* un fiacre. Vers minuit, nous étions paisiblement couché dans notre cher petit hermitage de la banlieue parisienne, mais la tête toute pleine de bons souvenirs et de bonnes pensées.

Toute l'année, Reims sera en fêtes, en prières. Puisse du concours des fidèles et même des simples curieux, mis au contact des grands souvenirs de notre histoire, et du premier de tous, le baptême de notre race et sa dédicace à Jésus-Christ, puisse des inspirations qui y trouveront leur source et se répandront de proche en proche sur tout le sol national, sortir enfin cette union nécessaire, cette union sacrée des honnêtes gens de toute origine, qui serait le salut de la patrie! Prêtons l'oreille et le cœur aux exhortations redoublées de Léon XIII en son admirable lettre au cardinal Langénieux, de Léon XIII, dont la puissante doctrine, obscurcie sur tel ou tel point par la fumée des commentaires contradictoires et des controverses passionnées, n'en rayonne pas moins d'avance sur les profondeurs inconnues de l'avenir! Écoutons sa voix qui nous dit :

« Que tous les fils de la patrie française, de plus en plus dociles à écouter nos conseils, s'unissent dans la vérité, dans la justice, dans le respect mutuel et dans la charité fraternelle, comme les enfants d'un même Père; qu'ils se persuadent que l'oubli des principes qui ont fait leur grandeur les conduirait infailliblement à la décadence, et que l'abandon d'une religion qui est leur force les laisserait sans défense contre les ennemis de la propriété, de la famille, de la société. Qu'ils se rallient donc pour lutter ensemble contre les périls qui les menacent, et que le cri de la loi salique s'échappe de leur poitrine, plus puissant que jamais : *Vive le Christ qui aime les Francs!*

« Au déclin de ce siècle et à l'aurore de celui qui s'annonce, en ces temps difficiles qui mettent en mouvement tous les peuples et tous les éléments du corps social, en cet âge où les âmes agitées, inquiètes, semblent altérées de justice, — de cette justice que Notre-Seigneur seul peut verser à flots — il faut que le baptême de Clovis et de ses guerriers se renouvelle en esprit et reproduise, à quatorze siècles de distance, les fruits merveilleux d'autrefois : l'union sociale sous un pouvoir sage, respecté, et la fidélité sincère envers l'Église catholique. — Cette union des Français a été l'objet constant de notre sollicitude, et nous l'appelons encore aujourd'hui avec une croissante ardeur. En vérité, quelle occasion pourrait être plus favorable et sainte pour ménager et augmenter entre eux l'union d'esprit, de volonté, d'action dans la poursuite du bien commun, que la commémoration solennelle de l'événement fortuné qui fut pour la France le principe du salut et la source de tant de gloire?

« En attendant, Notre Cher Fils, les catholiques doivent se reprendre et s'affirmer comme des fils de lumière, d'autant plus intrépides et plus prudents qu'ils voient une puissance ténébreuse mettre plus de persistance à ruiner autour d'eux tout ce qu'il y a de bienfaisant et de sacré; s'imposer au respect de tous par la force invincible de l'unité; prendre avec clairvoyance et courage, conformément à la doctrine exposée dans nos encycliques, l'initiative de tous les vrais progrès sociaux; se montrer les défenseurs patients et les conseillers éclairés des faibles et des déshérités; se tenir enfin au premier rang parmi ceux qui ont l'intention loyale, à quelque degré que ce soit, de concourir à faire régner partout, contre les ennemis de tout ordre, les éternels principes de la justice et de la civilisation chrétienne. »

1896.

FIN

TABLE DES MATIÈRES

Préface. v
I. — Élancourt 1
II. — M. le curé d'Élancourt 7
III. — Notre-Dame d'Erquy. — Souvenirs de Bretagne. 12
IV. — Aux Sables-d'Olonne 43
V. — De Paris-Montparnasse à Pons, avec arrêts. — Promenade archéologique. . . 73
VI. — Sur les côtes de Bretagne. — Saint-Malo. — Saint-Servan 107
VII. — Archéologie poitevine. 135
VIII. — Encore Saint-Servan et Saint-Malo. — Le Mont-Saint-Michel 149
IX. — Concarneau. 183
X. — Saint-Magloire-de-Lehon. 213
XI. — Le Pouliguen. 228
XII. — Premier coup d'œil sur la Provence . 258
XIII. — Un mois à l'île Tudy 284
XIV. — Penpoul en Saint-Pol-de-Léon . . . 314
XV. — Reims. — L'inauguration du Jubilé national 367

Paris. — Imp. TÉQUI, 92, rue de Vaugirard.

www.ingramcontent.com/pod-product-compliance
Lightning Source LLC
Chambersburg PA
CBHW050425170426
43201CB00008B/548